Grille et réfé
des mots joues

Les mots sont repérés grâce à leur initiale. Lorsqu'une référence commence par une lettre, le mot est horizontal; par un chiffre, il est vertical.

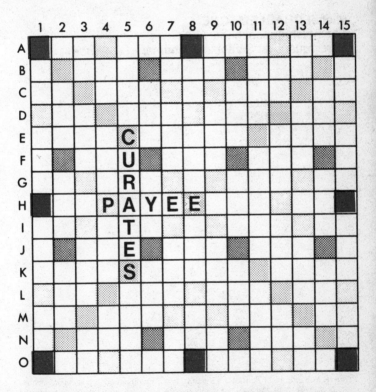

Référence de PAYEE : H 4; de CURATES : 5 E. Par ailleurs, dans les parties reproduites, les jokers sont remplacés par des points d'interrogation.

Collection **marabout service**

Michel CHARLEMAGNE
Champion francophone 1975.
Chroniqueur du Scrabble au journal « *Le Monde* ».

Afin de vous informer de toutes ses publications, **marabout** édite des catalogues et prospectus où sont annoncés, régulièrement, les nombreux ouvrages qui vous intéressent. Pour les obtenir gracieusement, il suffit de nous envoyer votre carte de visite ou simple carte postale mentionnant vos nom et adresse, aux Nouvelles Editions Marabout, 65, rue de Limbourg, B-4800 Verviers (Belgique).

Michel Charlemagne

GUIDE DU

SCRABBLE®

marabout

L'auteur tient à remercier :
Michel Habourdin et George Hanna
dont le soutien et surtout l'amitié ne se sont jamais démentis,
La Société Selchow & Righter, Bay Shore, New York,
qui lui a communiqué des renseignements sur l'histoire du Scrabble,
l'aviateur Michel Duguet et Patrick Epingard
qui lui ont apporté un concours précieux dans la rédaction du Vocabulaire,
Agnès Bauche et Philippe Lormant
qui ont tant fait pour le Scrabble en France.

HISTOIRE DU SCRABBLE

La vogue du scrabble est telle actuellement que beaucoup veulent savoir quelles fées se sont penchées sur son berceau. D'après certains, c'est un colonel américain qui l'aurait inventé pour lutter contre le désœuvrement du temps de paix. Pour le romancier Vladimir Nabokov, il s'agit d'un jeu qui se pratiquait dans la Russie des Tzars. Voici les faits que nous ont communiqués les fabricants américains du jeu, Selchow & Righter.

Comme le Monopoly, le scrabble est un produit de la crise économique des années 30. Un architecte américain en chômage, Alfred Mosher Butts conçut ce jeu dès 1931, mais heureusement pour lui il retrouva du travail avant de le mettre au point, car tous les grands fabricants de jeu le refusèrent parce que trop intellectuel. En 1948, Butts confie à son ami Brunot le soin de fabriquer artisanalement son jeu. La première tâche des nouveaux associés est de lui trouver un nom un peu racoleur (jusqu'alors ils l'appelaient «it»). Parmi leurs nombreuses suggestions, seul «Scrabble» s'avère n'être pas déjà breveté, et ils l'adoptent. *To scrabble*, c'est *gratter*, *faire des pieds et des mains*, ce qui évoque bien un joueur manipulant fébrilement ses lettres sur son chevalet alors que le délai accordé arrive à son terme; mais c'est aussi *griffonner*, acception que l'on retrouve dans la Bible : *David scrabbled on the doors of the gate* (I Samuel 21. 13). De 1948 à 1952, le scrabble ne parvient pas à s'imposer; la fabrique de Brunot, pompeusement baptisée *Production and Marketing Corporation* s'est installée dans une école désaffectée du Connecticut et ne tourne qu'une heure et demie par jour, sa production quotidienne de seize jeux suffisant à la demande.

Quelques joueurs écrivent pour réclamer des lettres : leur chien trouvent à leur goût le vernis qui enrobe les petits carrés en bois d'érable importé de la Forêt Noire. Le vent tourne en 1952. La demande de scrabbles est telle que la petite fabrique travaille jour et nuit sans pouvoir la satisfaire. Magasins de jouet, papeteries, drugstores et Grands Magasins demandent des jeux à cor et à cri. La production étant devenue un cauchemar, Brunot doit s'associer avec un industriel du jeu ayant pignon sur rue, Selchow & Righter de Bay Shore (New-York). Ceux-ci commencent par fabriquer le jeu sous licence, puis acquièrent tous les droits pour le Continent Américain en 1971.

On se perd en conjectures sur les causes de la vogue soudaine du jeu en 1952. Selon certains, l'un des propriétaires de *Macy's*, le plus grand magasin de New-York (et du monde) apprit à jouer pendant ses vacances d'été; de retour à New-York, il entra dans une violente colère lorsqu'il s'aperçut que le scrabble était absent de ses rayons jouets.

A la même époque, le scrabble franchit l'Atlantique et tarde là encore à s'imposer. Les premiers jeux adaptés à la langue française, made in Germany, entrent dans l'hexagone au compte-gouttes dès 1951. En 1954 la firme anglaise Spear acquiert les droits de fabrication et de diffusion pour tous les pays non-américains (actuellement, on peut jouer en allemand, en néerlandais, en espagnol, en afrikaan, en arabe, en russe).

En France, c'est le Club Méditerranée qui lance vraiment le jeu en 1966, mais c'est en Belgique que s'élaborent grâce à Hippolyte Wouters, Jean Dubois et un groupe d'amis, les règles du duplicate qui, au scrabble comme au bridge, va permettre la compétition. L'enfantement de la Fédération Française de Scrabble ne va pas sans douleur. Dans un premier temps, le monde des affaires tente de récupérer la compétition dont il pressent la vogue potentielle, mais reprend ses billes quand il s'aperçoit qu'elle n'est pas rentable (il faut beaucoup plus de place et d'arbitres pour un tournoi de scrabble que pour un tournoi de bridge). La Côte d'Azur et la Lorraine s'intéressent à la compétition avant Paris (les premiers championnats internationaux francophones ont lieu à Cannes le 28 et 29 décembre 1972). En 1974 coexistent la Fédération Nationale, cannoise, présidée par Gérard Chaumoître, et la Fédération Française, parisienne, présidée par Agnès Bauche, aussi désargentées l'une que l'autre. La fusion n'intervient qu'un an après.

Plus précoce, la Fédération Belge de Scrabble a crû plus sereinement grâce au dévouement et au désintéressement de ses dirigeants, grâce aussi à la forte concentration de ses joueurs qui a permis la création d'un championnat interclubs très stimulant. Cependant, depuis 1977, la Belgique ne domine plus les championnats internationaux.

La création de la Fédération Suisse (1977), Tunisienne et Canadienne (1980) permet aux compétitions de devenir véritablement francophones.

Texte et commentaire du règlement établi par le fabricant

SCRABBLE est un jeu de mots qui se joue à 2, 3, ou 4 personnes. Ce jeu consiste en une formation de mots entre-croisés sur le tableau de jeu SCRABBLE, à l'exemple des mots croisés, en employant les jetons lettrés de valeurs différentes dans le jeu. Chaque joueur s'applique à obtenir le plus grand nombre de points, en combinant ses lettres au comptage le plus élevé et en les plaçant dans les carrés qui ont plus de valeur sur le tableau. Le nombre total de points combinés pour une partie peut atteindre environ 500 à 700 points, ou plus, selon l'habileté des joueurs.

Une partie à deux joueurs est plus intéressante qu'à trois ou a fortiori à quatre. Celui qui joue après vous peut, au bénéfice du troisième, réduire à néant vos efforts pour ouvrir ou fermer le jeu. De plus, le nombre total des lettres restant le même, à trois vous avez des chances de pouvoir jouer 10 coups, et à quatre 7 seulement, au lieu de 16 à deux.

POUR COMMENCER :
Tournez tous les jetons de façon à cacher les lettres, à côté du tableau, et mélangez-les. Tirez au sort afin de décider qui jouera le premier. La personne qui sortira la lettre la plus proche du commencement de l'alphabet sera la première à jouer. Ensuite les joueurs prendront chacun sept jetons lettrés et les placeront sur leur chevalet.

Si un joueur prend une lettre en trop, son adversaire lui retirera au hasard une lettre de son jeu.

MÉTHODE DU JEU

1. Le premier joueur forme un mot de deux lettres ou plus et le place sur le tableau. Ce mot doit se lire soit horizontalement, soit verticalement et l'une des lettres doit être placée sur le carré central où l'on voit une étoile. Les mots en diagonale ne sont pas permis.

Marc a tiré PELAYEM. Il pourrait se débarrasser de 6 lettres en plaçant PALMEE en H 4 pour 24 pts ($3 \times 2 + 1 + 1 + 2 + 1 + 1 = 12 \times 2 = 24$ puisque la case centrale étant rose, le mot compte double). Comme il ne joue pas au «mot le plus long» mais au «mot le plus cher», il préfère jouer PAYEE. Le premier mot devant passer par la case centrale, il ne peut malheureusement placer le Y (sa lettre la plus chère) sur une case bleu clair (lettre compte double). A défaut, il y pose son P : PAYEE en H 4 rapporte 38 pts. Notons qu'il est d'usage de placer le premier mot horizontalement, surtout en duplicate. Il reste à Marc L et M et il tire 5 lettres pour compléter son jeu.

2. Un joueur termine son tour en comptant et annonçant le total des points qu'il a obtenu. Ensuite, il prend au hasard dans les lettres qui restent, le même nombre de jetons lettrés que celui dont il a disposé, afin qu'il y ait toujours sept lettres sur son chevalet.

Il faut comprendre «il prend au hasard dans les lettres qui restent autant de lettres qu'il en a joué».

3. Le jeu continue alors à la personne placée à gauche du premier joueur. Le deuxième joueur,

et ensuite chaque joueur à son tour, ajoute une ou plusieurs lettres aux lettres déjà placées sur le tableau pour former des mots nouveaux. Toutes les lettres jouées en un seul tour doivent être placées sur le tableau dans le même sens, SOIT horizontalement, SOIT verticalement. Les lettres doivent former un mot entier et si, en même temps, elles touchent celles des rangs contigus, elles doivent toutes former des mots complets, comme dans les mots croisés. Le joueur bénéficie de tous les points résultant de tous les mots formés ou modifiés par ses placements.

4. Un mot nouveau est formé en :

a. Ajoutant une ou plusieurs lettres à un mot ou à des lettres déjà mis sur le tableau ;

b. Plaçant un mot à angles droits avec un mot déjà sur le tableau. Ce nouveau mot doit utiliser l'une des lettres du mot déjà sur le tableau, ou lui en ajouter une ;

c. Plaçant un mot complet parallèlement à un mot déjà joué de telle sorte que les lettres qui se touchent forment aussi des mots complets.

Françoise a tiré ECRSTAU. Elle a de nombreuses possibilités de réaliser un bon score. Elle peut :

a) placer un quadruple : CURATES en E 5 qui recouvre deux cases roses ; malheureusement dans ce cas il lui reste un A et elle n'a pas droit à la prime de 50 pts (voir ci-dessous la règle n° 17). Elle marque donc 9 × 4 = 36 pts.

	F 1	2	3	4	5	6	7	8
G								
H	S	U	R	P	A	Y	E	E
I								

b) allonger PAYEE en jouant SURPAYEE en H 1, le S venant sur la case rouge (mot compte triple). La case bleu clair H 4 et la case rose étoilée H 8, recouvertes par PAYEE au coup précédent, ne donnent plus lieu à des primes (cf. règle n° 14). Le score est donc 19 × 3 = 57.

c) placer CARTES en G 5, parallèlement à AYEE. Cette «maçonnerie» ou «collante» lui permet d'empocher, outre les points de CARTES (10), ceux de CA (4), de AY (11), de RE (3), et enfin de TE (2), soit 30 pts en tout. Notons que SACRET, en G 5 également, aurait été plus payant, le C étant doublé deux fois (règle n° 16) : 12 (SACRET) + 2 (SA) + 11 (AY) + 7 (CE) + 2 (RE) = 34 pts.

	F 1	2	3	4	5	6	7	8	9	10
G					S	A	C	R	E	T
H					P	A	Y	E	E	

d) trouver un «scrabble», c'est-à-dire un mot utilisant les sept lettres de son jeu, ce qui lui donne droit à la prime de 50 points prévue par la règle n° 17. Six scrabbles «secs», c'est-à-dire en sept lettres, existent : CURATES CURETAS ACTEURS RECUSAT ERUCTAS CREUSAT. Tous peuvent être placés perpendiculairement à PAYEE en formant PAYEES, ce qui permet à Françoise d'empocher, outre la valeur de son propre mot, celle de PAYEES, soit 17 pts. Les six scrabbles ayant la même valeur (61), elle

écarte ACTEURS qui est susceptible d'être allongé, donc
empoché par son ou ses adversaires (**F**ACTEURS) Elle
place donc par exemple CREUSAT en 9 D pour 78 pts.
(CREUSAT vaut 11, PAYEES 17, et la prime de scrabble
50).

Françoise peut également chercher un scrabble en huit
lettres qui s'appuie sur une des lettres de PAYEE. Avec le
P elle trouve PERCUTAS EN 4 H (76), supérieur à CAP-
TURES (74). Avec un des deux E, elle envisage SECA-
TEUR (7 G, 65) ; RUTACEES (7 C, 65) ; CAUTERES (7 B
ou 8 D, 63). TRACEUSE lui permet d'atteindre la case
rouge supérieure, en surmultipliant le C (8 A, 89).

Enfin, comme Françoise est une surdouée, elle a découvert avant la fin des deux minutes accordées qu'elle réalisait le «top» (score le plus élevé) en quadruplant RECAUSAT (5 E, 90).

5. On ne peut changer aucune lettre après l'avoir jouée.
6. On peut utiliser les deux jetons blancs pour n'importe quelle lettre voulue. Lorsque le joueur se sert d'un jeton blanc, il doit indiquer quelle lettre celui-ci représente, après quoi elle ne pourra plus être changée pendant tout le reste de la partie.

Les lettres blanches ou jokers ne rapportent aucun point. Surtout en duplicate, les joueurs ont intérêt à écrire sur un joker, dès qu'il est posé sur la grille, la lettre qu'il remplace. Utiliser pour cela un crayon à fard ou une gommette en papier. Le trichloréthylène dissout l'encre des crayons feutres mais aussi le plastique dont sont faites les lettres...

7. Chaque joueur peut profiter de son tour pour échanger une, ou toutes les lettres de son chevalet.
Il le fait en les écartant, sens dessus dessous, puis en pêchant le même nombre de lettres nouvelles, mélangeant ensuite celles qu'il a écartées avec celles de la cagnotte. Puis il attend le prochain tour pour jouer.

Cette règle est issue d'un contre-sens commis par le traducteur du règlement anglais qui dit «Any player may use his turn to replace *any or all* of the letters in his rack», c'est-à-dire «*tout ou partie*» de ses lettres. La FFSc a adopté une position intermédiaire : «Un joueur peut échanger une ou deux ou toutes les lettres de son chevalet en perdant son tour, sauf quand il reste moins de sept lettres dans le sac».

8. Tous les mots se trouvant dans n'importe quel dictionnaire général sont permis, à l'exception des noms propres, ceux considérés comme mots étrangers, les abréviations et les mots composés avec apostrophe ou trait d'union. Ne consultez un dictionnaire que pour vérifier l'orthographe ou l'emploi des mots. On peut contester un mot à condition de le faire avant le tour du joueur suivant. Si le mot ne peut pas être admis, le joueur reprend ses jetons et passe.

Ces quelques lignes ont demandé à la FFSc et la FBS (Fédération Belge de Scrabble) de longues années d'efforts avant de parvenir à une interprétation commune, que voici.

● *Principe :* Sont admis tous les mots figurant en caractères gras dans la première partie de la dernière édition du PLI (Petit Larousse Illustré), y compris les interjections et les mots étrangers. Les verbes peuvent se conjuguer, même les verbes pronominaux. Les mots des éditions antérieures qui ont disparu depuis sont acceptés, l'édition 1981 étant la dernière à prendre en considération.

Chaque année la FFSc et la FBS procurent à leurs membres la liste des mots nouveaux figurant dans l'édition la plus récente du PLI.

● *Sont refusés :* — Les préfixes et les symboles chimiques — Les abréviations et sigles en grandes capitales : S.O.S., ETC., GMT, ICBM — Les mots non présentés isolément par le PLI : HUI, REZ, EX, PARCE, AEQUO —

● *Sont acceptés :* — Les mots suivis de parenthèses : JAVEL, QUIA, JEUN — QUANT, AFIN, INSTAR, TANDIS, ENCONTRE — METRO, TYPO, etc. — CHI'ISME, CHI'ITE, CH'TIMI etc. — Les singuliers BAGAUDE, EBIONITE, LOLLARD, MARRANE, PATARIN, TABORITE — Les féminins CHOUTE et SAGOUINE —

● *Pluriels.* Les mots variables peuvent prendre un S avec les exceptions suivantes :
— les mots se terminant par un S, un X, ou un Z;
— les lettres grecques et étrangères : IOTA, ALEPH, etc;
— les notes de musique;
— les quatre points cardinaux;
— les mois;
— fol, mol, nouvel, vieil;
— les adjectifs numéraux cardinaux, sauf ZERO, VINGT et CENT qui peuvent prendre un S;
— les mots suivis d'une parenthèse : JAVEL, PRIORI, etc;
— les mots qui ne sont ni noms, ni adjectifs, ni pronoms : CONFER, EXIT, DA, etc.
— les mots sans définition en dehors d'une expression toute faite : FUR, DAM, TAPIN, MARTEL, TARD, etc.
Sont acceptés, parfois sans enthousiasme, les pluriels suivants : AYS, DOMS, DONAS, MESSIRES, YODS, MIDIS, MINUITS, COUTANT(E)S, TENANT(E)S, ENIEMES, UNIEMES.

Pluriels étrangers. Les pluriels français en S de tous les mots étrangers sont admis : DERBYS. Si le PLI mentionne un pluriel étranger, les deux pluriels sont admis : BABYS et BABIES.

Pluriels irréguliers. Ils sont tous précisés par le vocabulaire.

○ *Conjugaisons.* Le Règlement de la Fédération Internationale, sauf quelques exceptions, s'est aligné sur *L'Art de Conjuguer* de Bescherelle (édition 1981). Le Vocabulaire de ce livre résout toutes les difficultés conformément à ce règlement.

● *Contestation et minutage* : règlement FFSc(*)
Le dictionnaire ne doit être consulté qu'en cas de contestation, après avoir joué. Le joueur qui pense qu'un mot est erroné doit dire «je conteste» avant que son adversaire n'ait pioché de nouvelles lettres. Si la contestation est valable, le joueur contesté reprend ses lettres et passe son tour. Si elle ne l'est pas, le contestataire est pénalisé de dix points. Seuls les joueurs sont admis à contester. Un joueur ayant placé un mot erroné mais non contesté ne pourra ensuite le contester si ce mot est complété par son adversaire : s'il place impunément FUYAI, il devra accepter ENFUYAI.

Le temps imparti à chaque joueur est de deux minutes par coup. Si un joueur joue avant la fin de ce délai, le chronomètre est immédiatement remis en route pour le coup suivant de son adversaire. Si un joueur ne joue pas lorsque les deux minutes sont écoulées, il passe son tour. Cette règle donne à un joueur la faculté de passer volontairement son tour sans changer aucune lettre.

9. La partie continue jusqu'à ce que la cagnotte soit épuisée et que l'un des joueurs ait placé toutes les lettres de son chevalet, ou jusqu'à ce que toutes les combinaisons possibles aient été faites.

COMPTAGE DES POINTS :
10. Comptez le nombre de points de chaque joueur et inscrivez-le après chaque tour. La valeur des points correspondant à chaque lettre

(*) La FBS reste muette sur le jeu classique (celui qui est prévu par le fabricant), qualifié en Belgique de «scrabble de cuisine». Cela n'a pas empêché le Belge Marc Sélis de gagner les Championnats de France de Parties Libres 1976.

est indiquée par un numéro au bas du jeton. Les jetons non -marqués comptent pour zéro.

11. La somme de chaque tour est celle qui résulte du nombre des points de toutes les lettres de chaque mot, formé ou modifié par le placement, plus le calcul des points établi par chaque carré de prime occupé par une lettre.

12. Carrés de Primes pour Lettres. Un carré bleu clair double le nombre des points de lettre qui l'occupe; un carré bleu foncé triple le nombre des points.

Si on place une lettre «en pivot» sur une case bleu clair ou bleu foncé, c'est-à-dire si cette lettre est commune à deux mots perpendiculaires l'un à l'autre, la prime est comptabilisée pour les deux mots : si Marc place HUE en I 7, il marque 10 (HUE) + 9 (EH) + 2 (EU) = 21; s'il place HUE en 6 J, il marque 13 (EH) + 14 (HUE) + 2 (SU) = 29.

13. Carrés de Primes pour Mot. Le nombre des points d'un mot entier compte double quand une de ses lettres occupe un carré rose; il est triplé quand une de ses lettres occupe un carré rouge. Avant de doubler ou tripler les points des lettres pour ce mot, il faut ajouter (s'il y a lieu) les primes des carrés à points doubles ou triples. Si la formation des mots occupe deux carrés de prime pour mots, le nombre des points se double et puis se redouble (4 fois les points de chaque lettre), ou bien, se triple et puis se retriple (9 fois les points de chaque lettre) suivant le cas. Il est à noter que le carré étoilé du centre est en rose, et par conséquent, il double le nombre des points du premier mot formé.

RABACHE en N 1 vaut
44 pts : $(1 + 1 + 3 + 1 + 3 + 12 + 1 = 22) \times 2 = 44$

	1	2	3	4	5	6	7	8
H	■			P	A	Y	E	E
I				E				
J		■		R		■		
K				C				
L				U				
M			■	T				
N	R	A	B	A	C	H	E	
O	■			S				■

Pour quadrupler un mot, il faut recouvrir deux cases roses au même coup (voir CURATES p. 11 et RECAUSAT p. 14).

Placé en O 3, SORTIES vaut 92 : (8 × 3 = 24 + 18 + 50);
placé en K 5, il vaut 98 : 7 × 4 = 28 + 20 + 50).

Pour «nonupler» un mot (multiplier sa valeur par neuf), il
faut recouvrir deux cases rouges au même coup.

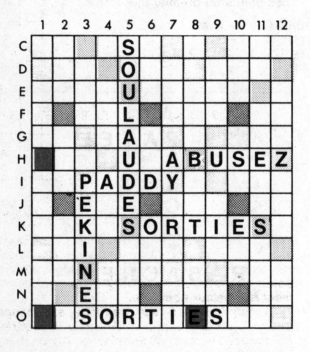

Placé en O 1, PASSE-RAS vaut 140 : (10 × 9) + 50 (prime de scrabble) ; placé en 1 A, il ne vaut que 83 : (11 × 3) + 50 (la prime de la case rouge H 1, recouverte au coup précédent, est annulée).

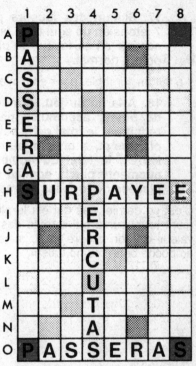

14. Les primes de lettres et des mots indiqués plus haut comptent seulement pour leur placement au premier tour. Aux tours successifs les points des lettres de ces mots retiennent seulement leur valeur nominale.

15. Lorsqu'un carré rose, ou rouge, est occupé par un jeton blanc, la somme totale des lettres qui forment le mot est doublée ou triplée, bien que le blanc n'ait aucune valeur.

16. Lorsque deux ou pluieurs mots sont formés pendant un seul tour, chaque mot est compté. La lettre commune est comptée (avec ses points de prime, s'il y a lieu) dans le total des points de chaque mot. (Tour 9).

17. Si l'un des joueurs parvient à placer ses 7 jetons en un seul tour, un total de 50 points est compté en sa faveur en plus de son nombre de points normal.

Il a fait un scrabble, pour employer le jargon des joueurs.

18. A la fin du jeu, le montant total du nombre de points accumulés par chaque joueur est réduit par le total de la valeur de ses lettres non placées et, si un des joueurs a placé toutes ses lettres, le total du nombre de ses points est augmenté par la somme totale des lettres non placées de tous les autres joueurs.

C'est ce dernier cas qui est le plus fréquent; non seulement le joueur à qui il reste des lettres en retranche la valeur de son propre total, mais encore le «finisseur» empoche cette même valeur.

Technique

Recherche du scrabble

Placer un scrabble, c'est-à-dire poser toutes les lettres d'un coup, est à la fois le plus rentable et le plus satisfaisant pour l'esprit. Dès le tirage, le scrabbleur doit donc sinon en trouver un, du moins décider s'il y a lieu de chercher dans ce sens. Pour cela, il faut que ce tirage comporte un minimum de voyelles et de consonnes, et aussi des lettres qui se «marient» bien. On tire VUOAGGR (Djerba 1977) : il faut tout de suite renoncer au scrabble et se concentrer par exemple sur le V, la lettre la plus chère. Plus tard ont tire MRCEBON. Bien qu'il n'y ait que deux voyelles, il faut envisager un scrabble car 4 consonnes se marient bien : le M et le B d'une part, le B ou le C et le R de l'autre; si un A ou un E est libre sur la grille, on fera ENCOMBRE ou ENCOMBRA; si on dispose d'un I : INCOMBER OU COMBINER.

Il y a des «scrabbles d'imagination» (l'expression est de Philippe Lormant), c'est-à-dire qui échappent à toute construction logique. De rares joueurs les trouvent, soit parce qu'ils sont en état de grâce, soit parce que leurs doigts les ont placés par hasard sur la réglette : TRE-PANG (PLM 76); TEOCALI (Champ de Belg. 76); BOU-TEFEU (Vichy 77).

À chaque tirage, accordez-vous vingt secondes pour donner une chance à votre intuition divinatrice; passé ce délai, il est temps de construire. À cette fin, la majorité des joueurs trouvent commode de placer sur la réglette soit le début, soit la fin d'un mot possible (Marc Sélis est un des rares joueurs qui ne «tricotent» pas; il se contente de regarder ses lettres... et de trouver un mot en quelques secondes)

Faut-il commencer par le début ou par la fin? Tout dépend du tirage, bien entendu. Nous passerons d'abord les préfixes en revue, bien que statistiquement les suffixes et désinences soient plus exploitables.

DE et **RE**. La plupart des verbes avec ces initiales figurent à la lettre D du vocabulaire.

IN, EN, IM, EM, CON, COM.

PRE, PER (PERMUTER, PERSIFLER), **PRO, PAR** (PARFILER), **FOR** (FORLANCER, FORMOLER).

SUR (SURFILER, SURINER, SURVOLTER, SURSEMER, SURPRIME, SURJALÉE, SURPAYER, SURTAXER)

TRÉ (TRÉFILER, TRÉPASSER, TRÉPIDER), **TRI** (TRIFIDE, TRIFOLIÉ(E), TRISSER, TRIDENT(É,E), TRITURER).

ANA (ANACARDE, ANATHÈME, ANATROPE, ANATIDE, ANATIFE).

APO (APOTHÈME, APORIE, APOSTER).

DIA (DIATOMÉE, DIAPRER, DIASPORA).

ÉPI (ÉPICÈNE, ÉPILOBE, ÉPINIER(E), ÉPITOMÉ, ÉPITOGE, ÉPISSER).

GÉO (GEOÏDE, GÉODÉSIE, GÉOMÈTRE, GÉOPHAGE, GÉOPHILE, GÉOTRUPE).

NÉO (NÉOGÈNE, NÉOPRÈNE, NÉOTÉNIE, NÉOTTIE, NÉOMÉNIE).

ISO (ISOBARE, ISOCARDE, ISOCÈLE, ISOGAME, ISOCLINE, ISOTONIE, ISOTROPE).

UNI (UNIAXE, UNICITÉ, UNIPARE, UNITIF (-VE), UNIOVULÉ(E), UNIVOQUE, UNIATE)

OLÉ (OLÉCRANE, OLÉFINE OLÉIFÈRE).

AÉRO (AÉROSOL, AÉROLITE, AÉRONEF, AÉROBIE, AÉROGARE)

ANTI (ANTICHAR, ANTIMITE, ANTIPAPE, ANTIPODE, ANTIVOL, ANTIENNE)

AUTO (AUTOCOAT, AUTODAFÉ, AUTOGÉRÉ(E),

AUTOGIRE, AUTOGÈNE, AUTOPSIE)
PÉRI (PÉRIBOLE, PÉRIDOT, PÉRIGÉE, PÉRINÉAL,
PÉRINÉE, PÉRIOSTE).

Suffixes et désinences verbales.

● **Les désinences verbales** constituent une véritable
mine pour le scrabbleur.
-A, -AI, -AIT, -ENT, -ANT, -AIENT, -RA, -RAI, -RAS,
-RAIS, -RAIT, -RONT, -ONS, -EZ, -IS, -IT, -US, -UT,
-ÂMES, -ÂTES, -ÎMES, -ÎTES, -ÛMES, -ÛTES.
   N'oubliez pas de sonoriser la désinence ENT : si le
verbe n'existe pas, le nom, l'adjectif ou l'adverbe existe
peut-être : SARMENT, RENITENT(E), UNIMENT. Les
participes présents sont invariable sauf ceux employés
comme adjectifs ou noms, (voir liste p. 293).
   Attention aux passés simples et futurs abusifs ! Déce-
vai, aimerat, jetera, épèlera sont des barbarismes.
— **ASSE(S), ISSE(S), USSE(S)**. Malgré son allure rébar-
bative, l'imparfait du subjonctif est très facile à former : il
suffit d'ajouter SE à la deuxième personne singulier du
passé simple, d'où des formes telles que DISSE(S),
EPRISSE(S), CUISISSE(S), BUSSE(S), PLUSSE(S), etc.

● **Suffixes**
— **AL, ALE, AIL.**
— **EL, ELLE.**
— **AGE** ; penser aussi aux verbes en GER : VOILAGE,
VOLIGEA.
— **ADE, IDE, ODE.**
— **TION.**
— **EUR, EUSE.** Certains mots en **EUR** n'ont pas de
féminin, d'autres en **EUSE** n'ont pas de masculin. Lors-
qu'un mot en **EUR** n'existe pas ou est implaçable, penser
à un éventuel mot en **URE** : VEINURE, MACHURE(R),
MAILLURE, RINÇURE, ENFLURE.

— **IEN, IENNE.**

— **EEN, ÉENNE,.** ARAMÉEN, ARCHÉEN, AZURÉEN, BOOLÉEN, CANANÉEN, CÉRULÉEN, CHALDÉEN, CHASSÉEN, CHELLÉEN, COR(N)ÉEN, DAHOMÉEN, ÉBURNÉEN, ÉLYSÉEN, EUROPÉEN, GALILÉEN, GHA-NÉEN, GUINÉEN, LINNÉEN, MANDÉEN, MAZDÉEN, NABATÉEN, NAZARÉEN, PANAMÉEN, PALUDÉEN, PÉLÉEN, PHOCÉEN, PYGMÉEN, PYRÉNÉEN, SABÉEN, SADUCÉEN, TRACHÉEN, VENDÉEN.

— **IER, IERE.** Un certain nombre de mots en IER n'ont pas de féminin ; des mots en RIE sont souvent l'anagramme de ces féminins manquants : VIGUIER, VIGUERIE ; COR-DIER, CORDERIE ; GAINIER, GAINERIE ; HUILIER, HUI-LERIE ; TUILIER, TUILERIE ; VITRIER, VITRERIE

— **OIR,** suffixe de nom ou de verbe (voir liste page   )Noter DOLOIRE. LARDOIRE, JABLOIR(E), EPIS-SOIR(E).

— **OIS, OISE.** Penser en particulier aux habitants de ville : RÉMOIS, BLÉSOIS, PALOIS, GÊNOIS, GANTOIS, BERNOIS, GENEVOIS. Attention ! Les Nîmois n'ont pas droit de cité.

— **ISER.** LATINISER, PAGANISER, VIRILISER, FÉMI-NISER.

— **AN**. Les adjectifs en -*AN* ne doublent pas le N au féminin sauf PAYSAN ROUAN ET VALAISAN : FAI-SANE, mais PAYSANNE, ROUANNE ET VALAISANNE. Noter les verbes HAUBANER, BOUCANER, TRÉPANER, CANCANER, EMPANNER ; l'adjectif RUBANÉ,E (mais on dit ENRUBANNER).

— **IN.** Féminin en *INE*. Pas de mot en INNE sauf PINNE.

— **ON.** Féminins en *ONNE* sauf LAPON(E), NIPPON(E) et MORMON(E). Tous les verbes sont en *ONNER* ou *ONNIR* sauf (DE)TRÔNER, PRÔNER, RAMONER, S'ÉPOUMONER, DISSONER, DETO(N)NER, TÉLÉ-PHONER.

— **OL** : AÉROSOL, ANTIVOL, CÉVENOL, CRÉOSOL, ENTRESOL, ESPAGNOL, GIRASOL, GLYCÉROL(É), GUIGNOL, HYDROSOL, ICHTYOL, MÉTHANOL, NAPH-TOL, PALÉOSOL, PARASOL, VITRIOL.

— **UM**. Liste p. 287.
— **ET, ETTE**. Seuls féminins en *ÈTE* : (IN)COMPLÈTE, CONCRÈTE, DESUÈTE, (IN)DISCRÈTE, (IN)QUIÈTE, PRÉFÈTE, REPLÈTE, SECRÈTE.
— **OT, OTE, OTTE**.
— **IF, IVE**. Avec beaucoup de voyelles, penser aux verbes en **-FIER** (voir liste p. 104).
— **ISME, ISTE**. Les mots en **ISTE** sont souvent les anagrammes de mots en **ITES** : NUDISTE (NUDITÉ), POLISTE (POLÎTES), VÉRISTE (VÉRITÉS), BATISTE (BATÎTES), LAICISTE (LAICITÉS), LAXISTE (LAXITÉS), RÉALISTE (RÉALITÉS), INNÉISTE (INNÉITÉS), DUALISTE (DUALITÉS), STYLISTE (STYLITES). Cf MENTISME (MENTÎMES) SUIVISME (SUIVÎMES).
— **AUX, EUX, EAUX**, Voir la lettre X du Vocabulaire.
— **FÈRE, GÈRE, GÈNE** : AÉRIFÈRE, ALIFÈRE, AQUIFÈRE, AURIFÈRE, CÉRIFÈRE, LANIFÈRE, OLÉIFÈRE, PILIFÈRE, ROTIFÈRE, VINIFÈRE. AUTOGÉRÉ. ALLOGÈNE, ANTIGÈNE, ATTAGÈNE, CÉTOGÈNE, EXOGÈNE, KÉROGÈNE, OXYGÈNE, PYOGÈNE.
— **COLE**. AGRICOLE, APICOLE, AQUICOLE, AVICOLE, BRICOLE, CARACOLE, LIMICOLE, RUPICOLE, MADICOLE, SAXICOLE, VINICOLE, VITICOLE.

Si vous manquez de voyelles, pensez

— aux syllabes nasales, grosses consommatrices de consonnes : TREMPANT, RONGENT, ROGNANT, PRINCES, ONGLETS.
— au suffixe **-ING** (voir liste p. 290).
— au suffixe **-ARD** : MIGNARD(E).

Si vous manquez de consonnes, pensez

— aux suffixes **EAU** et **EUSE**.
— aux suffixes **AIE, OIE** et **UIE** (voir page 281 et 282).
— aux suffixes **(G)UE, (Q)UE** et **EU(X)** (si vous avez un joker).

Utilisation des cases de couleur

Il va de soi que le joueur a intérêt à occuper les cases rouges (mot compte triple) ou roses (mot compte double). Dès le deuxième coup il a en principe l'occasion d'occuper deux cases roses (E5 et K5 d'une part, E11 et K11 de l'autre), donc de quadrupler un mot de sept ou huit lettres (CURATES p. 11). Mais les cases bleu foncé (lettre compte triple) et bleu clair (lettre compte double) ont aussi leur importance. Un K, un X, un Y ou un Z bien placés rapportent facilement plus de 30 points. L'idéal est de surmultiplier une lettre chère, c'est-à-dire :

— La placer sur une case bleu clair ou bleu foncé en pivot, formant deux mots qui multiplient chacun la lettre chère. (Voir supra Règlement n° 12). Les mots ainsi formés sont les suivants : JE, KA, XI, AY, HA, HE, HO, AH, EH, OH, FA, FI, IF, VA, VU, VS, BU, CA, CE, CI, OC, PI, PU.

— La doubler ou la tripler dans un mot lui-même doublé ou triplé : avec V O U X E E S, on est tenté de placer VEXEES en O 1 pour 54 points, mais en mettant VOEUX en N 2, on marque 20 points de plus.

Rajouts

Tout mot allongé a sa valeur portée au crédit du joueur qui l'a allongé. Celui-ci a intérêt à opérer ce rajout à l'aide d'une des lettres d'un mot qu'il place perpendiculairement au mot déjà joué.

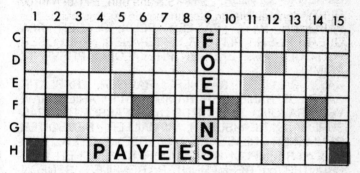

FOEHNS, placé en 9 C rapporte 17 points + 17 points (pour PAYÉES) = 34 points.

Les lettres permettant les rajouts les plus courants sont S, E (féminin d'un participe passé) et celles permettant la formation ou l'allongement d'une désinence verbale : R, A, I, T.

Mais il faut penser aussi aux préfixes qui peuvent jouer le même rôle : **A**BOUTER, **A**BRASER, **A**FOCAL, **A**MATIR, **A**POSTER, **A**QUEUX, **A**SPERME, **A**SOCIAL, **A**PIQUER, **A**DIEU, **A**TONIQUE, **A**TYPIQUE.
BAU, **B**LOQUE, **B**RAMER, **B**RIMER, **B**ROCHER, **B**RUINEUX.
CLAQUER, **C**LOQUE, **C**RAILLER (vi), **C**ROULER.
DRAYER, **D**RAINER, **D**RAGUER, **D**RAPER, **D**ROSSER.
ÉBOUTER, **É**BRASER, **É**CALER, **É**CROULER, **É**DAM, **É**MONDER, **É**MOTTER, **É**RODER, **É**QUINE, **É**PARQUE, **É**PIQUE, **É**POQUE.
FLAQUE, **F**LÈCHER, **F**LOUER, **F**RANGER, **F**LOUVE, **F**RAYER, **F**REDONNER, **F**RELATER, **F**RIPER.
GLACER, **G**LISSER, **G**RAILLER, **G**RATIFIER,

GRÉER, GRAINER, GROGNER (vi), GROUILLER.
HULULER (vi).
ISABELLE, INIQUE.
LAZURITE.
MAILLER, MASQUE.
NARGUER.
OCREUX, ODIEUX, OHE, OUKASE, ORANGE(R),
ORONGE, OZONE.
PARQUER, PAYS, PAILLER, PEUX, PLACER, PLA-
QUER, PLIER, PLISSER, PRÉPARER, PRÉPOSER,
PUNIQUE, PRÉTENDRE, PRÉVALOIR, PRÉVENIR,
PRIMER.
RAY, RALLIER, RAVINER, RAVISER, RAPLATIR,
RAGRÉER, RAMENDER, RANIMER, RAPPARIER, RAVI-
VER, RAVOIR, RASSORTIR ou RÉASSORTIR, RAS-
SURER ou RÉASSURER, REMAILLER, REMBOÎTER,
REMMENER, REMPLOYER ou RÉEMPLOYER, REM-
PLOI ou RÉEMPLOI, REMPLUMER, REMPOCHER, REM-
PRUNTER ou RÉEMPRUNTER, RENFILER, RENFON-
CER, RENGAGER ou RÉENGAGER, RENONCER (vt),
RENTAMER, RENTOILER, RESSAYER ou RÉESSAYER,
ROTER (vi), RUNIQUE.
SEN.
TALLER (vi), TARGUER, TERRER, THÉ, THAÏ(E),
THERMES, TROQUET, TUNIQUE.
UNIQUE
VANESSE, VASQUE.
YEN, YIN, YOLE, YPREAU.
ZAIRE, ZEN, ZESTE, ZETA.

G	1	2	3	4	5	6	7	8	9	10	11	12	13	14	15
H	R	E	M	B	R	U	N	I	S	S	A	I	E	N	T
I															

On peut aussi se contenter d'allonger un mot de plusieurs
lettres afin d'atteindre une case rose ou rouge pour multiplier ce mot. Exemple : Le premier mot de la partie est
BRUNI en H 4; si les tirages suivants le permettent on
pourra jouer : **REM**BRUNI (33 points) ou BRUNIS-

SAIENT (45 + 50 de scrabble = 95), ces deux rajouts pouvant d'ailleurs s'effectuer l'un après l'autre. Enfin, on peut allonger un mot par les deux bouts **simultanément** : **REM**BRUNI**SSES** rapporte également 95 points (45 + 50).

Collage (ou maçonnerie)

Un joueur plaçant un mot parallèlement à un autre encaisse la valeur de tous les petits mots perpendiculaires ainsi formés.
Exemple : Championnat de Belgique 1977 série B.
LUIRAIS en 9 B : 59 + 12 (FERMES) = 71
LUIRAIS en I 2 = 59 + 5 (FI) + 15 (TRONQUER) + 2 (RA) + 4 (MI) + 2 (ES) = 87

La partie libre

La partie libre est le jeu classique tel qu'il est défini par le fabricant et qu'il se joue en famille. C'est une formule intéressante car elle combine avec équilibre technique, stratégie et chance. Celle-ci ne doit pas cependant être surestimée : au Championnat de France de Parties Libres 1977, dans les sept premiers il y avait cinq joueurs classés en première série et un excellent junior.

● **Conjugaisons :** beaucoup de joueurs les bannissent en arguant qu'elles facilitent trop le jeu. Ceci n'est vrai qu'en apparence : elles multiplient les possibilités alors que le joueur n'a qu'un délai limité pour les envisager toutes. Et surtout, les formes conjuguées permettent une succession de rajouts qui ouvrent et enrichissent le jeu : ainsi JE peut se prolonger en JEU, JEUN, JEUNA, JEUNAI, JEUNAIS. Il paraît établi que la vogue du scrabble francophone est liée aux possibilités qu'offrent les conjugaisons françaises. S'en priver, c'est se mutiler soi-même.

● **Stratégie de la partie libre :** le coup idéal est celui qui vous rapporte beaucoup, ferme le jeu à l'adversaire et vous permet de refaire un bon coup quand c'est de nouveau à vous de jouer. Ces trois impératifs sont malheureusement souvent contradictoires et il faut trouver un compromis entre eux.

A deux, on joue une quinzaine de coups avant épuisement des lettres. Il faut marquer une moyenne de 27 points par coup pour arriver à 400, chiffre honorable. Si l'on peut réaliser un coup de plus de 40 points, il faut donc le faire sans s'inquiéter de la suite de la partie. Dans le cas contraire, il faut considérer :

a) *l'ouverture donnée à l'adversaire*
Marc ayant joué PAYEE en H 4, Françoise a tiré A A E C H N U. Un scrabble semble impossible. La désinence

EAU permet CHAPEAU (4 E) qui malheureusement ne double pas. PANACHE (4 H) procure le score honorable de 28 points. Pourtant jouer PANACHE serait extrêmement risqué. Il suffit que Marc ait dans son jeu un E, un R ou un S pour jouer perpendiculairement à PANACHE, empocher ce mot (17 points) et tripler son propre mot, donc réaliser facilement une quarantaine de points en tout.

	1	2	3	4	5	6	7	8	9	10
G					A	C	H	E		
H				P	A	Y	E	E		
I				A						
J				N						
K				A						
L				C						
M				H						
N				E						
O										

PENCHA (26 points seulement) est mieux joué. Certes, s'il a un I, un S ou un T, Marc pourra jouer perpendiculairement à PENCHA et placer un mot double. Mais il ne marquera qu'une trentaine de points et ouvrira sans doute une des deux cases rouges inférieures.

Françoise peut préférer fermer le jeu : AH en G 6 rapporte 29 points, le H étant pivot : ACHE (céleri) en G 6 (35 points) ouvre davantage :
avec un B, un C, un F, un G, un H, un L, un M, un S, un T ou un V, Marc pourrait jouer perpendiculairement à ACHE et placer un mot sur la case rose E 5 ou K 5 (ou idéalement sur les deux).

De toute façon, fermer le jeu pour l'adversaire aboutit très vite à le fermer également pour soi. Françoise, qui a

un beau tempérament offensif, décide de jouer PENCHA.
b) *son propre reliquat pour le coup suivant*
Il ne faut pas jouer un coup médiocre si l'on doit peiner au coup suivant avec des lettres identiques ou incompatibles.
Marc a un tirage peu enthousiasmant :
E G G I U U V
— VUE paraît être le top en N 3 (24 points), mais ce coup est à proscrire car il ouvre les deux rouges inférieurs ; d'autre part, il resterait GGIU, donc peu d'espoir de scrabbler au coup suivant.
— GIGUE (N 3, 23 points) procure un meilleur reliquat (VU) mais ouvre également les deux rouges, avec possibilité d'empocher PENCHAIS ou PENCHAIT avec un mot en -OS (ZOOS, DUOS, NAOS, CLOS, GROS, EROS, ADOS) ou en -OT (ECOT, PHOT, FLOT, FOOT, ILOT, PLOT, SPOT, TROT).
— VAGUE (M 3, 18 points) : ouverture du rouge 0 8 avec VAGUES ou VAGUER et reliquat médiocre (GUI).
— CIGUE : (K 4, 16) ouverture directe du rouge O 8, et reliquat médiocre (V G U).
— CUVE : (K 4, 18) ouverture du rouge O 8 (avec CUVEE, CUVER, CUVES) et reliquat mauvais (G G U I).
— VÉCU : (K 2, 18) n'ouvre pas, reliquat identique au précédent.
   Finalement, Marc opte pour un coup d'attente :
— GIGUE : (8 D) ne lui rapporte que neuf points mais ne ferme pas le jeu et lui laisse trois bonnes lettres : V U E.

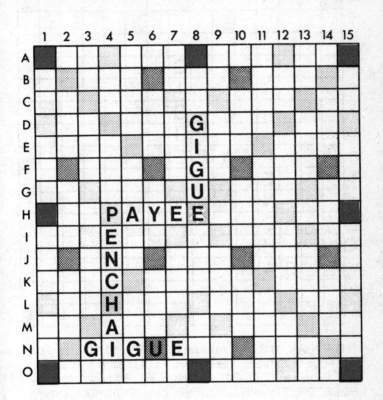

Cas particuliers

● **Tirage avec un joker et pas de scrabble possible**

Il faut garder le joker et faire un coup d'attente en conservant des lettres compatibles.

Exemple : Françoise à H B E V ? U F. Elle doit se débarasser d'au moins deux consonnes chères : **H F** (CHEF, K 4, 24) reliquat : B U ? V; possibilités de BAVURES ABREUVE, BUVARDS, etc.

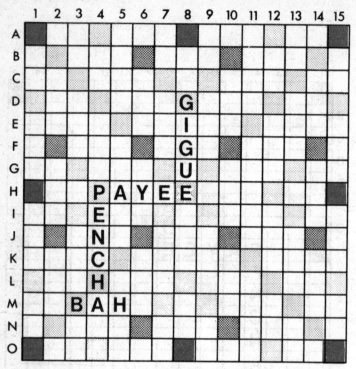

B H (BAH, M 3, 16), reliquat E F ? U V (possibilités plus limitées : FLEUVES, FERVEUR, FLOUVES, FLUVIALE).

V F (VEUF, 7 G, 24) reliquat H E ? B : possibilités de HEBETER, EBAHIR. HABITUE, plus de nombreux mots comme BE(C)HERA, le joker remplaçant un C.

● **Tirage avec un joker et des grosses lettres**
Utiliser le joker si l'on peut réaliser une cinquantaine de points.
Tirage : A B ? O P S Z
Marc pourrait jouer BOPS (N 1, 30 points) et conserver A ? Z pour scrabbler le coup suivant. Il paraît raisonnable d'éviter ce coup d'attente. BAS(E) Z en M 3 rapporte 50 points et en N 2, 84 points !

Par contre, avec B I K O ? P S Marc ne doit pas brader son joker pour faire K(A) S en 3 M (44 points); il le conservera en jouant SKI en N 2 (38 points) ou mieux en 9 H (39 points, pas de rouge ouvert).

Françoise a tiré B E L ? P S W. Elle peut être tentée de passer son tour en changeant le W (et éventuellement une autre consonne si l'on suit les règles de la FFSc), espérant scrabbler le coup suivant. Mais la perte de points due à un tour passé est certaine, le scrabble futur est hypothétique, et la possibilité de retirer ultérieurement le W n'est pas exclue. Il vaut mieux jouer W(U)S en O 1 pour 38 points, ou, mieux encore, SW(A)P en 9 H pour 41 avec un reliquat meilleur (B E L ? au lieu de B E L P ?).

	1	2	3	4	5	6	7	8	9	10	11	12	13	14	15
A															
B															
C															
D								G							
E						P	I	L	A	W					
F							G	U							
G							V	U							
H			P	A	Y	E	E	S							
I			E			U		W							
J			N			F		A							
K			C					P							
L			H												
M			A												
N	B	A	S	E	Z										
O	W	U	S												

• **Changement d'une lettre** (ou de deux, règlement FFSC)

Il faut s'y résoudre si on a une très bonne chance de réaliser un gros score le coup suivant.

Exemple 1 : tirage A E G I N R Q. On peut envisager de jouer GARNIE en espérant au coup suivant «marier« le Q avec un U tiré ou posé par l'adversaire (on peut d'ailleurs améliorer ses chances en ne jouant pas son A de façon à faire éventuellement QAT). En fait on a toutes les chances de scrabbler si on change le Q en passant son tour. En effet, si on tire :

— A, on pourra poser NAGERAI ou 4 anagrammes.
— B, BAIGNER
— C, RINÇAGE
— D, DAIGNER ou 5 anagrammes.
— E, ANERGIE ou anagrammes.
— I, GAINIER ou INGÉRAI
— M, GERMAIN
— N, ENGRAIN
— O, RONGEAI
— P, PAGINER
— R, GRAINER ou REGARNI
— S, ARGIENS ou 13 anagrammes !
— T, AGIRENT ou 8 anagrammes
— Z, GRAINEZ ou RANGIEZ

sans compter tous les scrabbles en 8 lettres.

Exemple 2 : tirage A E G I N R W. Ce tirage est nettement meilleur que le précédent, le W n'étant plus une lettre de cauchemar depuis la sortie du Petit Larousse Illustré 1981. Si on ne peut placer les grands classiques WAGON, ROWING, SWING, OU WHIG, il ne faut pas pour autant changer le W, mais plutôt jouer un «peit nouveau» : WU, WON, ou IWAN, ce qui laisse un excellent reliquat.

Exemple 3 : tirage : A B ? N Q S V. Il ne faut pas se contenter de jouer le V ou de le changer dans l'espoir de tirer A ou un E ou un U pour faire BANQ(U)AS ou BAN-

Q(U)ES; en effet, les chances d'un tel tirage sont inférieures à 30 %. Si on peut placer 3 consonnes en s'appuyant par exemple sur un A, un I ou un O (BANS, BONS, VANS, VINS), les chances de placer un gros scrabble le coup suivant comme VAQ(U)ERA ou BRAQ(U)ES restent réduites. Le mieux est sans doute de changer le Q et le B. En conservant A N ? S V, on peut espérer scrabbler au tour suivant même si on ne tire pas de voyelle [L(E)VANTS, BRAV(O)NS, etc].

- **Changement de toutes les lettres**

Il faut s'y résigner si, ne pouvant réaliser qu'un coup médiocre, on est sûr de ne pas faire mieux au tirage suivant.

Exemple 1 : tirage B D G H N O V. Il ne faut pas jouer OH pour une vingtaine de points, le reliquat B G D N V serait pratiquement inexploitable au coup suivant. Le mieux est de tout changer.

Exemple 2 : tirage C H M P R T Z. Si aucune voyelle n'est libre sur la grille, il faut tout changer. Si un E est libre, jouez CHEZ et conservez M P R T qui se marient bien ; ou jouez HERTZ et conservez C M P. Si un A est libre, jouez TRAMP ou TZAR (reliquat : C H Z ou C H M P) ; si un O est libre, placez ROMPT et gardez C H Z.

Exemple 3 : tirage : A A E E I O U. Ne changez pas toutes vos voyelles, vous risquez de ne tirer que des consonnes... Essayez de placer 3 ou 4 lettres avec un mot comme OUIE, FOUIE, ROUIE, HOUAI, ENOUAI, etc.

**Championnat de France
de Parties Libres 1977
Troisième tour, troisième partie.**

Marcel COSSET (Montmorency)   contre

TIRAGE	MOT	REF	PTS	OBSERVATIONS
1. LICEATU	ECULAIT	H 3	74.	Est sorti du PLI en 1981. ALUCITE, 70.
2. TIUKITD	TEK	3 G	23.	DIX, K 4, 26 élimine un I superflu et ferme le X.
3. DIITU + ER	REDUIT	8 J	27.	
4. EI + T?EDU	ETUDIE(S)	12 E	75.	EUDI(S)TE, 12 G, 82.
5. OLCSAAO	CAJOLAS	C 9	38.	
6. O + MLLENS	SOLO	J 3	19.	A l'avantage de ne pas ouvrir.
7. ELMN + HZI	QUINZE	N 6	42.	HELEZ, 10 J, 45, meilleur reliquat (M N I), n'ouvre pas le rouge.
8. HILM + PEE	HELEZ	10 J	25.	OHM, G 6 (reliquat : P L I E E).
9. PMEI + NEU	MUEE	M 7	16.	NEUME, O 11, 23 ET ferme le rouge.
10. EINPU + ON	PION	B 7	16.	PIONNE, 1 A, 29, ferme le rouge.
11. ENU + SUBH	HUNES	O 11	32.	
12. BU + WRMIN	BON	G 5	13.	WU, WURM, WON, IWAN, ne sont entrés qu'en 81.
13. IMRUW + R	FUIR	1 L	21.	
14. RWM	MI	8 A	9	
15. RW	RA	M 13	4	
16. W reste (-10)			– 10	

TOTAL 424

Malgré cette défaite, Pialat

Michel PIALAT (Paris).

TIRAGE	MOT	REF	PTS	OBSERVATIONS
1. O V E X V E O	VOLVOX	6 F	31.	Plus spectaculaire que VŒUX, E 5, 34, avec un bon reliquat (O V E).
2. EE + EDN ? E	EX(C)EDEE	K 5	64.	Meilleur que le scrabble ENDE (T) TEE, 9 C, 60 et ferme le X.
3. N + AJSQNU	QUI	N 6	26.	JANS, 12 H, 36, aurait fermé EX (C) EDEE.
4. AJNNS + BI	JAN	11 C	24.	JEAN, 10 J, 27, ferme le J.
5. BINS + RIA	BISAI	15 A	24.	BISA, 21, Conserve une voyelle précieuse. BURINAIS, M 7, 85 !
6. NRS + EYRG	DYNE	H 12	42.	
7. GRRS + ATS	STARS	F 11	26.	Beau coup technique qui exploite les deux S.
8. GRT + MSRL	MAL	14 B	16.	Pas de voyelles, il vaut mieux tout changer.
9. GRRST + ET	TER	2 F	17.	
10. GRST + FPI	FRITS	L 1	27.	Ouvre un 4ᵉ rouge.
11. GP + OAEAG	GAGE	14 L	12.	APOGEE, 14 J, 22
12. AEOP + AFE	FEE	M 3	28.	
13. AAOP	APION	B 6	9.	Charançon.
14. AOP	PAPION	B 5	10.	Singe cynocéphale.
15. AO	VA	F 6	8.	
16. O	GO	N 14	5 + 10	(le W de Cosset).
		TOTAL	379.	

remporte le Championnat.

Roland Gelbart (Paris)   contre

TIRAGE	MOT	REF	PTS	OBSERVATIONS
1. A E E I F T V	FEVE	H 6	20	
2. T A I + A E N A	TA	I 7	11.	Il fallait écouler 2 A : ANA, I 8, 12.
3. A A E I N + D N	DRAINA	A 8	24	
4. N E + M U I L E	LUMEN	K 9	16.	
5. I E + A E E O B	BENIE	13 I	20.	OBEIE, K 2, 17 allège le reliquat d'une voyelle.
6. A E O + U D V L	DOUVE	O 4	45.	Erreur ou arnaque : 39 seulement. EVOLUA, O 3 : 45.
7. A L + E H N Q S	HASE	15 L	42.	
8. L N Q + A P I S	change Q et I			Il valait mieux changer Q et N et garder PILAS plutôt que PLANS.
9. P L A N S + D L	LADS	E 11	25.	
10. P L N + F U I I	FIL	K 5	19.	NEF, 12 J, 24.
11. P N U I + E R S	RUPINES	C 1	82.	
12. I O C N R R Z	RIZ	1 F	38.	
13. R O C N + U G	CRIN	4 A	18.	CARGO, 12 D, 18 allège le reliquat.
14. G O U	GO	N 5	12.	
15. U	JEU	6 B	10+	
		TOTAL	383	

Saintjean termine

Claude Saintjean (Paris).

TIRAGE	MOT	REF	PTS	OBSERVATIONS
1. E E O B G T T	BOF!	6 F	14	
2. E G E T T + R R	REGRETTE	9 A	62	
3. A A I L N M W	MALIN	J 6	21.	IWAN (J 5, 42) n'est rentré au P.L.I. qu'en 1981.
4. A W + P L E ? ?	(S)WAP	14 A	35.	
5. E L ? + E C R S	RECL(U)SE	N 8	86.	Coup brillant qui sur-multiplie le C.
6. I O A U H J X	JOUE	B 6	30.	JEUX, E 8, 40, plus constructif, ferme le J.
7. A I X H + O Y E	HO	M 9	22.	Il faut s'alléger : AXAI, C 12, 26.
8. A X Y E I + K U	YAK	C 13	42.	
9. I X A E U + S E	EUS	10 F	22.	Il faut prendre des risques : AXEES, C 3, 42.
10. I E A X + Q S A	AISE	L 4	22.	
11. A X Q + T T M E	QUETA	2 B	28.	Saintjean conserve brillamment un T pour TEX
12. X M T + N T I O	TEX	12 J	48.	
13. I O M N T	TOP	D 12	27.	Belle présence d'esprit!
14. I M N	MI	M 3	8.	MIN n'est rentré au P.L.I. qu'en 1981
15. N reste			— 1	
		TOTAL	466	

deuxième du Championnat.

Le duplicate

Inventé par le Belge Hippolyte Wouters et un groupe d'amis en 1972, le Duplicate est une variante du jeu qui élimine complètement le facteur chance. Toutes les compétitions se jouent en Duplicate.

• **Principe.** Tous les joueurs jouent la même partie avec les mêmes lettres, mais ne marquent que les points correspondant aux mots qu'ils ont trouvés.

• **Règlement.** Chaque joueur dispose d'un jeu complet dont il classe les lettres avant la partie, généralement par ordre alphabétique. L'arbitre (ou à défaut un joueur) tire sept lettres au hasard et les annonce à voix haute. Tous les joueurs tirent également ces mêmes sept lettres, cherchent le mot qui rapporte le maximum de points et, dans un délai de trois minutes, l'écrivent sur un bulletin avec le score correspondant, en soulignant la lettre qu'ils placent sur la case rose étoilée. L'arbitre rassemble ces bulletins et annonce le «top», c'est-à-dire le mot le plus cher qui ait été trouvé et sa valeur. Tous les joueurs posent sur leur grille le mot retenu par l'arbitre mais ne sont crédités par celui-ci que du nombre de points que leur propre mot leur a rapportés. Si le mot «top» (autrement dit le mot retenu) utilise moins de sept lettres, l'arbitre conserve le reliquat et tire au hasard le complément afin que le tirage suivant comporte également sept lettres; si le mot «top» est de sept lettres, il tire sept nouvelles lettres.

Les joueurs, nantis de ce deuxième tirage, cherchent de nouveau à former le mot le plus cher possible en l'articulant sur le premier, comme dans le scrabble classique. Sur le bulletin, ils écrivent non seulement ce deuxième mot et le score correspondant, mais aussi trois lettres au moins du premier mot, afin que l'arbitre sache où les deux mots se raccordent.

				C					numéro
P L M				U					**15**
				R					cumul
				A					
				T					
				E					points
	Y	E	E	S					**78**

Les lettres de raccord YEE sont indispensables à l'arbitre pour qu'il contrôle le score indiqué car il y a un autre emplacement possible pour CURATES. Quant à la case cumul, il ne faut la remplir qu'à la demande de l'arbitre.

La partie se poursuit jusqu'à ce que les 102 lettres du jeu soient épuisées (une vingtaine de tirages sont généralement nécessaires). Le gagnant est évidemment celui qui a réalisé le plus gros score total. La valeur de sa performance peut se mesurer en pourcentage par rapport au top, pourcentage que l'on peut calculer en divisant son propre total par la somme des tops. Un pourcentage de 90 % constitue une bonne performance. Le nombre des joueurs n'est limité que par la dimension de la salle et les possibilités d'arbitrage, mais on fait d'exceller es parties à trois, à deux ou même en solitaire, soit en tirant les lettres au sort, soit en refaisant une partie déjà jouée en tournoi. Le règlement complet du scrabble duplicate est donné en appendice page

● **Technique**. Il n'y a pas de stratégie du duplicate comme il y en a une de la partie libre : à chaque tirage, il faut réaliser le score maximum sans s'inquiéter de l'ouverture du jeu, du reliquat d'un tirage, du gaspillage des jokers. Priorité doit être accordée à la recherche du scrabble, puis à l'utilisation optimale des grosses lettres et des cases de couleur.

● *Coups de sécurité*. Relativement limitée au début de la partie, lorsqu'il y a peu de mots sur la grille, et à la fin, lorsqu'il reste peu d'emplacements libres, la recherche du meilleur coup est particulièrement stressante lorsque la grille est ouverte de tous côtés et que les possibilités sont multiples. Pour se libérer de ce stress qui s'aggrave à mesure que les trois minutes s'écoulent, le joueur doit très vite trouver — et écrire de peur de l'oublier — un mot qui lui assure un minimum de points et lui permette de consacrer le reste de son temps à la recherche d'un gros coup.

● *Pastilles aide-mémoire*. Autorisées par le règlement, elles sont placées par le joueur aux emplacements intéressants et lui signalent les cases rouges ou deux fois doubles ouvertes et les possibilités de rajout payant. On peut en fabriquer facilement avec une vieille chambre à air et un emporte-pièce.

Partie jouée au club Nice-Côte d'Azur le 21 mai 1977.

Huit cases doivent être signalées par des pastilles :

— la case C 1 qui ouvre deux cases rouges si on tire un A pour faire ABOULENT.

— les cases E 7 et E 9 qui ouvrent un quadruple possible en sept ou huit lettres.

— la case H 13 qui permet, avec un S, d'empocher, outre son propre mot, les 24 pts de ZLOTYS.

— la case K 11 qui permet de doubler le K avec un mot comme TANK ou MAKI.

— la case O 9 qui ouvre une case rouge en faisant GO et éventuellement AN ou AS et NE ou NA (par exemple PROSE en O 7 : 28 ; DETRONA en O 5 : 81).

— la case M 15 qui ouvre la case rouge H 15 en triplant le Z.

— la case rouge O 15 qui est ouverte avec des mots comme GAZE ou GAZA (48 pts), PLANEZE (57 pts) etc.

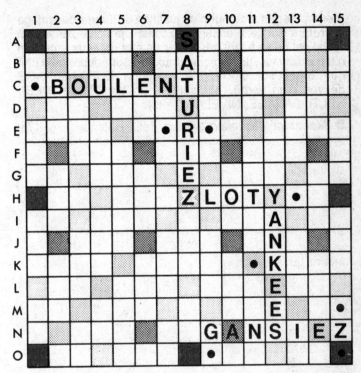

Soit le tirage H A D E N P I. Le scrabble n'étant pas évident, le joueur cherche un coup de sécurité sur le Z. S'il ne trouve pas NAZI (L 15, 42) il essaie de tripler un mot en faisant ABOULENT et trouve EPAND (A 1, 37) ou mieux encore PHANIE (A 1, 46) ; à défaut, il se rabat sur PEKIN ou PEKAN (K 10, 32). Quand il a inscrit son mot de sécurité sur son bulletin, sans oublier le raccord et le score, le joueur peut réenvisager la question du scrabble et trouver éventuellement DAUPHINE (4 A, 84) ; si c'est un fort en thème il placera DAPHNIE, petit crustacé d'eau douce, en A 1 (104 pts), ou en 1 B (108 pts).

● *Risques à prendre.* Il arrive qu'un scrabbleur hésite à placer un mot dont il n'est pas sûr. Les risques qu'il prendra seront d'autant plus justifiés qu'il aura davantage de retard sur le premier. L'excellent principe de Michel Pialat est qu'il ne faut pas tenter un mot douteux si celui-ci n'a pas une valeur au moins deux fois supérieure à un mot dont on est sûr. Ceci dit, les noms en -EUR et en -AGE dérivés d'un verbe représentent un bon risque (DEBINEUR, FANAGE, NIVELAGE, etc).

● *Marquage des jokers* : voir p. 14.

Le top-scrabble

Imaginé par des scrabbleurs-bridgeurs, le top-scrabble est une variante où chaque mot est noté non pas par sa valeur propre, mais par rapport aux mots trouvés par les concurrents, la meilleure note étant égale au nombre des joueurs moins un. Dans un tournoi comprenant dix joueurs, par exemple, le top (9 points) ira au joueur ayant réalisé le meilleur mot, 8 points seront accordés au joueur ayant trouvé le deuxième meilleur mot, etc., l'avant-dernier marquant 1 point et le dernier 0.

En pratique, les dix joueurs ne trouvent jamais dix mots de valeur différente si bien que certaines notes seront partagées. Exemple : trois joueurs (sur dix) ont trouvé le meilleur mot : ils marquent

$$\frac{9 + 8 + 7}{3} = 8 \text{ chacun.}$$

Cinq joueurs ont trouvé un mot identique mais inférieur au top (de un ou cinquante points, peu importe) : ils marquent

$$\frac{6 + 5 + 4 + 3 + 2}{5} = 4.$$

Deux joueurs ont inventé un mot : ils marquent non pas 0 mais

$$\frac{1 + 0}{2} = 1/2.$$

L'avantage du top-scrabble est que l'intérêt de la partie est maintenu jusqu'au bout, un coup à 8 points pouvant rapporter autant qu'un coup à 150. La formule avantage les besogneux qui peinent sur les scrabbles mais excellent dans la maçonnerie. Mais outre qu'elle est épuisante (pour les joueurs comme pour les arbitres...), elle laisse un sentiment d'injustice en nivelant coups brillants et coups de gagne-petit. Ainsi, dans une partie jouée en mai 1977 au Scrabble-Club de Paris, une joueuse ayant trouvé un extraordinaire BALADEREZ à 239 points (nonuple à double appui) n'a pas terminé dans le peloton de tête.

Le joker-scrabble

Variante inventée par des joueurs belges, qui constitue un excellent exercice pour le duplicate en habituant les joueurs au stress qu'ils ressentent devant un tirage aux possibilités multiples. Chaque tirage comporte un joker, mais dans le mot retenu on substitue au joker la lettre qu'il est censé représenter, ce qui permet de conserver le joker pour le coup suivant. Voici deux parties de joker-scrabble :

Parties de joker-scrabble

Scrabble-Club de Paris 24 septembre 1977

TIRAGE	SOLUTION	REF	PTS	OBSERVATIONS
1 ? J E U E M B				
2 ? E U + E V N K	J(A)MBE	H 4	44	
3 ? E V + I P O A	JUNKE(R)	4 H	42	
4 ? M F R R I O	PAVOI(S)EE	8 A	89	
5 ? V R Q O E L	R(E)FORMAI	B 2	76	F(E)RMOIRS F1 63
6 ? Q + S Z U N A	VOLI(G)ER	E 5	36	Fixer des ardoises
7 ? N + H E E A D	SAQ(U)EZ	N 4	60	avec des planches
8 ? A P A T I C	ENHARD(I)E	11 A	61	ADHEREN(T)
9 ? E A T E B I	PACTI(S)A	1 B	104	(D)ECAPAIT L3 62
10 ? T S O U N T	BAKE(L)ITE	K 2	86	
11 ? I E C I L T	(L)UTTONS	L 7	70	T(E)UTONS 11 H 67
12 ? A U O M N H	LICITE(S)	J 9	65	
13 ? I A Y N S T	(C)HAUMONS	15 C	95	Le W remplace le
14 ? I + D F U E L	SEYANT	A 10	75	C de (C)HAUMONS
15 ? R E O G X U	FLU(I)DITES	13 D	63	Le 1er joker reste
16 ? G + D E E N R	O(M)BREUX	2 I	34	sur la grille
17 D E E G R	NO(M)BREUX	2 H	20	Le 2e joker res-
18 E non joué	DEGRE	3 A	14	te sur la grille
	TOTAL		1034	

1. P. Sorin 952 (92,07 %)
2. S. Kourotchkine 931 (90,04 %)
3. J.-L. Pennec 928 (89,75 %)

Top-club de Boulogne, 6 octobre 1977

TIRAGE	SOLUTION	REF	PTS	OBSERVATIONS
1 ? U O E E R N				
2 ? I T C A R E	ENOUER(A)	H 2	64	additif 1981
3 ? E L E E P U	CITERA(I)	1 D	107	
4 ? U A K G E W	RE(P)EUPLE	7 H	63	
5 ? E G U + I A C	K(A)WA	2 A	46	
6 ? M L E O L E	AGUIC(H)EE	0 1	149	
7 ? A G S O I Y	MOELLE(S)	9 I	74	
8 ? A + N N E E D	YOGIS	10 F	44	
9 ? T T N O U J	ADONNEE(S)	4 F	66	
10 ? E B T O L I	AJOUT(A)NT	B 2	66	
11 ? N I Z E S M	EBLO(U)IT	A 9	79	CAB(R)IOLET D 1 76
12 ? - F S I T E R	IMI(T)EZ	14 A	70	REF(A)ITS 11 L : 75
13 ? L R I N R O	FRIS(E)TTE	D 8	80	
14 ? A A F B H N	RELIRON(S)	12 C	68	
15 ? A A B H + S X	NE(U)F	2 G	30	
16 ? A + V D M R D	EXH(I)BAS	N 9	80	mort du 1er jok.
17 ? D D M R + V	V(I)SA	15 L	30	mort du Q qui
18 R D D non joués	VOM(I)	4 A	22	devient un jok.
	TOTAL		1128	

Le poker-scrabble

Inventé et mis au point par Philippe Lormant, le Poker-scrabble associe technique, chance et bluff...

Il est régi par les règles du Poker, mais utilise le matériel du Scrabble.

Il peut se jouer à 2 joueurs et plus; il est conseillé toutefois de limiter le nombre de participants à 5.

Matériel nécessaire.
— Un jeu de Scrabble complet
— Une pendule ou un sablier
— Des jetons ou contre-marques
— Un sac pour mettre les pions de Scrabble

● **Déroulement de la partie**
Un des joueurs fait office de banquier ou «caviste», et donne à chaque joueur une quantité égale de jetons ou contre-marques. Cette quantité est fixée conventionnellement entre les joueurs et est appelée «Cave».

La grille de Scrabble est placée ouverte sur la table. Un joueur tiré au sort fait office de «Donneur», et distribue *face cachée*, 7 jetons de Scrabble (ou lettres) à chaque participant. *Il est interdit à un joueur de regarder ses lettres avant que le dernier ne soit servi.* (les jetons doivent rester sur la table face cachée).

Pendant la distribution, et avant de voir ses lettres, le joueur suivant le Donneur aura placé une mise sur la table. Cette mise, comme au Poker, est appelée «Blind». Le dernier joueur étant servi, chacun retourne ses lettres (en les cachant des autres; pour cela, utiliser la réglette du Scrabble), et la pendule est mise en marche. Chaque joueur cherche alors à constituer le meilleur jeu, c'est-à-dire à réaliser le mot le plus cher, sachant que, comme au Scrabble, le 1er mot passe obligatoirement par l'étoile. Le compte des points est celui du Scrabble.

Après une minute *précise* le joueur suivant le «Blinder»

annonce sa mise ou passe, (selon les règles classiques du Poker), et ainsi de suite.

Attention : au Scrabble-Poker, il faut non seulement relancer, mais «voir» sans hésitation. En effet, le temps pris à réfléchir avant de «voir» permet à un joueur de chercher un nouveau mot, donc d'améliorer son jeu. Ce temps est illicite.

Les mises étant égalisées, les joueurs peuvent changer des lettres jusqu'à concurrence de 4 maximum. C'est le tirage.

Les joueurs ayant été servis, ils disposent à nouveau d'*une minute*, avant de reprendre les mises selon les règles du Poker.

Si un joueur fait une mise non suivie par un ou plusieurs joueurs, il remporte la masse ou «pot», et tous les jeux sont remis dans le sac. *Dans ce cas, aucun mot n'est placé sur la grille.* (Un joueur non payé n'a pas à montrer son jeu).

Par contre, si un ou plusieurs joueurs paient pour «voir», celui ayant fait la relance annonce son total de points, le mot composé pour l'obtenir et sa place. Si un joueur réalise un total plus élevé, il l'annonce dans les mêmes conditions, et remporte le «Pot». *Le mot gagnant est placé sur la grille à la place indiquée.*

Pour les coups suivants, les joueurs devront utiliser la grille en tenant compte du ou des mots placés dessus, et conformément aux règles du Scrabble. La grille se complète ainsi peu à peu, la partie étant finie lorsque le nombre de pions restant dans le sac est inférieur au nombre de joueurs X 7.

Les mots admis sont les mots admis par la F.F.Sc.

• Contestations

1 - *Erreur dans l'annonce du total des points :* l'erreur de compte n'entraîne pas la perte du coup si le joueur a annoncé le mot et la place du mot avant une autre annonce. Ex. 1er coup, un joueur annonce 110 points

avec AZULEJO, en H 3 au lieu de 116, il pourra sans
pénalité rectifier à 116. Par contre, s'il annonce 110 points
et qu'un autre joueur annonce 112 points, il ne pourra plus
rectifier à 116. Pour éviter tout ennui, nous vous conseil-
lons d'annoncer vos points à la fin (Dites : AZULEJO en
H3, 116 points, et non le contraire).

2 - *Erreur de mot :* mots non admis, implaçables, infaisa-
bles, ou mal orthographiés, entraînent la perte du coup.

3 - *Hésitation* : un joueur n'a pas le droit d'hésiter, ni pour
payer, ni pour relancer (ce dernier cas comme au Poker).
Un adversaire peut refuser la mise d'un joueur hésitant
avant d'annoncer sa mise (par exemple plus de 3 secondes).

Pour être amusant, ce jeu doit se jouer vite. Comme au
Poker, votre art de la relance ou du «je passe», sera
primordial, mais en plus votre vivacité d'esprit à composer
les mots et à calculer entrera en ligne de jeu. L'expérience
montre qu'un bon joueur de Poker, moyen au Scrabble,
peut très bien tenir tête à un champion de Scrabble.

Cette forme de Scrabble-Blitz constitue un excellent
entraînement pour le Scrabble.

Un conseil pour finir, ne vous aventurez pas trop dans
les premiers coups si vous ne dépassez pas le total de
70 points !

Vocabulaire

Ce vocabulaire comporte tous les mots utiles au scrabbleur avec leur sens, leur dérivation, leur accord, leur conjugaison s'il y a lieu, et les anagrammes les plus importantes.

● *Choix des mots.* Nous avons essayé d'incorporer tous les mots peu courants ou difficiles à orthographier ou à conjuguer. Cette sélection reste arbitraire, tel mot familier à un joueur étant de l'hébreu pour l'autre. Le lecteur a la possibilité de rajouter à la main, dans les espacements laissés à cet usage, tel mot ou telle forme verbale qui lui pose des problèmes.

● *Conjugaisons.* La transitivité des verbes a été notée, sauf si le sens d'un verbe est précisé par son complément d'objet direct : ABOUTER des tuyaux implique que la forme ABOUTEE est bonne. Si le verbe est donné comme réfléchi, ou comme se conjuguant avec être, le participe passé est variable. La conjugaison des verbes en -ELER et -ETER ainsi que celle de certains verbes difficiles (CHOIR, CLORE, SEOIR et leurs composés) a été précisée.

● *Sens des mots.* Il est suggéré :
— par une abréviation en italiques : ABATTANT *menui* signifie qu'il s'agit d'une pièce de bois.
— par un ou deux mots d'explication : ABER fjord
— par la dérivation, les mots de même étymologie étant séparés par une virgule au lieu d'un point : le sens d'ABRASION découle de celui d'ABRASER.
— par un complément d'objet direct : ADOUBER un chevalier.

— par un complément de nom : AÉRAGE de mine.
— par un complément d'origine : ACADIEN... d'Acadie.
— par un mot ou une abréviation entre parenthèses :
ACINUS (glande) ; PALLÉAL.... *(moll)*.

● *Genre des adjectifs.* Pour gagner de la place, nous
n'avons indiqué que le masculin de certains adjectifs et
remplacé le féminin par des points de suspension :
— AMBLEUR... implique AMBLEUSE.
— ABÉLIEN... implique ABÉLIENNE.
— ABRASIF... implique ABRASIVE.
— CENSUEL... implique CENSUELLE.
— ABSIDAL... implique ABSIDALE et le pluriel ABSI-
DAUX.
— CLAIRET... implique CLAIRETTE.
— BILEUX... implique BILEUSE.

● *Mots absents du Petit Larousse Illustré.* Certains mots
figurent dans le Vocabulaire bien qu'absents du P.L.I. Ils
sont admis au Scrabble, soit parce qu'ils ont disparu
depuis 1981, soit parce qu'ils figurent dans l'additif du
Règlement International (voir page 313).

● *Rajouts.* Ils sont indiqués en caractères gras : **A**BAT-
TEUR ; ALCOOL**É**.

● *Verbes à préfixes ou rajouts multiples.* Afin de faciliter
les révisions nous avons groupé à la lettre D la plupart de
ces verbes : **DÉ**CORDER (AC- EN- RE- CON- RAC-).
Lorsque le préfixe DÉ ne figure pas parmi les rajouts
possibles, nous avons cité ceux-ci en même temps que le
verbe simple : MISER (RE- TA- ATO- CHE- CHRO-
DYNA- ISLA- MAXI- MINI- OPTI- SODO-)

○ *Lettres chères.* Les mots qui en contiennent figurent
normalement dans l'ordre alphabétique, mais ils sont
aussi regroupés, avec leurs anagrammes, aux lettres J, K,
Q, W, X, Y, Z. Les mots à plusieurs lettres chères figurent
dans des listes spéciales pages 276 et suivantes ;

○ *Anagrammes.* Elles sont indiquées en italiques capitales et après le premier mot dans l'ordre alphabétique :
ainsi *PÉCULAT, PULTACÉ* et *TAPECUL* sont signalés —

seulement — après CAPULET. Lorsque deux anagrammes sont séparées par un point virgule, la première
correspond au mot simple, masculin ou singulier; la
deuxième, au féminin ou au pluriel : CRÉATIF *RÉACTIF;
VÉRACITÉ RECEVAIT.* — ACANTHE *ÉTANCHE;
ENSACHÂT*; Faute de place, nous n'avons indiqué que
les anagrammes les plus difficiles. Lorsqu'une anagramme est suivie d'un chiffre, celui-ci correspond au
nombre d'anagrammes manquantes : ALICANTE *LAI-
TANCE* + 4 (il manque *CALAIENT LAÇAIENT ÉLANÇAIT
ENLAÇAIT*). Les lecteurs passionnés d'anagrammes
pourront se référer au *Larousse du Scrabble* 1981 de
Pialat qui inclut tous les mots de deux à huit lettres.

- *Listes supplémentaires.* (à la fin de l'ouvrage)
  - mots à plusieurs lettres chères
  - mots en -AIE
  - mots en -OIE
  - mots en -OIR
  - mots en -O
  - mots en -UM
  - mots en -ING
  - mots comportant un G et un H
  - mots où le H est séparé du C
  - mots en -ANT
  - infinitifs en -ER pouvant être complétés par un S
  ou un E
  - prénoms (et noms mythologiques)
  - mots anglais

Abréviations en italiques

agr agriculture
alp alpinisme
anat anatomie
anc ancien ou ancienne-
ment
anthro anthropologie
antiq antiquité

arb arbre ou arboriculture
arch architecture
archéo archéologie
astr astronomie
ato atomistique
auto automobile
av aviation

batr batracien
belg belgicisme
biol biologie
boiss boisson
bot botanique
can canadianisme
cham champignon
chim chimie
chir chirurgie
cin cinéma
coif coiffure
com commerce
const construction
cost costume
crust crustacé
déco décoration
dr droit
écol écologie
écon économie
élec électricité
embryo embryologie
éq équidé ou équitation
ethn ethnologie
esp Espagne ou espagnol
étof étoffe
expl explosif
féod féodalité
fin finances ou financier
fos fossile
from fromage
gén génétique
géog géographie
géol géologie
géom géométrie
gram grammaire
helv helvétisme
hér héraldique
hist historique
ich ichtyologie

inf informatique
ins insecte
isl Islam ou islamique
jap japon ou japonais
lang langue
ling linguistique
litt littérature
log logique
mag magistrat
mam mammifère
mar marine
math mathématique
méc mécanique
méd médecine
menui menuiserie
mét métal ou métallurgie
mil militaire ou guerre
min minéral ou minéralogie
mine minier
mob mobilier
moll mollusque
mon monnaie
mus musique
myth mythologie
ois oiseau
opt optique
out outil
ouv ouvrier
pap papillon
phar pharmacie
philo philosophie
photo photographie
phys physique
poé poésie
préhist préhistoire
psy psychologie
rel religion
rept reptile
scol éducation

sculp sculpture
sp sports
styl stylistique
taur tauromachie
tech technique ou techno-
logie
text textile
théâ théâtre

typo typographie
urb urbanisme
véhi véhicule
vén vénérie
vét terme vétérinaire
vit vitamine
zoo zoologie

A

Noter l'intérêt du A, non seulement comme désinence du passé simple et du futur, mais comme rajout initial : **A**CE, **A**GNOSIE, **A**LOGIQUE, *etc.*
Mots avec deux A consécutifs : (CAATINGA DJAMAA KRAAL)

ABACA *arb.* **A**BAJOUE. ABAQUE boulier. ABASIE *méd.* ABÂTARDIR vt. **A**BATIS *can* terrain. **A**BATTANT *menui,* ABATTÉE *mar,* **A**BATTEUR. ABÉLIEN... *math BALEINE.* **A**BER fjord. ABÊTIR vt. ABLATIF... *tech.* ABLUTION *OUBLIANT.*

ABOIS pl. ABOMINER vt. ABONNIR. ABORTIF... **A**BOUCHER vt. **A**BOULER vt *ROUABLE+* 2, ABOULIE *ÉBOULAI BOULAIE.* **A**BOUT *menui,* **A**BOUTER des tuyaux (cf ÉBOUTER).

ABRASER vt user (cf ÉBRASER), ABRASION, ABRASIF... *BÂFRAIS,* **AB**RÉAGIR vi *psy GABARIER.* ABRIBUS. ABRICOT**É**,E. ABRIVENT *VIBRANTE.* ABSCISSE. ABSCONS,E ou ABSTRUS,E *ARBUSTE.* ABSID(I)AL... ABSINTHE *THÉBAINS.* ABUSER (s'). ABUSUS *dr.* ABYSSE, ABYSSAL... ABYSSIN, E

ACABIT inv. ACADIEN... *can* d'Acadie. ACALÈPHE *zoo ACÉPHALE.* ACANTHE bot *ENTACHA ÉTANCHA; ENSACHÂT.* ACARIEN parasite *CANERAI CARÉNAI,* ACARIOSE *méd.* ACCÉDANT,E. ACCISES *belg* impôt, ACCISIEN... ACCOINTER (s') *OCCITANE.*

ACCOLER vt, ACCOLAGE. ACCON ou **A**CON *mar,* ACCONAGE ou ACONAGE, ACCONIER *COINCERA* ou ACONIER *ÉCORNAI; SCÉNARIO NÉCROSAI ACIÉRONS.* ACCORE *mar.* ACCORTE *fém (ACCOTER* vt appuyer). ACCOTOIR. ACCOUTRER (s'). ACCROIRE inv. ACCU,S.

ACE *sp.* ACÉPHALE sans tête. ACÉRACÉE *bot.*
ACESCENT, E *chim*, ACÉTAL,S, *LACTASE
CALÂTES* +2, ACETATE, ACÉTIFIER vt, ACETEUX...,
ACÉTIQUE, ACÉTONE, ACÉTYLE. ACHAINE fruit
ENSACHAI ou AKÈNE. ACHE *bot.* ACHEB *bot.*
ACHIGAN *can ich.* ACHILLÉE *bot.* ACHOPPER vi
APPROCHE. ACHROMAT *photo.* ACHYLIE *méd.*

ACIDALIE *pap.* ACIDIFIER vt, ACIDOSE *méd.* ACIÉRER
vt *CRÉERAI* +2, ACIÉRAGE *AGACERIE.* ACINUS
(glande) pl ACINI, ACINEUSE. ACLINIQUE. ACMÉ,
ACMÉISME *litt*, *ÉCIMÂMES.* ACNÉ. ACOLYTE,
ACOLYTAT. ACON etc. : voir ACCON. ACONIT *bot*
CATION +2. ACOQUINER (s'). ACORE *bot* (cf ACCORE).
ACOUSMIE *méd.*

ACQUÊT, ACQUIT. ACRIDIEN *ins CNIDAIRE
CEINDRAI.* ACROMION (os). ACRONYME *mot.*
ACROPOLE. ACROTÈRE socle. ACTANT nm *ling.*
ACTÉE *bot.* ACTINIDE *chim CITADINE*, ACTINIE *zoo
CANITIE ; SCIAIENT*, ACTINIUM *mét*, ACTINOTE *géol
COTAIENT.* ACTIVEUR *chim CURATIVE CUVERAIT.*
ACTUAIRE *fin AUTARCIE.* ACULÉATE *ins.* ACYLE *chim.*

ADAGIO,S. ADAMITE *rel DÉMATAI* ou ADAMIEN...
AMENDAI, ADAMISME, ADAMIQUE. ADDAX *mam.*
ADDENDA inv. ADDITIVE *DÉVIDAIT.* ADÉNINE *chim.*
ADÉNITE *méd EDENTAI ; ANDÉSITE* +3, ADÉNOÏDE,
ADÉNOME *méd.* ADENT *menui.* ADERMINE *chim
MENDIERA DÉMINERA.* ADEXTRÉ,E *hér.*

ADIANTUM *bot MINAUDAT.* ADIPOSE *méd DÉPOSAI ;
POSSÉDAI.* ADJUVANT,E *méd*, ADJUVAT *méd.*
ADNÉ,E (bot). ADOBE brique. ADONIS. ADOPTANT,E.
ADOS talus. ADOUBER un chevalier *RADOUBE
BOUDERA.* ADRESSAGE *inf.* ADRET *géog.*
ADSORBER vt *phys SABORDER* +3. ADULAIRE *min.*
ADULTÉRER vt. ADVENIR (se conj. aux 3ᵉ pers ; aux.

être). ADVENTIF... ADYNAMIE.

AÈDE poète. AEGOSOME *ins.* AEGYRINE chim.
AÉRAGE de mine *ARÉAGE*, AÉRIFÈRE *RARÉFIÉE*,
AÉRIUM, AÉROBIE *biol* (AN-), AÉRODYNE *av*,
AÉROGARE, AÉROLITE *ÉTOILERA ÉTIOLERA*,
AÉRONEF, AÉROPORTÉ, E, AÉROSOL, AÉROSTAT.
AESCHNE (pr εskn) *ins* ENSACHE*;* ENCHASSE
CHASSÉEN. AETHUSE *bot.* AÉTITE *chim SAIETTE* +4.

AFFABULER vi. AFFADIR vt. AFFÉAGER vt aliéner.
AFFECT *psy.* AFFÉNAGE (foin). AFFÉRENT,E.
AFFERMER vt. AFFERMIR vt. AFFIDÉ,E complice.
AFFILAGE, AFFILOIR. AFFINAGE, AFFINEUR.
AFFIXÉ,E *ling*, AFFIXAL...

AFFLEURER vt (-AGE). **AF**FLUENT,E. AFFOUAGER vt
dr. **AF**FOUILLER vt. AFFRES pl. AFFRIOLER vt.
AFFRUITER vt. **AF**FUSION d'eau. AFFÛTAGE,
AFFÛTEUR...

AFGHAN, E, AFGHANI *mon.* **A**FIN. **A**FOCAL... AFRO
inv. AGA ou AGHA *isl.* **A**GALAXIE (lait). AGAMI *ois.*
AGAPE. AGARIC *cham GRÂCIA.* AGASSE pie.
AGASSIN *bot SAGINAS GANSAIS* +2. **A**GATE *min.*
AGAVE *bot.* AGÉNÉSIE *biol.* AGÉRATUM *bot*
MAUGRÉAT. AGIO, AGIOTAGE. AGISSANT, E.
AGITAT**O** adv.

AGLOSSA *pap.* **A**GLYPHE (*rept*). AGNAT parent,
AGNATION. AGNATHE *zoo.* AGNELER vi *GÉNÉRAL*
GRÉNELA, j'AGNELLE, AGNELÉE, AGNELET
ÉLÉGANT ÉGALENT, AGNELAGE, AGNELINE.
AGNOSIE *méd.* AGONIR vt (se conj. comme
FINIR).AGONISTE *anat. AGONÎTES SONGEAIT*
ÉTAGIONS GANTOISE. AGORA. AGOUTI *mam.*

AGRAFAGE. **A**GRAINER du gibier *ARGANIER*
AGRARIEN... GRAINERA RANGERAI. **A**GRAPHIE *méd.*
AGRÉGAT, AGRÉGER vt. **A**GRIFFER (s'). AGRILE *ins.*

AGRION, AGRIOTE *ERGOTAI* (cf GRIOTTE), AGROTIS *pap.* AGROSTIS *bot.*AGRIPPER vt. **A**GRUME *MURAGE*. **A**GUETS pl. AGUEUSIE *méd.* AGUICHER vt

AHAN, AHANER vi. AHURIR vt. AICHE ou ÈCHE ou ESCHE appât. AÏEUL,E,S, AÏEUX. AIGLEFIN *INFLIGEA* ou ÉGLEFIN *ich.* AIGLON, -ONNE *GALION.* AIGREFIN escroc. AIGRELET... *GÈLERAIT REGELAIT.* AIGRETTÉ,E. AIGRIN arbre. AIGUAIL rosée. AIGUIÈRE vase. AIGUILLA**T** requin. AIKIDO *sp jap.*

AIL,S ou AULX, AILLER vt (B- C- F- M- P- R- T-), AILLADE (pain), AILLOLI ou AÏOLI. AILANTE *arb ALIÉNÂT ANALITÉ.* AÏNOU *lang.* AIREDALE chien *DÉLAIERA.* AIRELLE *arb.* AIS. AISY bouillon de culture. AIXOIS, E. AJISTE. AJOUR, AJOURER vt. AJOURNER vt. AJOUT. AJUTAGE tube.

AKÈNE fruit. **A**KINÉSIE *méd.* AKKADIEN... *hist.* AKVAVIT ou AQUAVIT. ALACRITÉ *LACTAIRE CALTERAI +4.* ALAIRE (*ois*). ALAISE. ALANINE *chim ANNELAI.* ALASTRIM *méd TRAMAILS.* ALATERNE *arb.*

ALBÉDO *phys DOSABLE.* ALBERGE fruit. ALBINOS *ANOBLIS.* ALBITE *min BALISTE BESTIAL +4.* ALBRAQUE *mine.* ALBUGO *méd.* ALBUMEN *bot,* ALBUMINÉ,E.

ALCADE *mag.* **A**LCAÏQUE *poé.* ALCALI *CAILLA,* ALCALIN, E *ALLIANCE CANAILLE,* ALCALOSE, ALCANE *chim ÉLANÇA ENLAÇA,* ALCÈNE *SCALÈNE +3.* ALCAZAR palais.

ALCHIMIQUE. ALCOOLÉ, ALCOOLAT, ALCOTEST *CALOTTES,* ALCOYLE *chim,* ALCYNE. ALCYON *ois.* ALDÉHYDE *chim.* ALDERMAN,S ou-MEN *mag MALANDRE.* ALDIN,E *typo.* ALDOL *chim,* ALDOSE *DÉSOLA; DESSOLA.*

ALE bière. ALÉA. ALÉNOIS. ALENTOUR. ALÉOUTE

lang. ALEPH inv lettre. ALÉSER vt, ALÉSEUR...,
LAURÉES RÂLEUSE, ALÉSOIR *ISOLERA SOLAIRE.*
ALEURITE *arb TAULIÈRE.* ALEURODE *ins.* ALEURONE
biol. ALEVINER vt. **A**LEXIE *méd.* ALEZAN, E. ALFA,
ALFATIER,E *ÉRAFLAIT FRELATAI.* ALFANGE arme.

ALGAZELLE. ALGÉROIS,E *GLOSERAI LOGERAIS.*
ALGIE *méd,* ALGIDE, ALGIDITÉ *DIGITALE,* ALGIQUE.
ALGINE chim *ALIGNE; LEASING SIGNALE,* ALGINATE
LANGEAIT AGNELAIT. ALGOL *inf.* ALGUAZIL *esp.*

ALIAS. ALICANTE vin *LAITANCE +4.* ALIDADE règle.
ALIÉNANT, E *ANNALITÉ ANNELAIT.* ALIFÈRE *(ins)*
FÉRIALE +2; FÉRALIES SALIFÈRE. ALIFORME
ÉMORFILA. **A**LIGOTÉ *LOGEAIT GALIOTE OTALGIE*
TOILAGE ILOTAGE; SILOTAGE. ALINÉA, **A**LINÉAIRE.
ALIOS grès. ALIQUOTE *math.* **A**LISE fruit, ALISIER.
ALIZARI *bot.* ALIZÉ.

ALLACHE *ich.* ALLANT,E. ALLÉGRO,S. ALLÉLUIA,S.
ALLÈLE *biol.* ALLÈNE *chim.* ALLEU,X *féod,* ALLODIAL...
AIL, ALLIACÉ,E *ÉCAILLA,* ALLIAIRE *bot.* ALLO !
ALLOGÈNE *ALLONGÉE.* ALLUMEUR. ALLUSIF...
FUSILLA. ALLUVIAL..., ALLUVIONS pl. ALLYLE *chim.*

ALMANACH. ALMANDIN *min.* ALMÉE danseuse.
ALOGIQUE. ALOI,S. ALOPÉCIE *méd.* ALOSE *ich.*
ALOUATE singe. ALPAGA lama, ALPAGUER vt arrêter.
ALPAX *mét.* ALPE ou ALPAGE, ALPESTRE *PALESTRE*
SALPÊTRE PERLÂTES PLÂTRÉES, ALPISTE *bot*
PLASTIE +3. ALPHA inv.

ALTAÏQUE d'Altai. ALTÉRANT,E *ALTERNAT,S,*
ALTÉRITÉ *philo LATÉRITE.* ALTHAEA *bot.* ALTIPORT.
ALTISE *ins.* ALTO, ALTISTE. **A**LUCITE *pap ÉCLUSAIT.*
ALUETTE jeu *TALUTÉE.* ALUMINE, **A**LUMINEUX. ALUN
chim, ALUNITE *LINTEAU NUTILE.* ALUNIR vi, ALUNI,E
NIAULE.

ALVÉOLÉ,E. ALVIN,E *méd NIVALE VÉLANI VALINE*

ALEVIN NIVELA LEVAIN. ALYSSE ou ALYSSON *bot.*
ALYTE *batr.* AMAIGRIR vt. AMALGAMER vt. AMAN *isl.*
AMANDIER, AMANDAIE, AMANDINE. AMANITE *cham*
AMIANTE MAINATE +5. AMARANTE rouge. AMARIL,E
méd AMIRAL,E MARIAL,E, MALAIRE
*LAMERAI.***A**MARINER vt *MARRAINE MARNERAI +2.*
AMARNIEN... d'Amarna.

AMATIR vt. AMAUROSE *méd.* AMBAGES pl. AMBLER
vi, AMBLEUR... *BRÛLÂMES,* AMBLYOPE *méd.* AMBON
tribune. AMBRER vt, AMBRETTE *arb EMBATTRE.*
AMEN inv. AMENSAL... (*bot*) *MELAENAS.* **A**MENTALE
arb. AMERLO(QUE). AMERRIR vi, AMERRI,E.
AMÉTROPE *méd EMPOTERA.* AMEUBLIR vt.

AMIBIEN..., AMIBOÏDE, AMIBIASE *méd.* AMICT *rel.*
AMIDE *chim.* AMIMIE *méd,* **A**MIMIQUE, **A**MINÉ,E *chim*
ANIMÉ MANIÉ ; ANÉMIE ; AMNÉSIE SEMAINE.
AMITOSE *anat ATOMISE MAOÏSTE MATOISE*
TAOÏSME ; MOSAÏSTE MOISÂTES TOISÂMES
SOMATISE.

AMMOCÈTE *zoo.* AMMONAL, S, AMMONIAC,
AMMONIUM. AMMONITE *fos.* AMNIOS *embryo,*
AMNIOTE *zoo MONÉTISA ÉTAMIONS.*

AMOCHER vt. AMODIER sa terre *MODÉRAI.* **A**MOLLIR
vt. **A**MOME *bot.* **A**MONT,S. **A**MORAL... AMORÇAGE,
AMORÇOIR. AMOROSO adv. AMORPHE *AMPHORE,*
AMPHI. AMPHIBIE**N**. AMPLI. AMPOULÉ,E.

AMUIR (s') *ling.* **A**MULETTE. **A**MURER vt *mar.*
AMUSEUR... *SAUMURE,* **A**MUSETTE. AMYGDALE.
AMYLE *chim,* AMYLACÉ,E, AMYLASE, AMYLIQUE,
AMYLOÏDE, AMYLOSE *méd.*

ANA inv bons mots. ANABAS *ich.* ANABLEPS *ich.*
ANACARDE fruit. ANACONDA *rept.* ANACRUSE *mus.*
ANAGOGIE *rel.* ANAL..., ANALITÉ *psy* (cf ANNAL...,
ANNALITÉ). ANAMNÈSE *méd.* **A**NANAS. ANAPESTE

poé. ANAPHASE *biol.* ANAPHORE *ling.* ANAR.
ANATEXIE *géol.* ANATHÈME. ANATIDÉ *ois.* ANATIFE
crust ENFAÎTA; FANATISE.

ANCHE *mus.* ANCHOIS. ANCOLIE fleur *ONCIALE;
ÉCALIONS.* ANCRER vt, ANCRAGE (cf ENCRER,
ENCRAGE). ANDAIN. ANDIN,E (D-G-). ANDALOU,SE.
ANDANTE,S *DANSANTE.* ANDÉSITE *géol.*
ANDORRAN,E. ANDRÈNE *ins.* ANDROCÉE (*bot*)
ENCODERA, ANDROÏDE automate.

ANÉMIER vt. ANERGIE ≠ ALLERGIE. ANÉROÏDE
(baromètre) *DÉNOIERA.* ANETH fenouil. ANEURINE *vit
ENNUIERA.* ANGARIE *dr mar AGRAINE + 4.* ANGELOT
LOGEANT LONGEÂT; SANGLOTE, ANGELUS.

ANGEVIN,E. ANGINEUX... ANGIOME *méd AGONÎMES.*
ANGLAISER vt *éq.* ANGLET arch. ANGLICAN,E.
ANGOLAIS,E. ANGON arme. ANGOR *méd.* ANGROIS
ORIGANS + 6 ou ENGROIS (*out*). ANGSTRÖM unité.

ANHÉLER vi *méd.* ANHYDRE. ÂNIER,E (âne). ANILINE
chim. ANIMISME *MAINMISE.* ANIMISTE *AMNISTIE
MISAIENT MITAINES.* ANION *phys.* ANISER vt,
ANISETTE *SAINTETÉ TÉTANIES TÉTANISE
ENTÊTAIS.* ANKYLOSER vt.

AN, ANNAL..., ANNALITÉ, ANNATE *hist.* ANNAMITE
ANÉMIANT. ANNELER vt, j'ANNELLE, ANNELET.
ANNÉLIDE ver. ANNEXITE *méd.* ANNIHILER vt.
ANNONE impôt (cf **A**NONE; ÂNONNER vt). ANOBIE *ins.*
ANOBLIR vt (cf ENNOBLIR vt). ANODE *phys,*
ANODISER vt *tech AIDERONS DÉRAISON SARDOINE
SONDERAI,* ANODIQUE. ANODONTE *moll.*

ANOMIE anarchie, ANOMAL... ANOMALA *ins.* **A**NONE,
arb, ANONACÉE. ANOPHÈLE *ins.* ANORAK. **A**NORDIR
vi. ANOREXIE *méd.* ANOSMIE *méd.* ANOURE *batr.*
ANOXÉMIE *méd.* ANOXIE *méd.* ANSÉ,E. ANSÉRINE *bot
ARIENNES RENNAISE ENRÊNAIS.*

ANTAN inv. ANTE *arch.* ANTÉFIXE *arch.* ANTENAIS,E
(ovin) *ANÉANTIS NANTAISE NÉANTISA.* ANTÉPOSÉ,E
ling. ANTHÉMIS *bot,* ANTHÈRE. ANTHRAX furoncles.
ANTHRÈNE *ins.* ANTICHAR *TRANCHAI.*
ANTIDATERvt.ANTIDOTE *DOTAIENT* (+ 2). ANTIENNE
verset. ANTIGANG inv. ANTIGEL *GÉNITAL...*
ANTIGÈNE *biol GENTIANE GÊNAIENT.* ANTIHALO
photo. ANTIMITE *MITAIENT.* ANTINAZI,E. ANTIPAPE
hist. ANTIPODE *DÉPOINTA DOPAIENT.* ANTIVOL
VIOLANT VOILANT.

ANTONYME contraire. ANURIE *méd URANIE; SAURIEN
SAUNIER USINERA.* AORISTE *gram. OTARIES
TORÉAIS OSERAIT ÔTERAIS TOISERA ÉROTISA;
ASSORTIE ESSORAIT TOSSERAI.* AORTE,
AORTIQUE, AORTITE *méd TORÉAIT ÔTERAIT;
ÉROTISAT.* AOÛT inv, AOÛTÉ,E (fruit), AOÛTAT *ins
TATOUA OUATÂT,* AOÛTIEN... *OUATINE ÉNOUAIT.*

APACHE. APADANA salle. **A**PARTE,S. APATHIE.
APATITE *géol ÉPATAIT.* APATRIDE *DÉPARIAT* + 2.
APEPSIE *méd.* APÉRITIF... *PÉTRIFIA,* APÉRO.
APERTURE *ling.* **A**PÉTALE. APEURER vt. APEX *anat.*

APHASIE *méd.* APHÉLIE *astr.* APHÉRÈSE *ling.*
APHIDIEN *ins.* **A**PHONIE. APHTE, APHTEUX... API inv.
APICAL... *anat CAPELAI.* **A**PICOLE, APIFUGE, APIDÉ.
APIÉCEUR... *PEAUCIER ÉPUCERAI.* APIOL *bot.* **A**PION
ins. **A**PIQUER vt *mar,* **A**PIQUAGE.

APLANAT *photo.* APLASIE *méd.* **A**PLAT. APNÉE *méd.*
APOASTRE *astr APOSTERA.* APOCOPÉ,E *ling.*
APODE. APODOSE *ling.* APOGAMIE *bot.* APOLLON.
APOMIXIE *bot.* **APO**PHYSE. APORIE *philo OPÉRAIS*
+ 2. **A**POSTER un guetteur. **A**POSTAT,E *rel POTASSÂT.*
APOTHÈME math.

APPAIRER vt *tech APPARIER (+ 2).* APPARAUX *mar.*
APPAS, APPÂT. APPEAU. APPELANT,E. APPENDRE

vt. APPENTIS toit. APPERT inv. **A**PPONTER vi.
APRAXIE *méd.* APSARA déesse. APSIDE *astr APIDÉS
SAPIDE.* APTÈRE, APTERYX *ois.* APURER vt. APYRE
incombustible, **A**PYREXIE *méd.*

AQUAVIT ou AKVAVIT. AQUEDUC, AQUEUX...,
AQUICOLE, AQUIFÈRE. AQUILIN adj m. AQUILON.
AQUITAIN,E. ARA *ois.* **A**RABIQUE, ARABISER vt
BRAISERA + 2, ARABISME *ABÎMERAS EMBRASAI.*
ARACÉE *bot.* **A**RAIRE *agr.* ARA**K**. ARAMÉEN... juif
AMÈNERA ÉMANERA. ARAMON cépage *RAMONA.*
ARANÉIDE (*ins*). ARASER vt. ARATOIRE.

ARBITRA**L**... ARBOUSE fruit *ÉBROUAS ; BOSSUERA.*
ARBUSTIF... ARCADIE mythe. ARCANE mystère
CANERA CARÉNA ; RASANCE SÉRANÇA CASERNA.
ARCANSON résine *ARÇONNAS.* ARCATURE *arch.*

ARCHAL inv fil. ARCHANGE. ARCHÉEN... (pr. k)
ÉCHARNE ; ENSACHER. ARCHELLE *belg* étagère
ALLÉCHER HARCELLE. ARCHIDUC. ARCHINE unité.
ARCHIVER vt. ARCHONTE *mag TACHERON.* ARÇON
éq, ARÇONNER vt *agr,* ARCURE.

ARDILLON de boucle. ARDOISÉ,E *IODERAS DOSERAI
ÉRODAIS ; AROÏDÉES.* ARE, ARÉAGE. AREC ou
ARÉQUIER *arb.* ARÉIQUE sec, ARÉISME v. *ESSAIMER.*
ARÉNACÉ,E (sable). ARÉOLE *anat.* ARÉOPAGE.
ARÊTIER *arch RÉITERA RATIÈRE TARIÈRE RÉERAIT
ÉTIRERA.*

ARGANIER *arb.* ARGAS *zoo.* ARGENTER vt,
ARGENTA**N** *mét RANGEANT,* ARGENTIN,E *GRAINENT
INGÉRANT.* ARGIEN... d'Argos *INGÉRA + 12.*
ARGILACÉ,E *GLACERAI.* ARGON *chim,* ARGONIDE.
ARGOUSIN *RAGUIONS ARGUIONS.* ARGUER vt (pron.
le U) *RAGUER vi RAGEUR,* ARGUTIE *GUITARE
URGEAIT TARGUIE.* ARGUS. ARGYROSE *phys.*

ARIA. ARIEN... d'Arius (cf ARYEN...). ARIETTE *mus.*

ATTIRÉE + *2* ARILLÉ,E *bot.* ARIOSO,S *mus.* AR (R)ISER vi *mar.* ARKOSE grès. ARLEQUIN. ARLÉSIEN...
ENSILERA ENLISERA LANIÈRES LÉSINERA.
ARMADA. ARMAGNAC. ARMAILLI *helv* pâtre *RIMAILLA.*
ARMATOLE *mil.* ARME**T** casque. ARMINIEN...
d'Arminius. ARMOIRIES pl *MOIRERAIS*, ARMORIA**L**...,
ARMORIER vt. ARMOISE *bot MOISERA ORMAIES MAORIES.* ARMON *tech.*

ARNAQUER vt. ARNICA *NACRAI* + *4.* AROÏDÉE...
ARONDE inv. ARPÉGER vt. ARPÈTE apprenti.
ARRACHIS (*arb*) *CHARRIAS.* ARRÊTOIR. ARRHES pl.
ARRIMER vt, ARRIMAGE *MARGERAI*, ARRIMEUR
ARMURIER. AR(R)ISER vi. ARRIVANT,E. ARROCHE
bot ROCHERA. ARROYO chenal.

ARS *éq.* ARSÉNIÉ,E *AÉRIENS* + *4.* ARSÉNITE *chim*
ARTÉSIEN... STÉARINE ATÉRIENS + *9,* ARSINE.
ARTEFACT création. ARTEL coopérative. ARTÉRITE
RETRAITE RÉITÉRAT ATTERRIE. ARTHRITE,
ARTHROSE. ARTICULE**T**. ARTIMON mât *MOIRANT*
MONTRAI MINORAT. ARTISAN,E. ARUM. ARYLE chim.
ARYTHMIE.

ASANA *yoga.* ASBESTE amiante *BÊTASSE SÉBASTE.*
ASCARIS ou ASCARIDE ver *ARCADIES.* ASCÈSE.
ASCIDIE *zoo.* ASCITE *méd.* ASDIC *mar.* ASE *chim.*
ASEPSIE *ÉPIASSE ÉPAISSE,* ASEPTISER vt,
ASEPTIQUE. **A**SEXUÉ,E.

ASHRAM ou ASRAM inv *rel.* ASIAGO *from.* ASIALIE
méd. ASIATE ; *ASTASIE.* ASIENTO *dr OSAIENT*
ATONIES ASSOIENT. ASILAIRE. ASINIEN... (âne).
ASOCIAL... *COALISA.* ASPE ou ASPLE dévidoir.
ASPHALTER vt ASPERME *bot EMPARES PARSEME*
AMPÈRES ; EMPRESSA. ASPHALTER vt. **A**SPIC.
ASPIRINE *PARISIEN.* ASPRE colline. ASQUE *biol.*

ASSAI adv *mus.* ASSAMAIS *lang AMASSAIS.* ASSEAU
ou ASSETTE marteau. ASSENER vt. ASSEOIR vt

ASSIEDS ASSIED ASSEYONS ASSEYEZ ASSEYENT
ou ASSOIS ASSOIT **AS**SOYONS **AS**SOYEZ
ASSOIENT. ASSIERAI -AS -AIS -AIT etc ou ASSOIRAI -
AS -AIS -AIT etc. ASSEYAIS -AIT etc ou ASSOYAIS -AIT
etc. ASSIS ASSÎMES etc ASSEYE ASSEYIONS etc ou
ASSOIE ASSOYIONS. **AS**SEYANT ou ASSOYANT.

ASSOIFFER vt. ASSOLER *agr.* ASSONANT,E *poé.*
ASSYRIEN... ASTASIE *méd.* ASTATE *chim. TÂTASSE.*
ASTER *bot,* ASTÉRIE *ATRÉSIE* ou ASTÉRIDE
DÉRATISE DATERIES + 3 *zoo.* ASTHÉNIE. ASTI.
ASTICOTER vt. ASTRAL... ASTRONEF.
ASYNDÈTE *ling.*

ATARAXIE *philo.* ATAVIQUE (B-). **A**TAXIE méd.
ATAXIQUE. **A**TÈLE singe. ATÉRIEN... *anthro.*
ATERMOYER vi. ATHÉE, **A**THÉISME *HÉMATIES.*
ATHÉNÉE *belg scol.* ATHÉROME *méd.* ATHÉTOSE
méd. ATLANTE statue *TANTALE ÉTALANT.*

ATOCA *can* fruit. ATOLL. ATOMISER vt *MORTAISE
AMORTIES MOIRÂTES,* ATOMISME, ATOMISTE
ÉMOTTAIS OMETTAIS. **A**TONAL,E, -AUX (cf TONAL,E,
-ALS), ATONIE, **A**TONIQUE. **A**TOURS pl.

ATRABILE *BLATÉRAI* + 2. ATRÉSIE *méd.* ATRIAU *helv*
mets. ATRIUM. ATROPHIER(s'). ATROPINE *phar
PAIERONT PIANOTER POINTERA PONTERAI
POTINERA.* ATTAGÈNE *ins ÉTAGEANT.* **AT**TENANT,E.
ATTERRIR vi, ATTERRIE.

ATTIÉDIR vt *DÉTIRAIT.* ATTIFER vt *FRÉTAIT FRETTAI.*
ATTIGER vi *TITRAGE.* **AT**TITRER vt *ATTERRIT.*
ATTORNEY *mag.* **AT**TREMPER du verre.
ATTROUPER (s'). **A**TYPIQUE.

AUBADE. AUBAIN étranger (cf AUBIN *éq*). AUBÈRE *éq.*
AUBETTE *belg* abri *ÉBATTUE ; BATTEUSE.* AUBIER
arb. AUBOIS,E de l'Aube *BOISSEAU.* AUBURN inv.
AUCUBA *arb.* AUDIBLE. AUDIT *fin.* AUDOIS,E.

AUDONIEN... de St-Ouen. AUGERON, -ONNE d'Auge.
AUGET. AUGMENT *ling*. AUGURER vt, AUGURAL...
AUGUSTIN,E.

AULIQUE *hist*. AU(L)NE, AU(L)NAIE. AULOFFÉE *mar*.
AULX ou AILS. AUNE unité, AUNÉE, AUNAGE. AUNAIE.
AURÉLIE méduse. AURÉOLER vt *RELOUERA*.
AURICULÉ,E *anat*. AURIFIER vt, AURIFÈRE. AURIGE
de char *SARIGUE*. AURIQUE (voile). AUROCHS.
AURORAL...

AUSPICES pl. AUSSIÈRE *mar ESSUIERA*. AUSTRAL,E,
-ALS ou -AUX *LAURÉATS*. AUTAN,S vent. AUTARCIE.
AUTISME *méd AMUÎTES*, AUTISTE. AUTOCOAT *cost*.
AUTODAFÉ. AUTOGÉRÉ,E *OUTRAGÉE*. AUTOGIRE *av
GOÛTERAI*. AUTOLYSE *biol*. AUTOMNAL...
AUTONYME *ling*. AUTOPSIER vt. AUTOSOME *biol*.
AUTOUR,S *ois*. AUTRUI inv. AUTUNITE *min*.
AUXINE *biol*.

AVAL,S (R-). AVALEUR. AVALOIR(E) sangle
VALORISA. AVE inv. AVELINE fruit *ALEVINE ENLEVAI*.
AVEN. AVENT,S. AVERS d'une pièce. AVEULIR vt.
AVIAIRE (*ois*), AVICOLE *OLIVACÉ VIOLACÉ;
VOCALISE,* AVIFAUNE. AVILIR vt. AVINER vt.
AVIVAGE.

AVOCETTE *ois*. AVODIRÉ *arb DÉVORAI*. AVOISINER
vt. AVORTÉE, AVORTEUR... AVOUABLE. AVULSION
d'une dent. AXÉNIQUE *biol*. AXILE (*bot*). AXIS *anat*.
AXOLOTL *zoo*. AXONE *biol*. AXONGE saindoux. AY,S
vin. AYMARA *lang*.

AZALÉE *arb*. AZÉRI *lang*. AZÉROLE fruit. AZILIEN...
anthro. AZIMUT, AZIMUTAL... AZOÏQUE *chim*,
AZOTATE, AZOTÉ,E, AZOTÉMIE *anat*, AZOTEUX,
AZOTIQUE, AZOTITE. AZOTURE, AZOTURIE *anat*,
AZOTYLE. AZTÈQUE. AZULEJO faïence. AZURER vt,
AZURAGE, AZURANT,S, AZURÉEN..., AZURITE.
AZYGOS veine. AZYME.

B

BABEURRE *ÉBARBURE*. BABINES pl. BABISME *isl*.
BABORDAIS *mar*. BABOUCHE. BABY,S ou -IES.
BACCARAT cristal. BACCHANTE, BACHIQUE,
BACANTES *pop CABESTAN*. BÂCHER vt, BÂCHAGE.
BACHOTER vi, BACHOTTE tonneau.

BÂCLAGE *CABLAGE*. BACON. BADAUD,E. BADERNE
BÉNARDE. BADGE. BADIANE *arb*. BADINAGE
BAIGNADE. BADIGEON. BADOIS,E de Bade *DÉBOISA
OBSÉDAI*. BAFFE. BAFFLE (cf BUFFLE). BÂFRER vt,
BÂFREUR...

BAGAD *mus*. BAGASSE *arb*. BAGAUDE *hist*. BAGNOLE
ENGLOBA. BAGOU(T). BAGUER vt, BAGUAGE,
BAGUIER nm. BAGUIO typhon. BAHT *mon*. BAI.
BAILLER vt, BAILLEUR *BULLAIRE* (-EUSE ou -
ERESSE). BAIRAM *AMBRAI BRAMAI ou* BAYRAM *isl*.
BAISOTER vt *SABOTIER BOITERAS REBOISÂT
RABIOTES*. BAISSIER,E. BAJOYER nm mur.

BAKCHICH. BAKÉLITE. BAKLAVA gâteau. BALADER
(se) (cf BALLADE), BALADEUR... BALAFON *mus*.
BALAFRER vt. BALAISE *BALAIES* ou BALÈZE. BALANE
crust. BALANITE *méd* BANALITÉ BALAIENT. BALATA
gomme. BALBOA *mon*. BALCONNET *cost*. BALEINÉ,E.
BALÈVRE *const VERBALE*.

BALISER vt, BALISEUR *BLEUIRAS*. BALISIER nm *arb*
+ 2, BALISTE arme. BALIVEAU *arb,* BALIVAGE.
BALLAST, BALLASTER vt. BALLER vi, BALLANT,E.
BALLONNER vt, (DÉ-; -T). BALLOTE *bot* (cf
BALLOTTER vi). BALLOTIN emballage (-E). BÂLOIS,E
ABOLIES. BALOURD *LOUBARD*, BALOURDE (cf FA-,

PA-).

BALSA bois, BALSAMIER ou BAUMIER. BALTE,
BALTIQUE. BAL(L)UCHON. BALUSTRE *BLUTERAS + 2.*
BALZAN,E *éq*. BAMBARA *lang*. BAMBOCHER vi.
BAMBOULA inv.

BANAL,E, -ALS ou -AUX, BANALISER vt. BANANIER.
BANAT province. BANCAL,E, -ALS. BANCABLE,
BANCAIRE *CARABINE*. BANCHER vt *const*,
BANCHAGE. BANCO inv. BANG. BANIAN *rel*. BANNE
panier, BANNETTE, BANNETON *ABONNENT*.
BANNERET *féod*. BANQUER vi. BANQUETER vi, je
BANQUETTE. BANTOU,E *lang*. BANVIN *féod*.

BAPTISME, BAPTISTE (cf BATISTE). BARAKA.
BARAQUER vi (chameau). BARAQUÉ,E. BARATIN
BRAISANT, BARATINER vt. BARATTER vt.
BARBAQUE. BARBECUE. BARBELÉ,E. BARBET, -
ETTE chien. BARBICHU,E. BARBOTER vt (cf
BARBOTTE *ich*). BARBOTIN,E *méc*. BARBOUZE.

BARCASSE *mar CABRASSE*. BARDER (de fer),
BARDAGE. BARDANE *bot*. BARDEAU *DAUBERA* ou
BARDOT *mam*. BARDIS *menui*. BARGE. BARGUIGNER
inv. BARGE. BARIOLER vt. BARKHANE dune.
BARLONG, -GUE. BARMAN,S ou -MEN, BARMAID.
BARN unité.

BARONET *ENROBÂT OBÉRANT,* BARONNIE
RABONNIE. BAROUD *RADOUB*. BAROUF.
BARRANCO ravin. BARREUR... BARRIR vi. BARROT
mar. BARYE unité, BARYON *ato*, BARYTE *phys*,
BARYTINE, BARYUM. BARYTON. BARZOÏ lévrier.

BASAL... BASALTE. BASANER vt *RABANES*. BASELLE
bot SABELLE. BASICITÉ, BASIQUE. BASIDE *biol*
ABSIDE ; BIDASSE. BASILEUS hist. BASIN *étof*.
BASKET. BASOCHE *dr*. BASQUE, BASQUAIS,E,
BASQUINE *cost*. BASSINET *ABSTIENS BAISSENT*.

BASSISTE *mus.*

BASTA ! BASTE cuve. BASTAGUE corde *BAGUÂTES*. BASTERNE char *ABSENTER BASÈRENT BERNÂTES ÉBRASENT*. BAST(A)ING madrier. BASTIDE, BASTIDON. BASTILLÉ,E. BASTION *OBSTINA BÂTIONS BOISANT SNOBAIT*, BASTOS.

BATACLAN *BALANÇAT*. BATAVE, BATAVIA. BATELET *ABLETTE ; TESTABLE*, BATELAGE. BATELEUR... *BLEUÂTRE TUBÉRALE*. BÂTER *un âne*. BATH *inv BAHT*, S. BATHYAL... *géol.* BATIFOLER vi. BATIK (*étof.*). BATISTE. BÂTONNAT *dr.* BATOUDE tremplin *DÉBOUTA BOUTADE*. BATTURE *can* rivage.

BAU *mar.* BAUD unité. BAUDROIE *ich BOUDERAI*. BAUHINIA fleur. BAUMIER arb. BAUXITE. BAVAROIS,E. BAVASSER vi, BAVEUX... BAVOLET *coif.* BAYADÈRE danseuse. BAYER ou BÉER vi. BAYOU lac. BEAGLE chien *GALBÉE*. BÉANCE *phil BÉCANE ; ABSENCE*. BÉARNAIS,E. BEATNIK. BEAUFORT *from.* BEAUPRÉ *mar.*

BÉCANE. BÉCARD *ich.* BÉCARRE *mus BERCERA*. BECFIGUE *ois.* BÊCHAGE, **B**ÊCHOIR *BRIOCHE*. BÉCHIQUE *méd.* BÉCOTER vt, BECQUÉE, BECQUETER vt, je BECQUETTE, BE(C)QUET *typo*, BECTER vi, BECTANCE.

BÉDANE *out.* BÉDÉGAR (*bot*). BEDONNER vi. BÉDOUIN,E *BOUDINÉ*. BÉER, vi. **B**EFFROI. BÉGARD *hist.* BÉGONIA *ENGOBAI ; BESOGNAI*. BÉGUETER vi crier, je BÉGUÈTE. **B**ÉGUEULE. BÉGUINE *rel.* (cf BIGUINE). BÉGUM,S. BÉHAÏSME *rel ÉBAHÎMES*.

BEIGNE *ESBIGNE*. BÉJAUNE *ois.* BEL,S unité. BÊLANT,E, BÊLEMENT. BÊLIÈRE sonnette *LIBÉRÉE*. BÉLÎTRE *LIBERTÉ*. BELLÂTRE *REBELLÂT*. BELON. BELOTE. BÉLOUGA cétacé *GABELOU* ou BÉLUGA *BLAGUE BEUGLA*. BÉMOLISER vt.

BÉNARDE (serrure). BÉNEF. BENGALI,S *lang.*
BENJOIN. BENOÎT,E *BONITE; OBTIENS OBSTINÉ*
BOISENT; BÉTOINE ÉBONITE BÉOTIEN. BENTHOS
zoo. BENZÈNE, BENZINE, BENZOL (-ISME),
BENZOYLE, BENZYLE.

BÉQUILLER vt. BER *mar.* BERBÈRE. BERCAIL inv
CALIBRE CABLIER. BERCEUR..., BERÇANTE *can*
CABERNET. BÉRIBÉRI *méd.* BERLUE inv *BURELÉ*
BRÛLEE. BERME. BERMUDA. BERNACHE
BRANCHÉE ÉBRANCHE ou BERNACLE oie. BERNICLE
ou BERNIQUE *moll.* BERNOIS,E *BORINES; BÉERIONS.*
BERTHON canot. BÉRYL *chim.*

BESAIGÜE *out.* BESANT *mon BÉANTS ABSENT.*
BÉSEF ou BÉZEF adv. BÉSICLES pl *CESSIBLE.*
BÉSIGUE. BESOGNER vi *ÉBORGNES.* BESSEMER.
BESSON, -ONNE jumeau.

BÉTAIL inv, BESTIAL... BÊTASSE. BÉTATRON *ato*
BÂTERONT RABOTENT. BÉTEL arb. BÊTIFIER vi,
BÊTISIER nm. BÉTOINE *bot.* BÉTOIRE aven
SOBRIÉTÉ. BÉTONNER vt *BRETONNE ENROBENT.*
BETTE *bot.* BÉTYLE *rel.* BEUGLANT,E *BLAGUENT.*

BÉVATRON *ato BAVERONT.* BEY, BEYLICAL...,
BEYLICAT. BÉZEF adv. BIACIDE (cf DIACIDE,
TRIACIDE). BIARROT,E *RABIOTER ROBERAIT.*
BIATHLON ski. BIAURAL... *méd BLAIREAU.*
BIAXE *phys.* BIBI. BIBINE. BIBLISTE.

BICARRÉ,E *CRABIER; BERCERAI* (cf BÉCARRE)
BICHER vi. BICHON chien. BICKFORD mèche. BICOT.
BICYCLE. BIDASSE. BIDE. BIDENT (cf TRIDENT).
BIDOCHE. BIDONNER (se). BIDULE. BIENNAL...
BIFACE arme. BIFFER vt, BIFFAGE, BIFFURE. BIFFIN.
BIFIDE fendu (cf TRIFIDE). BIFLÈCHE (affût).
BIFOCAL... **BIF**TECK.

BIGARADE fruit. BIGARRER vt, BIGARREAU. BIGLER

vt, BIGLEUX... BIGNONIA *arb*. BIGORNER vt *pop*.
BIGOUDEN breton. BIGRE ! BIGUE *tech*. BIGUINE
danse. BIHARI lang. BIHOREAU ois. BIJECTIF... *math*.
BIKINI.

BILABIÉ,E *bot*. BILAME *tech*. BILER (se), BILEUX...,
BILIEUX..., BILIÉ,E, BILIAIRE. BILL *dr*. BILLER vt *tech,*
BILLAGE. BILLETÉ,E *hér*. BILLETTE. BILLON *mon*.
BILLION. BILOBÉ,E *LOBBIES* (cf TRILOBÉ,E).
BILOQUER vt *agr*.

BIMANE *anat*. BIMÉTAL, -AUX *TIMBALE*. BIMOTEUR
EMBOUTIR. BINAGE, BINETTE, BINEUSE. BINARD
const BRANDI.BINAIRE. BINAURAL... ou BIAURAL...
méd. BINGO loto. BINOMIAL... *math*. BINTJE *bot*.

BIOAMINE. BIOCIDE *chim*. BIOMASSE *écol BOISÂMES
EMBOSSAI*, BIOME. BIONIQUE *biol*. BIOPSIE. BIOTINE
(*vit*). BIOTIQUE *écol* (A-). BIOTITE mica. BIOTOPE *géog*.
BIOTYPE *psy*. BIOXYDE ou DIOXYDE.

BIPALE *PIBALE* (cf TRIPALE). BIPARTI,E ou
BIPARTITE (cf TRIPARTI,E ou -TITE). BIPASSER vt
contourner. BIPENNE (*ois*). BIPHASÉ,E. BIPIED (cf
TRÉPIED). BIPLACE. BIPLAN. BIPOUTRE *av*
TUBIPORE.

BIQUET... BIRBE,S. BIRMAN,E *MINBAR ; MIRBANE
NIMBERA*. BIROUTE *av ESTOURBI*. BIRR *mon*.

BISAÏEUL,E. BISBILLE. BISCAÏEN... ou BISCAYEN...
BISCÔME *helv* pain. BISCOTIN. BISCUITER vt recuire.
BISEAUTER vt. BISER vi *agr,* BISET pigeon. BISSER vt.
BIS(S)EXUE,E ou BIS(S)EXUEL... BISMUTH.
BISONTIN,E. BISOU ou BIZOU. BISQUER vi (se conj.).
BISSEL essieu. BISTORTE *bot BOTTIERS*. BISTRÉ,E.
BISTRO(T). BISULFATE, BISULFITE, BISULFURE.

BIT *inf*. BITORD corde. BITTE *mar*. BITTER nm.
BITUMER vt *TERBIUM,* BITUMAGE. BITURER (se)

BRUITER. BIVALENT,E. BIVALVE *moll VIVABLE.*
BIVEAU équerre. BIZET ovin. BIZUT(H), BIZUTER vt,
BIZUTAGE.

BLAGUER vt *BULGARE BRÛLAGE,* BLAGUEUR...
BLAIR, BLAIRER vt. BLÂMABLE. BLANCHET *typo*
CHABLENT. **B**LAPS *ins.* **B**LASER vt. BLASONNER vt.
BLASTULA embryo. BLATÉRER vi crier. **B**LATTE.
BLAZE nom. BLAZER nm.

BLÉMIR vi. BLENDE *min.* BLENNIE *ich.* **B**LÉSER vi,
BLÉSITÉ. BLÉSOIS,E (de Blois). **B**LET..., BLETTIR vi.
BLEUIR vt, BLEUTÉ,E, BLEUÂTRE. BLIAUD *cost hist.*
BLINI. **B**LISTER nm emballage. BLIZZARD.

BLOCAGE. **B**LOCAUX (argile). BLONDIR vt,
BLONDIN,E, BLONDINET..., BLONDEUR. BLOOM *tech.*
BLOUSER vt. BLOUSSE laine. BLUES. **B**LUETTE *litt.*
BLUFFER vt *BUFFLER,* BLUFFEUR... **B**LUTER vt,
BLUTAGE, BLUTERIE, BLUTOIR. BOB ou
BOBSLEIGH *sp.*

BOBÈCHE disque, **BO**BINER vt, **BO**BINAGE,
BOBINEUR..., **BO**BINETTE, BOBINOIR, BOBINOT
support. BOBO. BOBONNE. BOCAGE**R**,E. BOCHE.
BOCK. BOETTE, BOËTE, BOUETTE, BOITTE appât.
BOF! FOB. BOGHEI, BOGUE**T** ou BUGGY *véhi.* BOGUE
écorce. BOG(G)IE.

BOHÈME, BOHÉMIEN... BOILLE *helv* bidon. BOIRE,S
RIBOSE BOISER. BOISAGE, BOISEUR *OBUSIER*
BOUSIER. BOITERIE, **BOI**TILLER vi. BOLDO *arb.*
BOLDUC ruban. BOLÉE. BOLÉRO. BOLET *cham.*
BOLIER filet *LIBERO.* BOLIVAR,S ou ES *mon,*
BOLIVIEN..., BOLLARD *mar* (cf LOLLARD).
BOLONAIS,E.

BOMBAGE de mur. BOMBANCE inv. BOMBYX. BOMÉ,E
mar. BONASSE. BONDÉ,E. BONDELLE *helv ich.*
BONDRÉE buse. BONGOS *mus.* BONHOMIE. BONI,S.

BONITE thon. BONJOUR,S. BONSOIR,S *BOIRONS ROBIONS*. BONNETTE *mar.* BONNICHE *BICHONNE*. BONSAÏ (pr. zaï) *arb SNOBAI*. BONZE, BONZESSE, BONZERIE.

BOOLÉEN... ou BOOLIEN... *math.* BOOM,S, BOOMER nm *tech.* BOOSTER nm fusée (cf ROBOTS). BOOTS. BOP. BORA vent. BORAIN,E v. BORIN,E. BORE, BORANE, *ENROBA; SNOBERA*, BORATÉ,E, BORAX, BORIQUÉ,E, BORURE *BOURRE; REBOURS*. BORASSUS *arb.* BORCHTCH ou BORTSCH potage.

BORDEL (-IQUE). BORDIER,E *géog.* BORDIGUE claies. BORÉE vent, BORÉAL,E, -ALS ou -AUX *LOBERA; ÉLABORE*. BORAIN,E *ENROBAI; SNOBERAI BAIERONS* ou BORIN,E du Borinage *BERNOIS*. BORIQUÉ,E *chim.* BORNAGE *ÉBORGNA*. BORNOYER vt (d'un œil). BORT diamant. BORURE chim.

BOSCO *mar.* BOSKOOP pomme. BOSNIEN... BOSON *ato.* BOSS. BOSSAGE *arch GOBASSE*. BOSSELER, je BOSSELLE. BOSSER vt, BOSSEUR... *BOSSUER vt.* BOSSETTE saillie. BOSSOIR *mar.* BOSTON. BOT,E. BOTRYTIS *cham.* BOTTELER vt, je BOTTELLE. BOTTER vt, BOTTEUR *sp*, BOTTIER, BOTTINE *BIENTÔT OBTIENT BOITENT.*

BOUBOU. BOUBOULER vi crier. BOUCANER de la viande *CEBUANO*. BOUCAU de port. BOUCAUD ou BOUCOT *crust.* BOUCAUT tonneau. BOUCHAGE. BOUCHAIN *mar.* BOUCHONNER vt. BOUCHOT pieux. BOUDDHA,S. BOUDERIE. BOUDINER vt. BOUFFIR vt. BOUGEOTTE inv. BOUGNAT. BOUGRESSE. BOUIF. BOUILLIR vt, subj. BOUILLE *BOUSILLE.*

BOULAIE *arb.* BOULANGER vi. BOULBÈNE sol. BOULER vi. BOULETÉ,E *éq.* BOULIMIE. BOULIN *const.* BOULINE *mar.* BOULISME *sp*, BOULISTE. BOULLE *mob LOBULÉ; SOLUBLE*. BOULOCHER vi *tricot.* BOULOIR *out.* BOULONNER vt. BOULOTTER vt. BOUM,S.

BOUMER vi, (se conj. à la 3me p. sing ; pas de part. prés.)

BOUQUETÉ,E. BOUQUINER vt. BOURBE,
BOURBEUX... BOURBON,S. BOURRELÉ,E.
BOURRIDE mets. BOURRIN. BOURROIR. BOUSEUX,
BOUSIER *ins*. BOUTER vt *BOUTRE mar OBTURE
TOURBE BROUET BROUTE ; OBSTRUE ROBUSTE,*
BOUTEFEU,X, BOUTEUR *tech*, BOUTOIR *out*.
BOUTISSE *arch*. BOUTURER vt.

BOUVET rabot. BOVIDÉ, BOVIN,E *OBVIENS,*
BOUVERIE *BOUVIÈRE*. BOWETTE *mine*. BOWLING.
BOX. BOXER vt ou nm. BOY. **BO**YARD. BOYCOTT,
BOYCOTTER vt

BRABANT *agr*. BRACHIAL... *anat*. BRACTÉE feuille.
BRADEUR..., BRADAGE. BRADYPE *mam*. BRAHMANE,
fém BRAHMINE, BRAHMI *lang MIHRAB*. BRAI *chim*.
BRAIES *cost hist*. BRAIRE, BRAIT BRAIENT BRAIRA
BRAIRONT BRAIRAIT BRAIRAIENT, BRAIMENT.
BRAISER vt.

BRAN son. **B**RANCARDER vt. BRANCHIES pl.
BRANCHU,E. BRANDADE. BRANDE *bot*. BRANDON
flambeau. BRANDY. BRANTE *helv* hotte *BRASENT
SABRENT*. BRAQUEUR. BRASER vt (A- E- EM-),
BRASAGE *GABARES*, BRASURE *SABREUR*.
BRASERO *ROBERAS ARBORES RÉSORBA*.
BRASSEUR..., BRASSIN cuve.

BRAVACHE, BRAVO,S. BRAYER nm de cuir. BREAK,
BREAK**FAST**. BRÉCHET. BREGMA *anat*. BRÊLER vt
mar. BRÈME *ich*. BRÉSILLER vt casser. BRESSAN,E de
Bresse. BRESTOIS,E. BRETÈCHE *arch mil*.
BRETESSÉ,E *hér*. BRETTE épée, BRETTEUR.
BRETTELER vt *const*, je BRETTELLE. BRETZEL.
BREVETER vt, je BREVETTE.

BRIE, BRIARD,E. BRIBE *BIRBE*. BRICELET *helv* gaufre.
BRICK *mar*. BRICOLER vt. BRIDGER vi, BRIDGEUR...

BRIDON. BRIEFING *av*. BRILLANTER vt *litt*.
BRIMBALER vt. BRINELL *tech*. BRINGUE.

BRIO,S. BRIOCHÉ,E. BRIOCHIN,E de St-Brieux. BRION
mar. BRIQUETER vt, je BRIQUETTE, BRISANT,E *expl*
BRAISENT ABSTENIR. BRISQUE chevron, BRISCARD.
BRISIS *arch*. BRISKA *véhi*. BRISTOL. BRISURE,
BRISEUR... BRIZE herbe.

BROCANTER vi. BROCARD, BROCARDER vt railler.
BROCART *étof*. BROCCIO *from*. BROCHER vt,
BROCHAGE, BROCHEUR..., BROCHANT,E *hér*.
BROCOLI (cf COLIBRI). BRODEUR... *BORDURE*.
BROMÉ,E *chim*, BROMATE, BROMIQUE, BROMURE.
BRONCHER vi.

BRONZER vt, BRONZAGE, BRONZIER nm *tech*.
BROOK *éq*. BROQUETTE clou. BROSSIER,E
SORBIERS ; BROSSERIE. BROU (*bot*). BROUT inv *méd*.
BROUET. BROUETTER vt. BROUSSIN (*bot*)
SUBIRONS. BROUTAGE. BROUTARD ou BROUTART
(veau). BROWNIEN,S *math*. BROWNING. BROYAGE,
BROYEUR... BRRR !

BRUANT *ois TURBAN*. BRUCELLA *méd*. BRUCHE *ins*.
BRUCINE *chim INCUBER*. BRUGNON. BRUINER v imp
(pas de p. prés.) *BURINER*, BRUINEUX... BRUIRE,
BRUISSE (-ENT, -AIT, -AIENT, -ANT). BRUITER vi,
BRUITAGE, BRUITEUR.

BRÛLERIE, BRÛLIS *arb*, BRÛLOIR. BRUMER et
BRUMASSER verbes imp (pas de p. prés), BRUMASSE
nf, BRUMAIRE inv. BRUNIR vt, BRUNÂTRE
BEURRANT, BRUNANTE *can* soir, BRUNET...
BRUSHING. BRUTION *arg scol*. BRYONE *bot*.

BUBALE antilope. BUBON. BUCCAL..., BUCCIN *mus*.
BÛCHER vt et nm, BÛCHEUR..., BÛCHETTE.
BUCRANE *arch*. BUFFLER vt polir, BUFFLAGE,
BUFFLESSE *mam*. BUGGY. BUGLE. BUGLOSSE *bot*,

BUGRANE *bot*. BUILDING. BUIRE vase. BULBAIRE, BULBEUX..., BULBILLE. BULGE *mar*.BULLAIRE (papal), BULLEUX...

BUNGALOW. BUNKER nm. BUNRAKU *jap* marionnettes. BUPRESTE *ins PUBERTÉS*. BURELÉ,É (timbre), BURELLE *hér*. BURGAU nacre. BURGRAVE. BURINER vt, BURINAGE *BAIGNEUR*, BURINEUR. BURLAT. BURON chalet.

BUSARD *ois*. BUSC saillie, BUSQUÉ,E, BUSH fourré. BUSHIDO *jap* code. BUSINESS inv. BUSTIER *BITURES BRUITES*.

BUTANE *ABSTENU ABUSENT*, BUTANIER *mar URBANITÉ BUTINERA*, BUTÈNE. BUTER vt, BUTEUR, BUTOIR. BUTTER vt agr, BUTTAGE, BUTTEUR, BUTTOIR. BUTINEUR... BUTOME *bot EMBOUT*. BUTYLE, BUTYLÈNE. BUTYRATE, BUTYREUX... BUTYRINE. BUVÉE *agr BÉVUE*. BUXACÉE *bot*. BYSSUS *zoo*. BYZANTIN,E

C

CAATINGA *bot.* CAB. CABAN, CABANON. CABAS.
CABASSET casque. CABERNET cépage. CABESTAN
treuil. CABIAI rongeur. CABILLAU(D). CABILLOT *mar.*
CÂBLAGE, CÂBLEUR... *CURABLE; BASCULER,*
CÂBLEAU ou CÂBLOT *CLABOT COBALT* CÂBLIER,
CÂBLERIE *CALIBRÉE CÉLÉBRAI,* CÂBLISTE
CÉLIBATS.

CABOCHE, CABOCHON *min.* CABOTER vi *mar.*
CABOTINER vi. **CA**BOULOT. CABRIOLER vi. **C**ABUS
(chou). CACA. CACABER vi crier. CACAOTÉ,E
CACATOÈS ois, CACAOYER,E ou CACAOTIER,E.
CACARDER vi crier. CACATOIS voile *ACCOTAIS
ACCOSTAI.*

CACHETER vt *CÉTÉRACH,* je CACHETTE. CACHEXIE
méd. **CAC**HUCHA danse. CACIQUE chef. CACOLET
siège. CACOSMIE *méd.* **C**ACTÉE ou CACTACÉE,
CACTUS. CADASTRER vt CADDIE golf *DÉCIDA
DÉCADI.* CADDY *véhi.* CADE *arb DÉÇA DACE*
CADENCER vt. CADÈNE *mar SCANDÉE.*

CADI *mag.* CADMIER vt, CADMIAGE, CADMIUM.
CADOGAN ou CATOGAN chignon. CADRER vt,
CADRAGE, CADREUR, CADRAT *typo,* CADRATIN
RADICANT. CADUC, CADUQUE, CADUCITÉ.
CADUCÉE. CAECUM *anat,* CAECAL... CAENNAIS,E.
CAESIUM *ÉCUMAIS* ou CÉSIUM *mét.*

CAF inv *com.* CAFARDER vt. CAFÉIER,E, CAFÉINE
FAÏENCÉ FIANCÉE; FASCINÉE, CAFÉISME,
CAFETIER,E. CAFETAN ou CAFTAN robe. CAFRE.
CAFTER vi *pop,* CAFTEUR... *FACTEUR FACTURE.*

CAGET natte. CAGIBI. CAGNA. CAGNEUX...

ÉCANGUES. CAGNOTTE. CAGOT,E hypocrite. CAGOU
ois. CAHOTER vt, CAHOTANT,E, CAHOTEUX...
CAHUTE. CAÏD *mag*. CAÏEU ou CAYEU bulbe.
CAILLAGE *GLACIALE*. CAILLOUTER vt. CAÏMAN.
CAÏQUE *mar*. CAIRN tumulus. CAIROTE du Caire
COTERAI; CORSETAI COTISERA ESCORTAI.
CAITYA *rel*.

CAJEPUT *bot*. CAJOLEUR... CAJOU inv (noix). CAJUN
géog. CAL, S. CALADIUM *bot*. CALAISON *mar*.
CALAMAR ou CALMAR. CALAMBAC bois. CALAME
roseau. CALAMINER(se). CALANDRER vt *méc*.
CALANQUE. CALAO *ois*.

CALCÉMIE *anat,* CALCIFIÉ,E, CALCIN croûte,
CALCITE, CALCIQUE. CALDÉIRA dépression
DÉCLARAI DILACÉRA RADICALE. CALENDES pl.
CALEPIN *PINACLE PÉLICAN*. CALFAT *ouv,* CALFATER
FRACTALE. CALIBRER vt. CALICHE *min*. CALICULE
bot. CALIER nm *mar*. CALIFE *FISCALE +2* ou KHALIFE,
CALIFAT. CALINER vt. CALISSON.

CALLA *bot*. CALMANT,E, CALMAGE *mét MACLAGE*,
CALMIR vi. CALO argot. CALOMEL. CALOTIN m
COLTINA, CALOTTER vt *RÉCOLTÂT LECTORAT*.
CALOYER,E moine. CALQUAGE. CALTER (se) *pop*.
CALVA(DOS). CALVILLE pomme. CALYPSO danse.

CAMAIEU,S ou X *art*. CAMAIL *cost*. CAMARD,E (nez).
CAMBIAL... *fin ALAMBIC*, CAMBISTE, CAMBIUM sève
CAMBRER(se), CAMBRAGE, CAMBRURE,
CAMBRIEN... *géol*. CAMBUSE *CUBÂMES*.

CAMÉLÉON *AMONCELÉ*. CAMÉLIA *AMICALE*.
CAMELIDÉ *zoo DÉCIMALE MÉDICALE*. CAMELLE sel.
CAMELOTE *COLMATÉE*. CAMER (SE). CAMERAMAN
(-S ou -MEN). CAMÉRIER du pape *REMERCIA
CRÉMERAI*.

CAMIONNER vt. CAMISARD *rel*. CAMPÊCHE bois.

CAMPER vt, CAMPEUSE *ÉPUCÂMES*. CAMPHRÉ,E.
CAMPOS congé. CAMPUS. CAMUS, E *SUÇÂMES*.

CANADA, CANADAIR *av CANARDAI*. CANANÉEN.
CANAQUE. **C**ANAR tube. CANARA ou KANNARA *lang*.
CANASSON. CANASTA. CANCALE huître. CANCAN,
CANCANER vi. CANCEL (pour le sceau).
CANCÉRISER (se). **C**ANCHE *bot*.

CANDELA unité *DÉCANAL ; SCANDALE*. CANDIR vt.
CANDIDA levure. CANER vi. CANETAGE *text*
ENCAGEÂT, CANETTE. CANETON. CANGUE carcan.
CANIDÉ. CANISSE ou CANNISSE tige. CANITIE
(cheveux). CANNER vt, CANNAGE. CANNABIS.
CANNELÉ,E, **C**ANNELLE.

CANONIAL...*rel*. CANONISER vt. **C**ANONNER vt.
CANOPE urne *CAPÉONS*. CANOTER vi, CANOTAGE,
CANOTEUR...*OUTRANCE COURANTE ENCROÛTA
ÉCROUANT*. CANOTIER *RÉACTION OCRAIENT* +3.
CANTAL,S, *SCALANT*.

CANTALOU (-E ou -P) (- LIEN...). CANTER nm *éq*.
CANULER vt, CANULA**R** (-ESQUE). CANUT, -USE.
CANYON. CANZONE, S ou -NI *mus*.
CAOUANNE tortue.

CAPÉER ou CAPEYER vi *mar*. CAPER un cigare.
CAPELER vt *mar PERCALE REPLACE*, je CAPELLE,
CAPELAGE. CAPELA**N** *ich*. CAPELET *éq*. CAPELINE
coif *ÉPINCELA*. CAPÉSIEN... *scol PINACÉES
SAPIENCE*. CAPÉTIEN... *PATIENCE ÉPINCETA*.

CAPITAN *théâ*. CAPITON *PIONCAT PONCAIT ;
CAPTIONS CONSTIPA*. CAPITÉ,E *bot PACTISE*.
CAPITOLE *PÉCLOTAI*, CAPITOUL *mag COUPLAIT
COPULAIT OCTUPLAI*. CAPON, -ONNE. CAPOTER vi.
CAPRIER nm *arb*. CAPRIN,E (chèvre) *CARPIEN
PINCERA ; ESCARPIN*. CAPRON fraise.

CAPSAGE de tabac *PACAGES*. CAPSELLE *bot*

CAPELLES. CAPSIDE *biol SPADICE*. CAPSIEN... *anthro*
ÉPINÇAS. CAPSULER vt *CRAPULES PLACEURS*
PLAÇURES SURPLACE. CAPTAL,S chef. CAPTAGE,
CAPTEUR *élec*. CAPTATIF... *psy*, CAPTIEUX...
trompeur.

CAPUCE *coif*, CAPUCIN,E, CAPULET *coif PÉCULAT*
PULTACÉ TAPECUL; SPÉCULAT. CAQUELON poêlon.
CAQUER des harengs (EN-). CAQUETER vi, je
CAQUETTE.

CARABE *ins*. CARABIN. CARACAL,S lynx. CARACO.
CARACOLER vi *ACCOLERA*. CARACUL ou KARAKUL
mouton. CARAÏBE. CARAÏTE juif *ÉCARTAI CATAIRE*.
CARAPATER(se). CARAQUE *mar*. CARASSE de tabac.
CARASSIN *ich*. CARATE *méd*. CARBET case.
CARBONÉ,E, CARBURER vt.

CARCAJOU blaireau. CARCEL lampe. CARCÉRAL...
CARDAN. CARDER vt. (CA- RE- BRO- FAU- PLA- RAN-
REN-), CARDAGE, CARDEUR... *DÉCREUSA*.
CARDÈRE *bot*. CARDIA *anat*, CARDITE *méd*
DÉCATIR +3. CARDIGAN. CARDON artichaut *DACRON*.

CARENCER vt. CARÉNER vt. *ERRANCE +3*. CARET
tortue. CAREX laîche. CARGUER vt. CARI ou CARY ou
CURRY. CARIBOU *COURBAI*. CARIER vt. CARINATE
ois TANCERAI + 4. CARIOCA hab. de Rio. CARISTE *ouv*
RACISTE + 6.

CARLIN chien *LARCIN*. CARLINE chardon *CLARINE*
LANCIER CALINER. CARLISME *esp MIRACLES*,
CARLISTE *CLAIRETS RÉCITALS ARTICLES*. CARME.
CARMIN, CARMINÉ,E *ÉMINCERA; RANCÎMES*
RINÇÂMES. CARNÉ,E. CARNEAU de four (cf
CERNEAU; ANACRUSE).

CAROLUS *mon CROULAS*. CARONADE canon.
CAROTÈNE *RACONTÉE*. CAROTIDE artère *CODERAIT*
DÉCORAIT. CAROTTER vt *RECTORAT*. CAROUGE

COURAGE ou CAROUBE *CORBEAU* ,fruit.

CARPEAU. CARPELLE *bot PARCELLE*. CARPIEN...
anat. CARQUOIS. CARRARE marbre. CARRER (se).
CARRELER vt, je CARRELLE, CARRELET. CARRICK
cost. CARRIER nm *ouv.* CARRIOLE *CORRELAI,*
CARROSSER vt. CARROYER vi (carte).

CARTER nm. CARTIER nm (cartes). CARTONNER vt.
CARTOON (film) *OSTRACON*. CARVI *bot.* CARY**OPSE**
fruit. CASAQUIN corsage. CASBAH. CASCADER vi.
CASÉINE, CASÉEUX... CASERNER vt (EN-). CASH adv.
CASHER ou KASHER inv. CASING caisson. CASOAR
ois.

CASQUER vi, CASQUÉ,E. CASSABLE, CASSAGE,
CASSEUR. CASSAT**E**. **C**ASSEAU typo, CASSETIN
CASTINES. CASSIER *arb* (cf QUASSIER) ou CASSIE.
CASSON sucre. CASTE**L**. CASTINE *chim NATICES*.
CASTRAT *TRACTAS*. CASUEL *rel.* CASUISTE
ÉCUISSÂT.

CATAIRE ou CHATAIRE herbe à chat. CATALAN,E.
CATALPA. CATALYSER vt. CATARRHE *méd*
CHÂTRERA, cf CATHARE *RACHETA*. CATCHEUR...
CHARCUTE. CATELLE *helv* carreau. CALGUT fil.
CATHÉTER nm *méd TACHETER*. CATHODE.

CATIMINI inv. CATIN. CATION ion. CATOGAN ou
CADOGAN nœud. CATTLEYA *bot* (cf. CLAYETTE).
CAUCHOIS,E *COUCHAIS*. CAUDAL... CAUDILLO *esp.*
CAURIS coquille. CAUSAL,E, -ALS, CAUSATIF...
CAUSANT,E, CAUSEUR..., CAUSETTE inv. CAUSSE.
CAUTÈLE. CAUTÈRE *RUTACÉE; TRACEUSE*
SÉCATEUR.

CAVALER (se), CAVALEUR... CAVER vt (EN- EX-),
CAVAGE, CAVET *arch,* CAVEÇON *éq CONCAVE,*
CAVISTE. CAVATINE *mus VATICANE ENCAVAIT*
CAVAIENT. CAVIARDER vt censurer. CAVISTE

CAVITÉS ACTIVES. CAYEU. CAÏEU. CAZETTE argile.

CÉANS. CÉBIDÉ *mam.* CEBUANO *lang.* CÉCIDIE *bot.*
CÉCILIE *batr.* CÉDANT,E. CEDEX. CÉDI *mon.* CÉDRAIE
arb. CÉDRAT fruit (-IER). CÉDULE *(fisc).* CÉLADON vert.
CELEBRET inv *rel.* CELER vt, je CÈLE. CÉLESTA *mus,*
CÉLESTIN *rel CLIENTES CENTILES CISÈLENT.* CELLA
niche. CELTE ou CELTIQUE, CELTIUM *chim*
CULTISME.

CÉMENT. CÉMENTER vt *(chim) ÉCRÈMENT.*
CENDRÉ,E, CENDREUX... CÈNE. CENELLE fruit.
CÉNOBITE moine. CENS *fisc,* CENSIER,E *SINCÈRE*
INCRÉÉS RINCÉES, CENSIVE *ÉVINCES,* CENSÉ,E,
CENSUEL... *NUCLÉES (cf SENSÉ,E, SENSUEL...).*
CENSORAT *NÉCROSÂT + 5.*

CENT,S, CENTAVO, CENTIARE *CRÉATINE NECTAIRE*
ACIÈRENT CTÉNAIRE CERTAINE CRÉAIENT,
CENTILE partie, CENTURIE *CEINTURE.* CENTAURE
(-E *bot*). CENTON *poé.* CENTRAGE, CENTREUR
CURÈRENT REÇURENT, CÉNURE t(a)enia *CENSEUR*
ou COENURE *ENCOURE ENCROUÉ.*

CEP. CÈPE, CÉPÉE. CÉPAGE. CÉPHALÉE *méd.*
CÉPHÉIDE *astr.* CÉRAMBYX *zoo.* CÉRAME vase.
CÉRASTE *rept ÂCRETÉS + 6.*
CÉRAT cire. CÉRAUNIE *préhist.* CERBÈRE. CERCE
tech. CERCAIRE larve. CERDAN,E de Cerdagne.

CÉRIFÈRE. CERISAIE *ACIÉRIES.* CÉRITE *chim.*
CÉRITHE *moll.* CÉRIUM *mét.* CERMET *cons.* CERNEAU
de noix. CERS vent. CERTES. CÉRULÉEN... (cire)
ÉNUCLÉER. CÉRUMEN. CÉRUSE *chim REÇUSSE + 4,*
CÉRUSITE *RECUITES SÉCURITÉ.* CERVICAL...
CERVIDÉ *DÉCRIVE.* CERVOISE bière *REÇOIVES.*

CÉSAR,S, CÉSARIEN... *RECENSAI.* CÉSIUM ou
CAESIUM. CESSANT,E. CESSIBLE. CESTE gant.
CESTODE *ver DÉCOTES.* CÉTANE *chim,* CÉTONE,

CÉTOGÈNE, CÉTOSE. CÉTÉRACH *bot.* CÉTOINE *ins* (cf BÉTOINE).

CÉVENOL,E. CHABLER des noix. CHABLIS. CHABOT *ich.* CHABROT ou CHABROL *inv.* CHACON(N)E danse *ENCOCHA.* CHADBURN *mar.* CHADOUF *tech isl.* CHAFOUIN,E. CHAH ou SHAH. CHAHUTER vt.

CHAI. CHAÎNER vt mesurer, CHAÎNAGE *CHANGEAI,* CHAÎNEUR, CHAÎNIER *ouv CHINERAI NICHERAI.* CHAISIER,E *CHIERAIS.* CHALAND,E. CHALAZE *biol.* CHALDÉEN... **C**HALOIR inv sauf CHAUT. CHALONE *anc biol.* CHALOUPER vi (-ÉE).

CHAMADE (tambour). CHAMAN *anthro.* **CHA**MARRER vt. CHAMBARD**ER** vt. CHAMOISER vt tanner. CHAMOTTE argile. CHAMPART céréales. CHAMSIN *MACHINS* ou KHAMSIN simoun.

CHAN *lang* (cf TCHAN). CHANCE**L** d'église, CHANCELER vi, je CHANCELLE.

CHANCIR vi moisir *CRACHIN.* CHANGEUR. CHANLAT(T)E chevron. CHANNE *helv* broc. CHANSONNER vt. CHANTEAU de bois. CHAOUCH *isl* huissier. CHAPÉ,E *hér.* CHAPITRER vt *PERCHAIT PRÊCHAIT.* CHAPKA bonnet. CHAPSKA *coif mil.* CHAPONNER vt.

CHARABIA *RABACHAI.* CHARALE *bot HARCELA* + 2. CHARBONNER vt. CHARIA *isl.* CHARIOTER vt *tech COHÉRITA.* CHARISME (A-) (pr. k) magnétisme. CHARROI, CHARROYER vt. CHARTE**R** nm. CHAS. CHASSANT,E *mine,* CHASSAGE *GÂCHASSE,* CHASSOIR *out.* CHASSÉEN... *anthro.* CHASSIE *CHIASSE* + 2, CHASSIEUX... CHASUBLE.

CHATAIRE (v. CATAIRE) *CHÂTIERA* + 2. CHÂTELET. CHATIÈRE de porte. CHATOYER vi. **C**HAUT inv. CHAUX, CHAUFOUR four, CHAULER vt *LÂCHEUR*

CHALEUR, CHAULAGE. CHAUMARD mar. CHAUMER vt MÂCHURE, CHAUMAGE. CHAUSSEUR (-ANT,E).

CHAVIRER vt. CHEBEC ou CHEBEK isl mar. CHÈCHE coif, CHÉCHIA. CHEDDAR from. CHEDDITE expl. CHEFFERIE. CHEIKH. CHÉILITE (pr. k) méd. CHEIRE géol. CHÉLATE (pr k) ato LÂCHETÉ. CHELEM. CHELLÉEN hist anc. CHÉLOÏDE (pr. k) méd.

CHEMISER vt CHIMÈRES. CHÊNAIE, CHÊNEAU. CHÈNEVIS graine ÉCHEVINS. CHENILLÉ,E (É-). CHENU,E. CHERGUI sirocco. CHÉRIF isl FICHER FRICHE (cf SHÉRIF). CHERMÈS ins (pr. k) CHRÊMES. CHÉROT ROCHET TORCHE TROCHE. CHERRY,S (cf SHERRY). CHÉRUBIN. CHERVIS bot.

CHESTER from CHERTÉS. CHEVAINE INACHEVÉ, CHEVESNE ou CHEVENNE ich. CHEVALER vt étayer. CHEVALIN,E. CHEVÊCHE chouette. CHEVÊTRE menui. CHEVILLER vt. CHEVRIER,E, CHEVROTER vi (parler).

CHIADER vt DÉCHIRA, CHIADEUR... CHIALER vi, CHIALEUR... CHIANT,E. CHIANTI NICHAIT CHINAIT. CHIASMA anat MÂCHAIS, CHIASME styl MÉCHAIS CHEMISA CHIÂMES. CHICANER vt. CHICANO Mexicain CACHIONS. CHICHI. CHICLE latex. CHICON salade. CHICOT. CHICOTER vi crier RICOCHET. CHICOTIN suc.

CHIER vi, CHIÉE, CHIENLIT. CHIFFE. CHĪISME isl CHIMIES, CHĪITE. CHIMIE, CHIMISME, CHIMISTE. CHINER vt NICHER, CHINAGE, CHINEUR... CHINURE. CHINETOQUE, CHINOISER vi. CHINOOK vent. CHINTZ toile. CHIONIS (pr. k) ois CHIIONS CHINOIS ISCHION. CHIOTTES. CHIOURME galériens.

CHIPOTER vi. CHIPS. CHIQUER vt, CHIQUEUR. CHISTERA CHARITÉS CITHARES. CHITINE (pr. k) (bot). CHITON (pr. k) moll. CHIURE. CHLEUH,E. CHLOASMA masque de grossesse. CHLORÉ,E,

CHLORAGE, CHLORAL,S, CHLORATE *TALOCHER*,
CHLOREUX..., CHLORITE, CHLOROSE,
CHLORURER vt.

CHOANES (pr. k) *anat.* CHOIR CHOIS CHOIT CHOIENT
CHOIRAI etc CHOIRAIS etc CHUS CHÛMES CHURENT
CHU,E,S. CHOKE de fusil. CHOLÉMIE, CHOLÉRA
CHORALE, CHOLINE *HÉLICON,* CHOLURIE.
CHÔMABLE. CHOPER vt.
CHOPPER nm *out* (A- vi ; É- vt).

CHORAL,E, -ALS ou -AUX, CHORÉE *méd,* CHORÈGE
mécène, CHOREUTE *RETOUCHE* ou CHORISTE
ORCHITES, CHORUS. CHORDE (pr k) *embryo.*
CHORION (pr k) *embryo,* CHOROÏDE. CHORIZO.
CHOSIFIER vt. CHOTT géog. CHOUAN. CHOUCAS.
CHOUCHOU,S (-TER vt). CHOUIA,S. CHOURINER vt
tuer. CHOUTE.

CHRÊME huile, CHRÊMEAU *coif MÂCHURÉE.*
CHRIST,S, (-IQUE), CHRISME sigle. CHROMER vt,
CHROMAGE, CHROMEUR, CHROMEUX...,
CHROMATE *TRACHOME,* CHROMIQUE, CHROMISER
vt, CHROMO. CHRONO. CHTIMI nordiste. CHTONIEN...
CHUINTER vi. CHURINGA *anthro.* CHUT ! CHUTER vt.
CHUTEUR *av.* CHYLE cf LYCHEE. CHYME *anat.*

CIAO ! CIBARE *helv mil BERÇAI.* CIBISTE (auto).
CIBOIRE, CIBORIUM *rel.* CIBOULE *bot.* CIBOULOT.
CICÉRO *typo,* CICÉRONE guide. CICUTINE (*bot*)
(CIGUË). CIDRERIE. CIL, CILIÉ,E, CILIAIRE, CILLER vt
(cf DESSILLER). CILICE de crin.

CIMAISE ou CYMAISE *arch.* CIMIER nm. CINABRE
chim. CINCLE *ois.* CINÉ, CINÉRAMA, CINÈSE *zoo
SCIÈNE,* CINÉTIR *CITRINE INCITER* (-TIQUE).
CINOCHE. CINÉRITE *géol.* CINTRER vt, CINTRAGE
GRACIENT.

CIPAYE *hist mil.* CIPOLIN *min.* CIPPE stèle. CIRCAÈTE

ois. CIRE. CIRR(H)E (*bot*). CIRIER,E *CERISIER,*
CIREUR, CIREUX... CIRON *ins.* CIRRHOSE
ROCHIERS. CIRRUS. CIRSE chardon.

CISALPIN,E. CISELER vt, je CISÈLE, CISELET,
CISELAGE, CISELEUR *CISELURE RECUEILS*
CULIÈRES ÉCLUSIER SÉCULIER, CISJURAN,E *géog.*
CISOIRES *out.* CISTE *arb.* CISTRE *mus.* CISTRON *gén.*
CISTUDE tortue *DISCUTE.*

CITER vt (EX- IN- LI- RÉ- SUS- FÉLI-) CITHARE *mus.*
CITRON, CITRONNÉ,E *CONTENIR,* CITRATE *TERÇAIT*
TIERÇÂT, CITRINE *min,* CITRIQUE. CIVAÏSME
VICIÂMES ou SIVAÏSME *rel.* CIVE *bot.* CIVELLE *ich.*
CIVETTE *mam.*

CLABAUD chien, CLABAUDER vi crier. CLABOT ou
CRABOT *méc,* CLABOTER ou CRABOTER vt. CLAC !
CLADE *zoo.* CLAFOUTIS. CLAIM (*or*). CLAIRET... (vin).
CLAM. CLAMP pince. CLAMSER vi. CLANDÉ bordel.
CLANIQUE. CLAPOTER vi *PECTORAL ; PECLOTA,*
CLAPOTIS, CLAPPER vi.

CLAQUER vt, CLAQUANT,E, CLAQUAGE, CLAQUOIR,
CLAQUETER vi crier, je CLAQUETTE. CLARAIN *géol*
RACINAL (cf DURAIN et VITRAIN). CLARIAS *ich*
RACLAIS SARCLAI. CLARINE cloche. CLARISSE *rel*
CLISSERA. CLAUSTRER vt *LACUSTRE.*

CLAVAIRE *cham CLAVERAI CALVAIRE CAVALIER.*
CLAVEAU *arch.* CLAVER vt *mine.* CLAVELÉ,E *vét.*
CLAVETER vt, je CLAVETTE (DÉ-). CLAVISTE *ouv*
CLIVÂTES. CLAYÈRE (huîtres), CLAYETTE, CLAYON,
CLAYONNER vt.

CLEARING *fin CINGLERA CLIGNERA.* CLEBS ou
CLÉBARD. CLENCHE de loquet (cf DÉCLENCHER).
CLEPHTE *CHEPTEL* ou KLEPHTE grec.

CLIC ! CLICK,S *ling.* CLICHER vt, CLICHAGE,

CLICHERIE, CLICHEUR, CLIGNER vt. CLIMAX *(bot)*.
CLINFOC *mar*. CLINICAT. CLINKER nm *tech*. CLIP.
CLIPPER nm *mar*. CLIQUETER vi, je CLIQUETTE.
CLISSER une bouteille (É-). CLIVER vt, CLIVABLE.

CLOAQUE, CLOACAL... (cf ACCOLA). CLODO. CLONE
(bot). CLONIQUE, CLONUS. CLOPE (CY-). CLOPINER
vi. CLOQUER vi, CLOQUÉ,E. CLORE CLÔT CLOSENT
CLOSIONS CLOSIEZ CLORAI etc CLORAIS etc
CLOSANT, CLOSEAU *ÉCOULAS* ou CLOSERIE
ÉCOLIERS.

CLOUTER vt, CLOUTAGE, CLOUTIER, CLOUTERIE.
CLOVISSE *moll*. CLOWN (-ERIE, -ESQUE) CLOYÈRE
panier. CLUPÉIDÉ *ich PÉDICULÉ,E*. CLUSE. CLUSTER
nm *mus*. CLYSTÈRE.

CNÉMIDE *mil MÉDECIN*. CNIDAIRE *zoo*.
COACCUSÉ,E. COACH,S ou ES *véhi*. COAGULUM.
COALESCER vt *ACCOLÉES*. COALISER vt *SCOLAIRE
CALORIES RÉCOLAIS* COALTAR *chim RACOLÂT*.
COAPTEUR *méd RECOUPÂT*. COATI *mam*.
COAUTEUR. COAXIAL...

COB *éq*. COBAYE. COBÉA liane. COBOL *inf*. COCA.
COCAGNE inv. COCCIDIE *zoo*. COCCYX. COCHET
coq. COCHEVIS alouette. COCHLÉE *anat*. (pr.k)
COCHONNER vt. COCHYLIS *pap*. COCKER nm.
COCKNEY. COCKPIT. COCOON inv *arch*.
COCORICO,S. COCU,E, COCUAGE, COCUFIER vt.

CODAGE, CODEUR *RECOUD COUDRE; DÉCOURS*
(DÉ- EN- VO-). CODÉINE *phar*. CODEX. CODÉTENU,E.
CODON *biol*. COELOME (pr. se) *(zoo)*. COENURE v.
CÉNURE. COENZYME. COFFIN étui. COFFREUR *ouv*.
COGÉRER vt, COGÉRANT,E *CONGRÉÂT*. COGITER
vt, COGITO,S *psy*. COGNAT parent. COGNITIF... *psy*
(RÉ-). COHABITER vi.

COHÉRENT,E, COHÉREUR *phys*, COHÉSIF... (cf

CHOSIFIE). COHÉRITER vt *ÉCHOTIER*. COHORTE.
COI, COITE. COÏT. COINÇAGE. COING. COKÉFIER vt,
COKERIE, COKEUR *tech*, COKING ou COKAGE.

COLA ou KOLA. COLBACK *coif*. COLCOTAR *chim*.
COLCRETE béton. COLIN, COLINOT. COLITE *méd*.
COLLABO. COLLETER (se), je me COLLETTE (DÉ-).
COLLEY chien. COLLIGER vt. COLLOÏDE *chim*.
COLLOQUER des créanciers. COLLURE *cin*
COLLEUR...

COLLYBIE *cham*. COLLYRE. COLMATER vt
MORCELÂT. COLOBE singe. COLOCASE *bot*.
COLOMBIN,E pourpre. COLOMBO racine. COLÓN *mon*,
pl COLONES. COLONAGE métayage, COLONAT.
COLORIS. COLT. COLTINER vt. COLVERT canard.
COLZA (-TIER).

COMATEUX... COMBATIF... COMBE. COMBINAT
(U.R.S.S.) COMBO *mus*. COMÉDON *méd*. COMICE.
COMICS. COMITIAL... *méd*. COMMA *mus*. COMMAND
inv *dr*. COMMENDE *rel*. COMMÉRER vi. COMMODAT
dr. COMMUTER vt *ling*. COMORIEN...

COMPASSER vt *litt*. COMPLU p.p. inv. COMPLANT inv
dr, COMPLANTER vt. COMPLEXER vt. COMPLIES pl
rel. COMPLOTER vt. COMPONÉ,E *hér*. COMPOST
terreau, COMPOSTER vt. COMPOUND inv *méc*.

COMPTAGE (cf CONTAGE), COMPTANT,S.
COMPTINE. COMPULSER vt. COMPUT *rel*,
COMPUTER nm *inf*. COMTE, COMTAL..., COMTAT,
COMTOIS,E, COMTADIN,E.

CON, CONNE, CONNERIE. CONDÉ policier. CONDOM
capote. CONDOR. CONDYLE *anat*. CONFER inv.
CONFERVE algue. CONFETTI,S. CONFINS pl.
CONFIRE vt *CONFIER FONCIER* (se conj. c. SUFFIRE
sauf CONFIT,E). CONFLUER vi *FURONCLE*.
CONFORTER vt.

CONGA danse. CONGAÏ ou CONGAYE vietnamienne.
CONGRE. **CON**GRÉER vt *mar CONGÈRE NÉOGREC*.
CONICINE = CICUTINE. CONICITÉ, CONIFÈRE
FONCIÈRE, CONOÏDE. CONIDIE spore *DÉCISION*.
CONJUNGO mariage.

CONNECTER vt, CONNEXE. **CON**NOTER vt
COTONNER. CONOÏDE. CONOPÉE voile. CONQUE.
CONSOEUR *ÉCROUONS*. CONSOL *mar*. CONSORT
CROTONS CORTONS. **CON**SOUDE *bot*. **CONS**PUER vt
PUCERONS.

CONTAGE *méd COGNÂTES*. CONTIGU,E.
CONTINUO,S *mus*. CONTUMAX. CONVENT réunion.
CONVERS *rel*. CONVICT forçat. CONVULSER vt.
COOBLIGÉ,E. COOL,S. COOLIE.

COPAHU suc du **CO**PAYER. COPAL,S résine.
COPÉPODE *crust*. COPIEUR... COPISTE. COPILOTE.
COPINER vi *PIONCER PORCINE*, COPINAGE. COPPA
mets. COPRA(H) amande. COPRIN *cham PORCIN*.
CORPS´(*text*), COPSAGE. COPTE *rel* (cf COOPTER vt).
COPULER vi *COUPLER*.

COQUART ou COQUARD. COQUELET. COQUEMAR
pot. COQUERET = PHYSALIS. COQUERIE *mar*.
COQUERON *mar*. COQUILLER vi (pain) CORAIL, -AUX,
CORALLIN,E *CARILLON*. CORBIN inv (en bec de C-).
CORBLEU! *BOUCLER*.

CORDER vt, CORDIER nm, CORDERIE, CORDELER, je
CORDELLE *DÉCOLLER*, CORDITE *expl DICROTE
DÉCROÎT*, CORDONNER vt. CORDOBA *mon*,
CORDOUAN,E. **C**ORÉ ou **K**ORÊ statue. CORÉEN...
CORÉGONE *ich*. COR, CORICIDE *CRICOÏDE*.
CORINDON *min*. CORME fruit, CORMIER. CORMORAN.

CORNAC. CORNACÉE *bot*. CORNAGE *éq vét
COGNERA CONGRÉA*. CORNARD. CORNÉEN...

CORNER vt ou nm, CORNETTE. CORNIAUD
CONDUIRA ou CORNIOT. CORNIER,E (*arb*)
RONCIER,E. CORNIQUE *géog.* CORNISTE *mus*
SCIERONT TRICONES RECTIONS + 2. CORNU,E.

COROLLE. CORON. CORONAL,E *astr.* CORONER nm
CROONER ; OCRERONS. COROZO (*bot*). CORPORAL,
-AUX *rel.* CORPUS *litt CROUPS.* CORRAL,S *esp.*
CORRÉLER vt, je CORRÈLE (cf CARRELER).
CORRIDA. **COR**RODER vt. CORROI cuir, CORROYER
vt (-YAGE, -YEUR ; cf CARROYER vi).

CORSELET *RÉCOLTES SCLÉROTE*, CORSETER vt
ESCORTER, je CORSÈTE. CORSO,S. CORTES *esp.*
CORTEX *anat*, **COR**TICAL... CORTON vin. CORVIDÉ ois
DIVORCE. CORYMBE (*bot*). CORYPHÉE *théâ.*
CORYZA.

COSINUS *COUSINS COUSSIN.* COSMOS, **C**OSMIQUE.
COSSARD,E. COSSER vi (béliers). COSSETTE (*bot*).
COSTAL... *LACTOSE OCTALES SCATOLE.* COSTARD.
COSTAUD. COSTIÈRE *théâ CRÉTOISE CÔTIÈRES*
COTERIES. COSTUMER vt. COSY,S.

COTER vt (AC- BÉ- PI- SU- CHI- FRI- TRI- ASTI-).
CÔTELÉ,E. COTHURNE. COTICE *hér.* COTIDAL...
(marées). COTIGNAC confiture. COTINGA *ois*
COGNAIT. COTISER (se), COTISÉE *SOCIÉTÉ*,
COTISANT,E. COTONNER (se). COTRE *mar.*
COTTAGE. COTTE. **CO**TUTEUR. COTYLE *anat.*

COUAC,S. COUARD,E *COUDRA CUADRO ; COUDERA.*
COUCHER nm et vt, COUCHANT,E, COUCHEUR...,
COUCHIS *const.* COUDER vt *COUDRE* vt, p. s., je
COUSIS. COUDRIER *arb DUCROIRE*, COUDRAI**E**
RADOUCIE COUDERAI

COUENNE de porc (-EUX...) COUETTE *COUSETTE.*
COUFFIN cabas. COUFIQUE ou KUFIQUE *isl.*
COUGOUAR puma.

COUIC ! **C**OUILLE *LUCIOLE*, COUILLON. COUINER vi.

COULIS (vent), COULISSER vt. COULOMB unité.
COULPE,S. COULURE. COUPEUR..., COUPOIR.
COUPELLE. COUPLAGE, COUPLEUR. COUQUE *mets*.

COURBATU,E. COURÉE impasse, COURETTE.
COURIR vt (AC- EN- RE- SE- CON- DIS- PAR-),
COUREUSE *SECOUEUR*. COURLIS *ois SOURCIL*.
COUROS ou KOUROS statue, pl COUROI et KOUROI.
COURRE inv. **C**OURROUX. COURSER vt,
COURSIER,E. **C**OURSON branche. COURTAUD**ER** vt
éq. COURTIÈRE. COURTINE rideau.

COUSETTE, COUSEUSE. COUSINER vi. COÛTANT,E.
COUTIL *LOUSTIC*. COUTRE soc. COUTURÉ,E.
COUVAI**N** (*ins*) *CUVAISON*, COUVI,S pourri, COUVOIR.
COUVRURE de livre. **C**OVENANT *hist.* COWPER nm
mét. COXAL... *anat*, COXALGIE. COYOTE.

CRABIER héron. **C**RABOT, **C**RABOTER vt v. CLABOT
etc. CRAC ! CRACHEUR..., CRACHINER v. imp. (pas de
p. prés.), CRACHOTER vi *ÉCORCHÂT CROCHETA*
CRACK. CRACKER nm biscuit. CRACKING ou
CRAQUAGE *chim.* **C**RAILLER vi crier. CRAMBE *bot.*
CRAMER vt. CRAMIQUE *belg* pain.

CRÂNIEN... *INCARNE*. CRANTER vt. CRAQUELER vt,
je CRAQUELLE. CRAQUETER vi, je **C**RAQUETTE crier.
CRAQUER vt, CRAQUAGE (raffinage), CRAQUEUR.
CRASE *ling.* **C**RASH *av.* CRASSANE poire *ENCRASSA
CASERNAS SÉRANÇAS CRÂNASSE NACRASSE.*
CRASSIER.

CRATON *géol CARTON + 3.* CRAVACHER vt.
CRAVATER vt. **C**RAVE corbeau. CRAWL, CRAWLER vi,
CRAWLEUR... CRAYEUX..., CRAYONNER vt (-AGE, -
EUR...).

CRÉATIF... *RÉACTIF... ; FARCÎTES ; VÉRACITÉ*

RECEVAIT. CRÉATINE *chim.* CRÉCHER vi.
CRÉDENCE buffet, CRÉDIBLE, CREDO inv. CRÉMER
vi, CRÉMAGE, CRÉMANT nm. CRÉMONE verrou
SEMONCER. CRÉNER vt entailler, CRÉNAGE
GÉRANCE ENCAGER + *2.* CRÉNELER vt, je
CRÉNELLE. **C**RÉNOM !

CRÉOSOL huile *COLORES,* CRÉOSOTER du bois,
CRÉSOL, CRÉSYL. CRÊPAGE, CRÊPURE *PERCEUR,*
CRÊPELÉ, E ou CRÊPELU, E, CRÊPU,E, CRÊPON.
CRÉPIR vt. CRÊPIER,E *RECRÉPI.* CRÉPINE *tech.*
CRÉSUS.

CRÉTACÉ,E. CRÊT**É**,E. CRÉTIN,E, CRETONNE
ENCORNET ENCONTRE ÉCORNENT. CREUSAGE
CARGUÉES. CREUSET *CURETÉS ÉRUCTES.*
CREUSOIS,E *RECOUSIS.* CREUSURE *tech.*
CREVARD.

CRIAILLER vi. CRIB (maïs). CRIBLAGE, CRIBLEUR
CRIBLURE. CRICKET. CRICOÏDE *anat.* CRIEUR...
CRICRI. CRINCRIN. CRINOÏDE *zoo.* CRIOCÈRE *ins.*
CRISPIN de gant. **C**RISS ou **K**RISS arme. CRITHME *bot.*

CROATE. **C**ROCHET vt *mar,* CROCHETER vt, je
CROCHÈTE, CROCHON *mine.* CROCUS. CROÎT,S
(bétail). CROMLECH (menhirs). CROMORNE *mus.*
CROONER nm. CROQUANT,E, CROQUEUR...,
CROQUE**NOT**, **C**ROQUET. **C**ROQUETTE (B-)
CROSKILL *agr.* CROSNE *bot CRESSON.* CROSS.
CROSSER vt *sp.*

CROTALE *rept RÉCOLÂT RÉCOLTA.* SCROTALE.
CROTON *arb.* CROTTER vi, CROTTÉ,E, CROTTIN
CONTRIT. **C**ROULER vi, (-ÉE). CROUP *méd.*
CROUPADE *éq,* CROUPON de cuir. CROÛTER vi *pop,*
CROÛTEUX...

CRUDITÉ *TRUCIDE ; DISCUTER.* CRUOR (sang),
CRUENTÉ,E. CRUISER nm *mar SUCRIER CIREURS*

CRIEURS. CRÛMENT, CRURAL... *anat. RACLEUR* + 1.
CRUSTACÉ,E *ACCRÛTES*. CRUZEIRO *mon.*
CRYOGÈNE (*froid*), CRYOLITE, CRYOSTAT,
CRYOTRON. CSARDAS danse. CTÉNAIRE *zoo.*

CUADRO *esp.* CUBAIN,E *INCUBA*. CUBER vt,
CUBAGE, CUBATURE, CUBISME, CUBISTE,
CUBIQUE. CUBILOT four. CUBITUS os, CUBITAL...
CUCUL inv. CUESTA côte *ASTUCE ; SUÇÂTES.*
CUEVA *mus* cave.

CUILLER, E. CUIRASSER vt. CUIRE, p. s. je CUISIS,
CUISEUR. CUISSAGE inv *dr.* CUISSARD de cycliste
(-ES). CUISSEAU, CUISSOT. CUISTOT. CUITER (se)
(BIS-). CUIVRER vt (DÉ-), CUIVRAGE, CUIVREUX...

CULÉE, CULER vi (AC- FÉ- MA- RE- BAS- CAL- CIR-
ÉJA- FLO- SPÉ- BOUS- ÉMAS- VÉHI-), CULERON *éq,*
CULIÈRE *RECUEIL,* CULOTTER vt (DÉ- RE-). CULE**X**
ins. CULTISME *litt esp,* CULTUEL... *rel.* CULTIVA**R** *agr,*
CULTURAL... *agr.*

CUMIN *bot.* **CU**MULARD. CUMULUS. CUPRIQUE.
CUPULE (*bot*). CURER vt (cf DÉÇURENT), CURABLE,
CURAGE, CURATIF..., CURATEUR, -TRICE.
CURAÇAO. CURARE. CURCUMA *bot.*
CURETER vt, je CURETTE.

CURIE, CURIAL... CURISTE *CUISTRE RECUITS.*
CURIUM *chim.* CURLING *sp.* CURRY v. CARY, CARI.
CURSEUR lame, CURSUS carrière, CURSIF...
(DIS- RÉ-). CURULE (siège). CUSCUTE *bot.* CUSPIDE
(*bot*) *CUPIDES* (TRI-). CUSTODE (*auto*).

CUTANÉ,E, CUTI, CUTINE (*bot*), CUTICULE. CUTTER
nm *out.* CUVER vt, CUVAGE ou CUVAISON, CUVEAU,
CUVIER nm, CUVELER vt *mine,* je CUVELLE,
CUVELAGE.

CYAN bleu-vert, CYANOSER vt, CYANURER vt,

CYANOGÈNE. CYCADALE *bot.* CYCAS *arb.*
CYCLABLE. CYCLAMEN. CYCLANE *chim.* CYCLISER
vt. CYCLOÏDE *math.* CYCLONAL... CYCLOPE,
CYCLOPÉEN... CYLINDRER vt (-AGE, -AXE). CYMAISE
v. CIMAISE. CYMBALE *mus,* CYMBALUM. CYME (*bot*).

CYNIPIDÉ *ins,* CYNIPS. CYON chien. CYPHOSE *méd.*
CYPRÈS, CYPRIÈRE. CYPRIN *ich,* C(H)YPRIOTE.
CYSTINE *chim,* CYSTÉINE. CYSTITE *méd,* CYSTIQUE.
CYTISE *arb.* CYTOLYSE *biol.* CZAR ou TSAR ou TZAR.

D

C'est à cette lettre que sont regroupés la plupart des verbes susceptibles de rajouts : ainsi on trouvera non seulement DÉCELER, *mais aussi* RECELER, FICELER, HARCELER, MORCELER, AMONCELER, CHANCELER, DÉFICELER, DÉPUCELER, ÉPINCELER *et* ÉTINCELER.
Penser aussi au suffixe -ARD,E.

DA inv. DACE de Dacie. DACQUOIS,E. DACRON DACTYLE *poé*, DACTYLO, DADAÏS**ME**, DADAÏS**TE**. DAGUE**T** cerf *DÉGUSTA*. DAHABIEH *mar*. DAHIR *isl*. DAHLIA. DAHOMÉEN... DAIGNÉ part. pas. inv. DAIM, **D**AINE. DAIMYO inv *jap*. **D**ALLER vt, DALLAGE, DALLEUR. DALMATE. DALOT canal.

DAM inv. DAMAGE, DAMEUR... *DURÂMES MUSARDE*. DAMAN *mam*. **D**AMASSER vt. DAMNABLE. DAMPER nm *tech*. DAN. DANAÏDE *pap*. **D**ANDIN niais. DANDY, DANDYSME. DANSABLE *SALBANDE*. DANUBIEN...

DAPHNÉ *arb*, DAPHNIE *crust*. DARAISE déversoir. DARBYSME *rel*, DARBYSTE. DARDER vt. DARIQUE *mon*. DARNE (*ich*) *REDAN ; DANSER*. DARSE de port. DARTOIS gâteau *ADROITS TORDAIS*. DARTRE *RETARD*, DARTREUX..., DARTROSE *ROADSTER TORSADER*.

DASYURE *mam*. DATER vt (MAN- ANTI- POST-), DATABLE, DATATION, DATAGE, DATEUR, DATERIE *rel ÉDITERA RÉÉDITA*. DATCHA. DATION *dr*, DATIF, DATIVE. DATURA *bot TARAUD*. DAUBER vt dénigrer. DAUBIÈRE plat. DAURADE ou DORADE. DAVIER nm. **DA**YAK *lang*. DAZIBAO affichette.

DEALER nm (drogue) *LARDÉE LEADER*. **D**ÉBÂCHER

vt. **DÉB**ALLER vt (EM- REM-). **DÉB**ANDER vt.
DÉBARDER vt (BOM- CHAM-), DEBATER nm. **DÉB**ÂTIR
vt (RE-). **DÉB**ATTRE (A- É- RA- RE- EM- COM-).
DÉBECTER vt. DÉBET *dr.* DÉBILITER vt. DÉBINEUR...
DÉBITAGE.

DÉBLAI *DIABLE.* **DÉB**LATÉRER vi. **DÉB**OBINER vt
(EM-) DÉBOIRES. **DÉB**OISER vt (RE- RATI- FRAM-)
DÉBOÎTER vt (EM- REM-) DÉBONDER un tonneau (A-
VAGA- SURA-)

DÉBORDER vt (A- RE- SA- TRANS-) **DÉB**OSSELER vt.
DÉBOTTER vt. **DÉB**OUCHER vt (A- EM- RE-)
DÉBOUCLER vt. **DÉB**OUILLIR un fil. **DÉB**OULER vt (A-
É- BOU- BLACK-).

DÉBOUQUER vi *mar* (EM-). DÉBOURBER vt (EM-).
DÉBOURRER vt (É- EM- REM-) DÉBOURS *BOURDES.*
DEBOUT inv. **DÉB**OUTER vt (A- É- RA- ARQUE-).

DÉBRAILLER (se). DÉBRAYER vt (EM- ; cf BRAYER
nm). **DÉB**RIDER vt. **DÉB**ROCHER vt (EM-). **DÉB**UCHER
nm et vt (TRÉ- REM-). **DÉB**UTER vt (RE- CUL-)
DEBYE unité.

DEÇA adv. DÉCADI,S, DÉCAÈDRE *DÉCADRÉE
DÉCÈDERA,* DÉCAGONE, DÉCAPODE. **DÉC**ADRER vt
mine (EN-). **DÉC**AFÉINÉ masc. DÉCAISSER vt
DÉCALAMINER vt. **DÉC**ALER vt (É- RE- INTER-).
DÉCALOTTER vt. **DÉC**ALQUER vt.

DÉCAMPER vi (se conj. av. être). DECAN. **DÉC**ANAL...
(doyen), **DÉC**ANAT. DÉCANTER vt. **DÉC**APER vt
(HANDI- ; -ANT,S, -EUSE, cf DRUPACÉ,E), DÉCAPAGE.
DÉCAPELER vt *mar,* je DÉCAPELLE. **DÉC**ARBURER vt.
DÉCARRELER vt. DÉCATIR vt. DÉCAVÉ,E.

DECCA *mar.* **DÉC**ÉDER vi (se conj. av. être) (AC- EX-
RE- CON- PRÉ- PRO- SUC- INTER- RÉTRO-).
DÉCELER vt (RE- FI- HAR- MOR- AMON- CHAN- DÉFI-

DÉPU- ÉPIN- ÉTIN-). DÉCÉLÉRER vi. DÉCEMVIR *mag*.
DÉCENNAL..., DÉCENNIE. **DÉ**CENTRER vt (EX- CON-)
DÉCERCLER vt (EN- RE-). **DÉ**CERNER vt (CON- DIS-)
DÉCEVOIR vt (penser à DÉÇUTES).

DÉCHANTER vi (EN- RE-). **DÉ**CHARGER vt (RE- SUR-).
DÉCHARNÉ,E. **DÉ**CHAUMER vt. **DÉ**CHAUSSER vt (EN-
RE-), **DÉ**CHAUX *rel*. DÈCHE inv. DÉCHOIR DÉCHOIS
DÉCHOIT DÉCHOYONS DÉCHOYEZ DÉCHOIENT
DÉCHUS etc DÉCHOIRAI etc DÉCHOIRAIS etc.
DÉCHOIE,S, DÉCHOYIONS etc., **DÉ**CHUSSE etc.
DÉCHU,E.

DÉCIBEL. DÉCIDABLE. DÉCIDEUR. DÉCIDU,E bot.
DÉCILE dixième, DÉCILAGE. **DÉ**CINTRER vt.
DÉCLAMER vt (AC- RÉ- EX- PRO-). **DÉ**CLAVETER vt.
DÉCLIVE adj en pente. **DÉ**CLOUER vt *DÉCOULER
ÉDULCORE* (EN- RE-).

DÉCOCHER vt (EN- RI-). DÉCOCTÉ. **DÉ**CODER vt (EN-
TRANS-), **DÉ**CODAGE, **DÉ**CODEUR *DÉCOUDRE*.
DÉCOFFRER vt . **DÉ**COINCER vt. **DÉ**COLLER vt (AC-
EN- RE-)

DÉCOMBRES pl. **DÉ**COMPTER vt (RE- ES- PRÉ-
RÉES-) DÉCONNER vi *DÉNONCER*. **DÉ**CORDER (se)
(AC- EN- RE- CON- RAC-) **DÉ**CORNER vt *ENCODER*
(É- EN-). DÉCORUM, S. DÉCOTE.

DÉCOUCHER vi (AC- RE-). **DÉ**COULER vi (É- ROU-).
DÉCOUPER vt (RE- SUR- ENTRE-) **DÉ**COUPLER vt
(AC- DÉSAC-). **DÉ**COURS. DÉCOUSURE *vén*.

DÉCRASSER vt (EN-). DÉCRÉMENT *math*. **DÉ**CRÊPER
des cheveux *PRÉCÉDER*. **DÉ**CRÉPIR (RE-),
DÉCRÉPIT,E. **DÉ**CRÉPITER du sel. **DÉ**CREUSER vt
(RE-) *text*. **DÉ**CRIER vt (É- RÉ-). **DÉ**CRISPER vt
DÉCRÉPIS.

DÉCROISER vt (ENTRE-). **DÉ**CROTTER vt.

DÉCRYPTER vt. **DÉ**CUIVRER vt. **DÉ**CURIE *mil*,
DÉCURION *CONDUIRE*. DÉCUSSÉ,E *bot*. **DÉ**CUVER vt
(EN-), **DÉ**CUVAGE.

DÉDIRE (se) (MÉ- RE- PRÉ- INTER- CONTRE-).
DÉDORER vt (A- RE- SUBO-).

DÉFAIRE vt (RE- REDÉ- FOR-déf. PAR-déf. MAL- inv.
SUR- CONTRE-). **DÉ**FATIGUER vt (-GANT, E).
DÉFAUFILER (É-). DÉFAVEUR. **DÉ**FENDRE (RE-
POUR-). DÉFENS *dr*. DÉFÉQUER vt. **DÉ**FERLER vt.
DÉFERRER vt (EN-). DÉFET *typo*. **DÉ**FEUILLER vt (EF-).
DÉFIBRER vt.

DÉFIER vt (CON- DÉI- ÉDI- RÉI- SOL- UNI- AURI- BÊTI-
BONI- COCU- CODI- COKÉ- ESTA-nm GÂTI- GÉLI-
GREF-nm LÉNI- MODI- NIDI- NOTI- OSSI- PACI- PANI-
PURI- RAMI- RARÉ- RATI- RUBÉ- SALI- TONI- TRUF-
adj TUMÉ- VÉRI- VINI- VIVI- ACÉTI- ACIDI-AMPLI-
BÉATI- CERTI- CHOSI- CLARI- CRUCI- DENSI- DULCI-
FALSI- FORTI- GAZÉI- GLORI- GRATI- HORRI- JUSTI-
LIGNI- LIQUÉ- LUBRI- MAGNI- MORTI- MYSTI- MYTHI-
NITRI- OPACI- PÉTRI- PLANI- PONTI- PUTRÉ- QUALI-
RECTI- RÉÉDI- RÉUNI- RUSSI- SACRI- SCARI- SIGNI-
SPÉCI- STATU- STUPÉ- TERRI- TORRÉ- VERSI- VITRI-).

DÉFILER vt (AF- EF- EN- RE- PAR- PRO- REN- SUR-
TRÉ- FAU- ÉFAU- ÉMOR- DÉFAU-), DÉFILAGE.
DÉFLAGRER vi. **DÉ**FLEURIR vt (RE-) **DÉ**FLEXION
embryo. DÉFLUENT (eau).

DÉFOLIER vt *FLORIDÉE*. **DÉ**FONCER vt (EN- REN-)
DÉFORCER vt *belg* affaiblir (EF- REN-). **DÉ**FORMER vt
(IN- RE- CON- PRÉ- TRANS-) DÉFOURNER vt
REFONDUE.

DÉFRAÎCHIR vt. **DÉ**FRANCHI,E *belg* penaud.
DÉFRICHER vt. **DÉ**FRIPER vt. **DÉ**FRISER vt
DÉFROISSER vt. **DÉ**FRONCER vt. DÉFROQUER vi
(-ÉE). DÉFRUITER vt (AF-).

DÉGAGER vt (EN- REN- RÉEN-) **DÉ**GAINER vt (EN-
REN-). **DÉ**GANTER (se) *DÉGRÉANT DÉRAGENT.*
DÉGARNIR vt *RINGARDE* (RE-). **DÉ**GAUCHIR vt.
DÉGAZER vt, **DÉ**GAZAGE.

DÉGELER vt *DÉRÉGLÉ* (RE- CON- SUR-) **DÉ**GERMER
vt. **DÉ**GLACER vt (VER-imp). DÉGLUER vt (EN-).
DÉGLUTIR vt. DÉGOISER vt. **DÉ**GOMMER vt.
DÉGORGER vt (É- EN- REN-) DÉGOT(T)ER vt.
DÉGOÛTER vt. **DÉ**GOUTTER vi.

DEGRAS huile. **DÉ**GRÉER vt *mar)* A- RA- RE- CON-
MAU-). **DÉ**GRISER vt (É-). **DÉ**GROUPER vt.
DÉGUEULER vt (EN-).

DÉHALER vt *mar* (IN-EX-). **DÉ**HOUILLER vt. DÉIFIER vt
ÉDIFIER, DÉICIDE, DÉITÉ. DÉJANTER vt. **DÉ**JAUGER
vi *mar.* **DÉ**JETER vt (RE- PRO- SUR- INTER-).
DÉJUCHER vt. **DÉ**JUGER vt (AD- MÉ- PRÉ-).

DÉLABRER vt. **DÉ**LACER vt (G- P- EN- VIO- ENTRE-).
DÉLAINER vt. DÉLAITER vt. **DÉ**LASSER vt, (C- PRÉ-
ÉCHA- MATE- BROUIL- imp). **DÉ**LAVER vt (RE- EMB-),
DÉLAVAGE. **DÉ**LAYER vt (BA- RE- REMB-). DELCO
DOLCE. DELEATUR inv *typo DÉLATEUR, -TRICE,
ADULTÈRE DÉLUTERA*, DÉLÉBILE, DÉLÉTÈRE,
DÉLÉTION *biol.*

DÉLIER vt (P- AL- RE- OUB- RAL- DÉP- REP- SUPP-
HUMI- RÉSI-). **DÉ**LITER vt *const* (A- MI- DÉBI- FACI-
HABI-), DÉLITAGE *DÉGELAIT*. DELOT doigtier.
DELTOÏDE muscle. DÉLURÉ,E. **DÉ**LUSTRER (IL-).
DÉLUTER vt *tech* (B-), DÉLUTAGE *DÉLÉGUAT.*

DÉMAIGRIR *tech* (A-). **DÉ**MAILLER (É- RE- RI- REM-
CHA-) DEMAIN inv *MÉDINA MÉDIAN; DÎNÂMES.*
DÉMANCHER vt. **DE**MANDER vt (COM- QUÉ- GOUR-
REDE-). **DÉ**MANGER vi (RE-). **DÉ**MARIER vt *agr.*
DÉMASCLER un chêne-liège *DÉCLAMES*. **DÉ**MÂTER vt

RÉADMET (COL- TRÉ-), **DÉMÂTAGE**.

DÈME bourg. **DÉMÊLER** vt (EM- JU- GRU- POM-GROM-), DÉMÊLAGE, DÉMÊLANT,E, DÉMÊLOIR.
DÉMENER (se) (A- RA- EM- REM- MAL- PRO- SUR-).
DÉMERDER (se) (EM-). **DÉMETTRE** vt (É- O- AD- RE-COM- PER- PRO- SOU- RÉAD-). **DÉMEUBLER** vt (RE-).

DEMIARD *can* unité. **DÉMIELLER** vt (EM-). **DÉMINER** vt (DO- GÉ- LA- RU- ABO- CHE- CUL- ÉLI- EXA- FUL-TER- ACHE- CALA- EFFÉ- ENLU- ILLU- INSÉ-),
DÉMINEUR, DÉMINAGE. **DÉMIURGE** dieu. **DÉMIXTION** phys. DÉMODE**X** *zoo*.

DÉMODULER vt *élec*. **DÉMOTIVÉ,E**. **DÉMOULER** (SUR-VER-). **DÉMUNIR** vt (PRÉ-). **DÉMUSELER** vt, je DÉMUSELLE. DÉMUTISER un sourd.

DÉNANTIR *dr DRAINENT RADINENT*. **DENDRITE** *fos DÉDIRENT DÉRIDENT*. **DÉNÉBULER** vt. **DÉNEIGER** vt *DÉNIGRÉE* (EN- RE- imp.). DENGUE *méd DUÈGNE*.

DÉNIAISER vt. **DÉNICHER** vt (PLEUR-)... **DÉNIVELER** vt. **DÉNOMMER** vt (RE- PRÉ- SUR-). **DÉNOTER** vt (AN-CA- CON- PIA- CLIG- GRIG-). **DÉNOYER** une mine, **DÉNOYAGE**. **DÉNOYAUTER**.

DENSIFIER vt *DÉFINIES*. **DENTAL,E, -AUX, DENTÉ,E**, DENTELER vt, je DENTELLE, DENTINE *DÉNIENT*, DENTURE *RETENDU RUDENTÉ TENDEUR*. DÉNUÉ,E.

DÉPAILLER vt (EM- RI- COU- REM-). **DÉPARER** vt (EM-RÉ- SÉ- COM- PRÉ- ACCA-). **DÉPARIER** deux choses (AP- RAP- DÉSAP-). **DÉPARTIR** vt (se conj. c. PARTIR) (IM- [FINIR], RE- [PARTIR ou FINIR]). **DÉPASSER** vt (BI-RE- COM- SUR- TRÉ- ESTRA-). **DÉPAVER** vt (RE-),
DÉPAVAGE.

DÉPECER vt, **DÉPEÇAGE DÉPECEUR**. **DÉPENDRE** vt (AP- SUS-). **DÉPENSER** vt (RE- COM- DIS-), DÉPENS.

DÉPHASER vt *ÉPHÉDRAS*. DÉPIAUTER vt. **DÉ**PILER vt *mine* (É- EM- REM- COM-), **DÉ**PILAGE. **DÉ**PIQUER vt *agr* (A- RE- SUR-).

DÉPLANTER vt (IM- RE- COM- SUP-). **DÉ**PLÂTRER vt (RE-). **DÉ**PLISSER vt (RE-). **DÉ**PLOMBER vt (SUR-). **DÉ**PLOYER vt. **DÉ**PLUMER (se) (EM- REM-).

DÉPOINTER une arme (É- AP-). **DÉ**POLIR vt (RE-). **DÉ**POLLUER vt. DÉPONENT,E. DÉPORT *fin*, **DÉ**PORTER vt (EM- IM- EX- AP- RAP- REM- COL- COM- SUP- TRANS-). **DÉ**POSER vt (AP- EX- IM- RE- COM- DIS- PRE- PRO- SUP- POST- RÉIM-). DÉPOTER vt (EM- REM-), **DÉ**POTAGE.

DÉPRAVER vt. **DÉ**PRENDRE (se) (É- AP- MÉ- RE- COM- SUR- DÉSAP-). **DÉ**PRIMER vt (EX- IM- OP- RÉ- COM- SUP-). DÉPUCELER vt *DÉCUPLÉ,E*, je DÉPUCELLE. DÉPULPER vt. DÉPURER vt (A- É- SUP-). DÉPUTER vt.

DER inv. **DÉ**RADER vi *mar* (B- PA- DÉG- EXT- PÉTA-). **DÉ**RAGER vi (EN- OMB- OUT- OUV- FOUR-). **DÉ**RAILLER vi (B- C- É- TI- FER- MIT-). **DÉ**RAISON. **DÉ**RANGER vt (F- AR- EFF- ENG-) **DÉ**RASER un mur (A- B- F- AB- ÉB- EC- PH- EMB-). DÉRATÉ,E. DÉRATISER vt. **DÉ**RAYER un champ (D- B-nm F- EN- DÉB- EMB- DÉF- EFF- DÉSEN-), **DÉ**RAYURE (EN-).

DERBY,S. DERECHEF adv. **DÉ**RÉALISER vt *psy*, DÉRÉEL... DÉRIVEUR. DERMESTE *ins*, **D**ERMITE *méd MÉDITER*, DERMIQUE. DERNY,S. **DÉ**ROCHER un chenal (B- C- REP- APP- RAPP-). **DÉ**RODER vt un arbre (B- É- COR-). DERRICK. DERVICHE.

DÉSABONNER vt. **DÉS**ABUSER vt. **DÉS**ACTIVER vt. DÉSAÉRÉ,E (béton) *DÉRASÉE*. **DÉS**AIMANTER vt. **DÉS**ALIÉNER vt. **DÉS**ARRIMER vt. DÉSARROI *DORERAIS + 2*. **DÉS**AXER vt (T- DÉT- MAL- REL- SURT-).

DÉSEMPLIR vi. **DÉS**ENFUMER vt. **DÉS**ENIVRER vt.
DÉSHUILER vt (-EUR). **DÉS**HYDRATER vt. DESIGN,
DESIGNER nm et vt (AS- RÉ- CON-). DESMAN *mam.*

DÉSOBÉI,E. DÉSODÉ,E (régime). DÉSORBITER vt.
DÉSOXYDER vt (PER-) ou **DÉS**OXYGÉNER vt.
DESPOTAT *PODESTAT POSTDATÉ.* DESQUAMER vt.

DESSABLER vt (ENSA- DÉSEN-). **DES**SALER vt
(RESA-). **DES**SANGLER vt. **DES**SELLER vt.
DESSERTIR vt. **DES**SERVIR vt (ASS- RESS-)
DESSILLER vt. DESSOLER vt *éq DRÔLESSE* (AS- RIS-).
DESSOUDER vt (RESS-). **DES**SOÛLER vt.
DESSUINTER vt. **DÉ**STOCKER vt. **DE**STRIER nm.
TRIÈDRES. DÉSUET, -ÈTE.

DÉTACHER vt (AT- EN- RAT-). **DÉ**TAILLER vt (BA- EN-
RE- ENFU-). **DÉ**TALONNER vt (É-). **DÉ**TAXER vt (SUR-).
DÉTELER vt, je DÉTELLE, DÉTELAGE. **DÉ**TENDRE vt
(É- AT- EN- RE- DIS- PRÉ-). **DÉ**TENIR vt (OB- RE- ABS-
CON- SOU- MAIN-). DÉTERGER vt (-ENT,E),
DÉTERSIF... **DÉ**THÉINÉ masc. **DÉ**TIRER vt (É- AT- RE-
SOU-).

DÉTONER vi *expl,* DÉTONANT,E. **DÉ**TONNER vi *mus*
(É- BÉ- CO- MI- BOU- CAN- CAR- FES- LAI- MOU- PIS-).
DÉTORDRE vt (RE- DIS-). **DÉ**TORSION. DÉTOURER vt
tech RETORDUE + 2. **DÉ**TOURNER (RE- BIS- CON-
RIS- CHAN-).

DÉTRAQUER vt (MA-). **DÉ**TREMPER vt (AT- RE-).
DEUTON ato *TONDUE ; SOUDENT* ou DEUTÉRON
DOUÈRENT DÉTOURNE ato.

DÉVALOIR nm *helv* couloir. **DE**VENIR nm ou vi (AD- OB-
RE- CON- PAR- PRÉ- PRO- SOU- SUB- REDE- se conj.
tous av. être sauf SUBVENIR). **DÉ**VERBAL... dérivé d'un
verbe ; **DÉ**VERNIR vt (RE-). DÉVERS, **DÉ**VERSER vt
(IN- RE- CON- REN- TRA-).

DÉVIDER vt (É- REN- TRANS-), DÉVIDAGE,
DÉVIDEUR..., DÉVIDOIR. DÉVIER vt, DÉVIANT,E,
DÉVIANCE *psy*. DEVINER vt (A- RA- ALE- PLEU- imp.).
DÉVIRER vt *mar* (CHA- SUR- TRÉ-). DEVISER vi (A- DI-
RA- RÉ- TÉLÉ- IMPRO- SUBDI- SUPER-). DÉVISSAGE.

DÉVOLU,E. DEVON appât, DÉVONIEN... *géol*.
DÉVOREUR... DÉWATTÉ,E. DEXTRINE *chim*,
DEXTROSE. DEY.

DIA ! DIABÈTE *DÉBÂTIE*. DIABOLO jeu. DIACIDE
DÉCIDAI (BI- TRI- OX-). DIACLASE *géol DÉLAÇAIS
DÉCALAIS*. DIACRE, DIACONAL..., DIACONAT.
DIADOQUE *mil*. DIAGNOSE *méd GANOÏDES*.
DIAGONAL...

DIALCOOL. DIALYSER vt (-EUR). DIAMANTÉ,E
AMENDAIT DAMAIENT. DIAMIDE *chim*. DIAMINE *chim
DÉMINAI MENDIAI*. DIANE. DIANTRE ! *TEINDRA + 5*.
DIAPAUSE (*ins*). DIAPHYSE (os). DIAPIR *géol*. DIAPO.
DIAPRER vt *DRAPIER + 2*, DIAPRURE *PERDURAI*.

DIARRHÉE. DIASCOPE *mil*. DIASPORA *PARODIAS*.
DIASTASE. DIASTOLE *méd DÉSOLAIT IODLÂTES*
≠ SYSTOLE. DIATOMÉE algue. DIAULE *mus ÉLUDAI*.
DIAZÉPAM *chim*.

DICARYON cellule. DICENTRA *bot DÉCRIANT
DÉCINTRA TRIDACNE*. DICÉTONE *chim*. DICLINE
(*bot*). DICROTE *méd*. DICTAME *bot DÉCIMÂT*.
DIDYME terre (ÉPI-).

DIÈDRE *math DÉRIDE*. DIÈNE *chim*. DIÉRÈSE *ling
DÉSIRÉE SIDÉRÉE*. DIERGOL *chim*. DIÉSER vt.
DIFFA *isl* fête. DIFFUSIBLE.

DIGAMMA inv. DIGEST. DIGIT *inf*, DIGITAL..., DIGITÉ,E.
DIGON fer. DIGRAMME *ling*. DIKTAT. DILACÉRER vt.
DILEMME. DILUANT,S, DILUTION. DILUVIEN...

DIMORPHE *chim.* DINAR. DÎNEUR..., DÎNETTE
DÉTIENT + 3. DINGHY,S. DINGO chien. DINGUE**R** inv
GUINDER. DINORNIS *ois.*

DIODE. DIOÏQUE (*bot*). DIONÉE *bot.* DIONYSIEN... de
St-Denis. DIOPTRE *opt PROTIDE TRIPODE PÉRIDOT
TORPIDE*, DIOPTRIE *PIEDROIT*, DIORAMA *opt.*
DIORITE roche. **DI**OXYDE ou **BI**OXYDE.

DIPHASÉ,E. **DI**PHÉNOL *chim.* DIPLOÏDE *biol* (cf
HAPLOÏDE). DIPLOMÉ,E. DIPLOPIE *méd.* DIPOLE *phys
DÉPOLI.* DIPSACÉE *bot DÉPECAIS* (cf SPADICE
CAPSIDE). DIPTÈRE *ins* (TRÉPIED + 4). DIPTYQUE *art*
(cf TRI-).

DIRECTIF... DIHRAM *mon MIDRASH* (cf DURHAM).
DIRIMANT,E *dr.* DISAMARE *bot DÉMARIAS* + 3.
DISCAL..., DISCO, DISCOÏDE. DISCOUNT *CONDUITS.*
DISERT,E. DISEUR.... DISQUAIRE. DISSONER vi *mus
NORDISSE* + 4. **DI**STHÈNE *min.* DISTILLAT. **DI**STIQUE
poé. DISTOME ver *MODISTE.*
DISTORDRE vt. **DIS**TRAIRE vt (se conj. c. TRAIRE).

DITO inv. DIURÈSE *méd URÉIDES SÉDUIRE RÉDUISE*
(cf DIÉRÈSE). DIURNAL, -AUX de bréviaire. DIVA,
DIVETTE *DÉVÊTIT.* DIVALENT,E *VALIDENT*
= BIVALENT,E. DIVINISER vt. DIVORCÉ,E. DIXIE ou
DIXIELAND. DIZAIN *poé.*

DJAMAA inv *isl.* DJEBEL. DJELLABA. DJIHAD guerre
sainte. DJINN. DOBERMAN chien *DÉNOMBRA.*
DODELINER vi. DODINE sauce *DÉDIONS.* DODO,S.
DOIGTER vt *mus.* DOIT,S *fin.*

DOLCE adv *mus DELCO.* DOLDRUMS *météo.*
DOLÉANCES pl. DOLIC ou DOLIQUE *bot.* DOLINE *géol
INDOLE.* DOLMAN *cost.* DOLMEN (cf MENDOLE).
DOLOIRE *out.* DOLOMIE *géol,* DOLOMITE. DOL *dr,*
DOLOSIF... DOM,S. DOMPTAGE.

DONA,S. DONACIE *ins ENCODAI*. DONAX *moll*.
DONDAINE *mus*. DONDON. DON**G** *mon*. DONNER vt
(A- BE- BI- RE- AMI- COR- FRE- PAR- ABAN- BOUR-
COOR- DÉSAMI- ÉCHAR-). DONZELLE. DOPAGE,
DOPANT,E, DOPAMINE, DOPING.

DORADE ou DAURADE. DORAGE, DOREUR...
RÔDEUR... ORDURE ; SOURDRE ; RESSOUDE.
DORIEN..., DORIQUE. DORIS *mar*. DORMEUR...,
DORMANCE *bot MORDANCE,* DORMITIF... DORSAL.

DOSABLE, DOSEUR. DOSSARD, DOSSE (*arb*),
DOSSERET *tech OERSTEDS,* DOSSIÈRE *éq,*
SIDÉROSE. DOTAL..., DOTALITÉ.

DOUER vt, DOUAIRE. DOUA**R**. DOUBLER nm ou vt,
DOUBLET *ling,* DOUBLON, DOUBLEAU *arch,*
DOUBLEUR... *belg* redoublant *DOUBLURE,* **D**OUBLIER
archéo. DOUCETTE mâche, DOUCI**N** *arb CONDUIS,*
DOUCINE *arch CONDUISE ÉCONDUIS,* DOUCIR une
glace.

DOUDOUNE veste. DOUELLE *arch*. DOUM *arb*. DOUMA
assemblée russe. DOURINE *vét SOURDINE*. DOURO
mon. DOUVAIN bois. DOUZAIN *mon*.

DRACENA *bot CANARDE ENCADRA ; SCANDERA*.
DRACHME. DRAG course. DRAGEOIR. DRAGEON
(*arb*). DRAGLINE *const*. DRAGONNE (ski). DRAGAGE,
DRAGUEUR... **D**RAILLE cable *RALLIDÉ*. DRAIN.
DRAISINE wagon *DÎNERAIS*. DRAKKAR *mar*. DRALON.
DRAPIER,E, *DRAPERIE*. DRAWBACK *fin*.
DRAYER du cuir, DRAYOIRE.

DRÈCHE (orge). DRÈGE ou DREIGE *DÉGRISE* + 2 filet.
DRENNE grive. DRESSANT *mine,* DRESSEUR...,
DRESSOIR. **D**RÈVE allée. DRIBBLER vt. DRILL singe (cf
MAN-). DRILLE. DRINK. DRISSE. **D**RIVER nm ou vt
(golf).

DROGMAN interprète. DROGUE**T** *étof.* DRÔLESSE,
DRÔLET... DROME *mar.* DROMON *mar.* DRONTE *ois*
NORDET + 4. DROP. DROSERA *bot.* **D**ROSSER vt *mar.*
DRUMLIN *géol.* DRUPE fruit, DRUPACÉ,E. DRY inv.
DRYADE nymphe.

DUAL... *math,* DUALITÉ *ÉLUDAIT DÉLUTAI,* DUALISME
DILUÂMES, DUALISTE *DUALITÉS DILUÂTES.*
DUCAL... DUCASSE fête. DUCE,S. DUCAT.
DUCROIRE,S *com.* DUCTILE *mét DULCITE.*

DUDGEON *out.* DUÈGNE. DUETTO *mus.* DUGONG
mam. DUITE *text.* DULCIFIER vt, DULCITE *chim,*
DULCINÉE. DULIE inv culte (cf LATRIE). DÛMENT adv.
DUMPING *com.*

DUNDEE *mar DÉNUDE.* DUNETTE *mar.* DUODÉNUM,
DUODÉNAL... **DUO**POLE (cf MONO-). DUPEUR...,
DUPERIE *RÉPUDIE.* DUPLEX, DUPLEXER ou
DUPLIQUER vt radio, DURAI**N** *chim.* DURAL... *anat.*
DURATIF... *ling.* DURHAM bœuf. DURILLON. DURIT
tech. DUUMVIR *mag.* DUVETER (se), je me DUVETTE,
DUVETEUX...

DYADE *psy,* DYADIQUE *math.* DYARCHIE régime.
DYKE *géol.* DYNAMISER vt, DYNAMITER vt (-EUR...),
DYNAMO, DYNASTE chef, DYNE unité. DYSLALIE
(*méd*; parole), DYSLEXIE (lecture), DYSPNÉE (resp.),
DYSTOCIE (accouchement), DYSTONIE (muscles),
DYSURIE (-IQUE). DYTIQUE insecte.

E

Penser aux diphtongues atypiques EA (PRÉAVIS), AE (MELAENA), EI (FEINDRE), EO (INFÉODE), OE (ÉCOEURE).

ÉBAHIR vt. ÉBARBER vt *mét*, ÉBARBAGE, ÉBARBURE, ÉBARBOIR. ÉBAUBI,E. ÉBAUCHER vt. ÉBAVURER vt *mét ABREUVER*. ÉBÉNACÉE, ÉBÉNIER. ÉBERLUÉ,E. ÉBIONITE *rel*.

ÉBONITE. ÉBOULER vt *RUBÉOLE*, ÉBOULIS. ÉBOURRER une peau. ÉBOUTER une branche *BROUTÉE OBTURÉE*. ÉBRANCHER vt *BRANCHÉE BERNACHE* ÉBRASER vt *tech*. ÉBRÉCHER vt ÉBURNÉ,E, ou ÉBURNÉEN... (ivoire).

ÉCAILLER,E nm ou vt. ÉCAILLAGE. ÉCALER des noix. ÉCANG, ÉCANGUER du lin. ÉCARTELER vt, j'ÉCARTÈLE, ÉCARTEUR *ÉRUCTERA + 3*. ECCLÉSIA assemblée (-AL...). ECDYSONE hormone.

ÉCHALAS pieu. ÉCHALIER échelle *LÉCHERAI*; cf ÉCHELIER). ÉCHALOTE *TALOCHÉE*. ÉCHANSON. ÉCHARNER une peau. ÈCHE v. AICHE. ÉCHÉANT,E. ÉCHENILLER vt. ÉCHEVELER vt, j'ÉCHEVELLE. ÉCHEVIN

ECHIDNÉ *mam* (pr. k) *DÉNICHE*. Mur d'ÉCHIFFRE inv. ÉCHOIR ÉCHOIT ÉCHOIENT ÉCHUT ÉCHURENT ÉCHOIRA ÉCHOIRONT ÉCHOIRAIT ÉCHOIRAIENT ÉCHOIE ÉCHÉANT,E,S. ÉCHU,E,S. ÉCHOTIER ÉCHOPPER vt *tech*. ÉCHOUAGE *GOUACHÉE*.

ÉCIDIE (blé). ÉCIMER vt, ÉCIMAGE. ÉCLATER(s'), ÉCLATEUR *élec*. ÉCLISSER vt *chir*. ÉCLOGITE *géol*. ÉCLORE ÉCLOS,E ÉCLOT ÉCLOSENT ÉCLORA

ÉCLORONT ÉCLORAIS ÉCLORAIENT ÉCLOSANT.
ÉCLUSER vt, ÉCLUSAGE *GLACEUSE*,ÉCLUSIER,E.

ÉCMNÉSIE *psy ÉMINCÉES*. ÉCOBUER vt *agr
COURBÉE*, ÉCOBUAGE. ÉCOIN *mine,* ÉCOINÇON
const. ÉCOLAGE *helv* frais scol. ÉCOLÂTRE *rel.*
ÉCOPER vt. ÉCORÇAGE, ÉCORCEUR. ÉCORNER vt,
ÉCORNURE (de pierre) ÉCOT,S. ÉCOTONE *écol,*
ÉCOTYPE. ÉCOUMÈNE ou OEKOUMÈNE terre
habitable.

ÉCRASEUR... *RECAUSER + 3.* ÉCRÊTER vt. ÉCROUIR
vt *mét.* ÉCROÛTER vt. ECTHYMA *méd.* ECTOPIE *méd
PICOTÉE.* ÉCUBIER *mar.* ÉCUISSER un tronc
SÉCURISE RECUISES + 2. ÉCULÉ,E. ÉCUMAGE,
ÉCUMEUR, ÉCUMEUX... ECZÉMA (-TEUX...).

ÉDAM *from.* ÉDEN, ÉDÉNIQUE. ÉDENTER vt (cf
ENDENTER). ÉDICTER vt. ÉDILITÉ. ÉDUCABLE.
ÉDULCORER vt ÉFAUFILER vt. ÉFENDI *mag. turc.*

EFFANER vt *agr.* EFFÉMINER vt. EFFÉRENT,E *anat* (cf
AFF-). **EF**FILAGE *AFFLIGÉE* (cf AFFILAGE),
EFFILEUR... *EFFILURE.* **EF**FLUENT,E (source).
EFFRANGER vt. EFFRÉNÉ,E. EFFUSIF... *géol.*
ÉFRIT *isl.*

ÉGAILLER (s') *GALLÉRIE ALLERGIE GRAILLÉE.*
ÉGALABLE. ÉGÉEN... ÉGIDE. ÉGLEFIN v. AIGLEFIN.
ÉGLOGUE *poé.* ÉGO inv, ÉGOTISME, ÉGOTISTE.
ÉGOÏNE scie *GÊNOISE SOIGNÉE.* ÉGORGEUR.
ÉGOUTIER. ÉGOUTTER vt.

ÉGRAINER vt *GRÉNERAI + 3* (cf AGRAINER) =
ÉGRENER *GÉNÉRER,* ÉGRAINAGE = ÉGRENAGE
RÉENGAGE + 2. ÉGRAPPER vt. ÉGRISER vt polir,
ÉGRISAGE. ÉGRUGER du sel. ÉGUEULÉ,E *géol.*

EIDER -ois *RÉDIE.* ÉJACULER vt. ÉJECTER vt,
EJECTEUR, EJECTION. ÉJOINTER vt (*ois*). ELAEIS ou

ELEIS palmier. ÉLAGAGE, ÉLAGUEUR *GUEULERA*,
ÉLAND *mam*. ÉLAVÉ,E *vén*. ELDORADO. ÉLÉATE
d'Elée. ÉLECTIF... ÉLECTRET, ÉLECTRON *CÈLERONT
RÉCOLENT*, ÉLECTRUM. ÉLEVON (*av*).

ÉLIDER vt. ÉLIMER vt. ÉLINDE *tech*. ÉLINGUER vt *mar*
(cf RALINGUER). ÉLITAIRE *LAITERIE LAITIÈRE*,
ÉLITISME, ÉLITISTE. ELLÉBORE (H-). ÉLODÉE (H-) *bot
DÉSOLÉE*. ÉLUVIAL... (cf ILLUVIAL...), ÉLUVION.
ÉLYSÉEN... ÉLYTRE. ELZÉVIR livre (-IEN...).

ÉMACIER (s') *ÉCRÉMAI*. ÉMAIL,S ou -AUX, ÉMAILLER
vt. ÉMASCULER vt. EMBÂCLE gel. EMBARGO
OMBRAGE. **EM**BARRER (s') *éq*. EMBASE *tech*.
EMBATTRE une roue. EMBELLIR vt. **EMB**LAVER vt.
EMBLÉE inv.

EMBOBINER vt. **EM**BOÎTER vt. **EM**BOSSER vt *mar*.
EMBOUCHER vt. EMBOUER vt *mine*, EMBOUAGE.
EMBOUQUER vt *mar*. **EM**BOURRER vt. EMBOUT.

EMBRAQUER vt *mar*. EMBREVER vt *menui*.
EMBRUINÉ,E. EMBRUMER vt. EMBRUNS. EMBU terne,
EMBUER vt. EMBUCHE. EMBUVAGE *text*.

ÉMÉCHÉ,E. ÉMERGER vi, EMERGÉ,E, ÉMERGENT,E
GRÉEMENT. ÉMERISER vt *MISERERE*. ÉMÉRITE.
ÉMERSION *MINORÉES*. ÉMÉTINE *méd*. ÉMÉTIQUE.
ÉMEU,S *ois*. ÉMEUTIÈRE. ÉMILIEN... *ÉLIMINE*.
ÉMINCER vt. ÉMIRAT *MARISTE + 12*. ÉMISSIF... *phys*.
ÉMISSOLE *ich*.

EMMENT(H)AL,S *EMMÊLANT*. **EM**MERDER vt.
EMMIELLER vt. ÉMONDER vt *ENDORME MODERNE*,
ÉMONDEUR, ÉMONDAGE *ENDOGAME*, ÉMONDOIR.
ÉMORFILER une lame (cf MORFIL). ÉMOTTER vt
OMETTRE, ÉMOTTAGE, ÉMOTTEUR... ÉMOUCHET
ois MOUCHETÉ, ÉMOUCHOIR *éq*. ÉMOULU,E.
ÉMOUVOIR (se conj. c. MOUVOIR).

EMPAN de la main. vt. EMPANNER vt *mar*. EMPÂTER vt.

EMPATHIE *philo*. **EM**PAUMER vt. **EM**PEIGNE.
EMPENNÉ,E, **EM**PERLER vt. **EM**PESAGE.
EMPIERRER vt (cf É-). EMPIFFRER (s'). **EM**PILER vt,
EMPILAGE, EMPILEUR... EMPIRER vi.

EMPLETTE. EMPLUMER vt. EMPOIS colle *OPIMES
IMPOSE*. EMPOISE *tech IPOMÉES IMPOSÉE
ÉPISOME*. **EM**POISSER vt. EMPORIUM *POMERIUM
antiq com*, pl-S ou EMPORIA. EMPORT inv *av*.

EMPOSIEU,X aven. EMPOTER vt (R-). EMPREINDRE
vt. EMPUANTIR vt. EMPUSE (*bot*). EMPYÈME pus.
EMPYRÉE *myth*. ÉMULSEUR, ÉMULSIF..., ÉMULSION
MOULINES MEULIONS.

ÉNAMOURER (s'). ÉNARQUE. ENCABANER des vers à
soie. ENCAGER vt. ENCAN,S. **EN**CAQUER des harengs.
ENCART, ENCARTER vt. ENCAS.
ENCAVER vt *CAVERNE*.

ENCEINDRE vt. **EN**CHÂSSER vt (RE- POUR-).
ENCLAVER vt *VALENCE*. ENCLIN,E. ENCLISE ling
SILENCE. **EN**CLORE (se conj. c. CLORE + ENCLOSONS
et ENCLOSEZ). **EN**CLOUER vt *ENCOLURE*.

ENCOCHER vt. **EN**CODER vt, **EN**CODAGE
DÉCAGONE, **EN**CODEUR. **EN**COLLER vt. **EN**CONTRE
inv *ENCORNET + 2*. ENCORNER vt. **EN**CORDER (s'),
ENCOUBLER (s') *helv* s'empêtrer. ENCRER vt,
ENCRAGE, ENCREUR *CENSURER*. ENCRINE *zoo*.
ENCROUÉ,E *arb*. **EN**CUVER vt, **EN**CUVAGE.

ENDÉANS. ENDÉMIE *méd DÉMINÉE MENDIÉE*.
ENDENTER vt. ENDÊVER inv *REVENDE*. ENDOGAME
ethn ≠ EXOGAME. ENDOGÈNE *géol* ≠ EXOGÈNE.
ENDOS. ENDURO *sp SONDEUR*. ENDYMION *bot*.

ÉNÉMA *méd*. ENFAÎTER un toit *FERAIENT FEINTERA
FENÊTRAI FIENTERA*. **EN**FARINER vt. **EN**FEU,S ou X,
niche funéraire. ENFIÉVRER vt. **EN**FILAGE.

ENFLEURER vt (parfums). **EN**FUMAGE (cf FUMAGINE et FUMIGÈNE). ENFÛTER vt, ENFÛTAGE.

ENGAINER vt. ENGAMER un appât *REMANGE*. ENGANE prairie. **EN**GERBER vt. ENGLUER vt, ENGLUAGE. ENGOBER un vase *ÉBORGNE*, ENGOBAGE. ENGONCER vt *RENCOGNE* **EN**GORGER vt. ENGOUER (s').

ENGRAIN blé. **EN**GRAMME *psy* (cf DI-). **EN**GRAVER *tech.* **EN**GRELÉ,E *hér* *GRÉNELÉ,E.* **EN**GRENER vt *RENGRÈNE.* ENGROIS v. ANGROIS. **EN**GUEULER vt.

ENHERBER vt. ÉNIÈME,S. **EN**JAVELER vt. **EN**JOINDRE vt. ENJÔLEUR... (-EMENT). ENJUGUER vt (joug). ENKYSTER (s') (-EMENT).

ENLEVAGE, ENLEVURE *sculp.* ENLIASSER vt. ENLUMINER vt. ENNÉADE (9). **EN**NEIGER vt. ENNOBLIR vt. ENNOYAGE. ENNUAGER vt. ÉNOUER vt. ENQUÉRIR (s'), ENQUERRE inv *hér.* **EN**QUÊTEUSE. **EN**RAYAGE d'une roue, ENRAYOIR, **EN**RAYURE. ENRÊNER vt. **EN**ROBAGE *ENGOBERA.* ENRUBANNER vt (cf RUBANÉ,E).

ENSABLER vt. ENSACHER vt. ENSELLÉ,E *éq.* **EN**SERRER vt. ENSILER vt (silo) *ENLISER LIERNES LÉSINER,* ENSILAGE *ALIGNÉES + 3,* ENSIMAGE *text MAGNÉSIE.* **EN**SOUFRER vt *FOURNÉES.* **EN**SOUPLE *text.* **EN**SUIVRE (s') (se conj. aux 3mes p. av. être).

ENTAILLER vt. ENTER vt *agr.* ENTÉRITE *ÉTERNITÉ ÉTREINTE REINETTE RETEINTE.* ENTÊTANT,E. ENTOILER vt. ENTÔLER vt, ENTÔLAGE. ENTOLOME *cham.*

ENTRACTE *ÉCARTENT ÉCRÊTANT.* ENTRAIDER (pl seul). ENTRAIT nm menui. ENTRANT,E. ENTREFER *élec FENÊTRER RÉFÈRENT.* ENTRESOL *LÉSERONT* (-LÉ,E). ENTRISME noyautage *ENTREMIS + 5.*

ENTROPIE *phys* PROTÉINE ÉPOINTER ÉPIERONT.
ENTROQUE *géol.* **EN**TUBER vt. ENTURE *menui.*

ÉNUCLÉER vt. ÉNUQUER (s') *helv* se rompre le cou.
ÉNURÉSIE *méd.* ENVASER vt *VÉNÉRAS + 2.*
ENVERGUER vt *mar.* ENVI inv. **EN**VOYEUR...
ENZOOTIE, cf ÉPIZOOTIE. ENZYME (CO-).

ÉOCÈNE *géol,* ÉOGÈNE. ÉOLIEN... *OLÉINE ; INSOLÉE*
NOLISÉE. ÉOLIPILE ou ÉOLIPYLE *tech anc.* ÉOLITHE
pierre (cf OOLITHE ou OOLITE). ÉOSINE.
chim OSSÉINE.

ÉPACTE lunaison. ÉPAGNEUL,E. **É**PAIR (papier)
ÉPAMPRER vt. ÉPANDRE vt, ÉPANDAGE,
ÉPANDEUR... *RÉPANDUE.* ÉPANNELER vt *const,*
j'ÉPANNELLE. **É**PAR barre. **É**PARQUE *mag,*
ÉPARCHIE. *REPÊCHAI PÊCHERAI.* ÉPARVIN *vét*
PARVIENS. ÉPAUFRER une pierre. ÉPAULARD cétacé.

ÉPEAUTRE blé. ÉPEICHE *ois.* ÉPEIRE araignée.
ÉPÉISTE. **É**PELER vt, j'ÉPELLE. ÉPENDYME *anat.*
ÉPÉPINER vt. ÉPERLAN *ich.* ÉPERVIÈRE *bot.*
ÉPERVIN *PRÉVIENS* = ÉPARVIN.

ÉPHÉBIE *mil.* ÉPHÉDRA *arb.* ÉPHÉLIDE t. de rousseur.
ÉPHOD *rel* tunique (cf PENTHODE). ÉPHORE *mag,*
ÉPHORAT ou ÉPHORIE (cf EUPHORIE). ÉPI, ÉPIAGE
ou ÉPIAISON, ÉPIAIRE *bot.* ÉPICARPE (*bot*)
APPRÉCIE. ÉPICÉA maïs.
ÉPICÈNE *ling* bisexué *ÉPINCÉE.*

ÉPIDOTE *chim.* **ÉPI**DURAL... *anat PALUDIER*
PLAIDEUR PRÉLUDAI. ÉPIERRER vt, **É**PIERRAGE.
ÉPIEUR *UPÉRISE ÉPUISER,* **É**PIEUSE *ÉPUISÉE.*
ÉPIGÉ, E *bot.* ≠ HYPOGÉ,E. **ÉPI**GÉNIE (*min*). ÉPIGONE
successeur *POIGNÉE ; PIÉGEONS.* ÉPIGYNE *bot.*

ÉPILLET épi *PÉTILLE.* ÉPILOBE *bot.* ÉPIMAQUE *ois.*
ÉPINCER vt *bot.* ÉPINCELER vt, j'ÉPINCÈLE ou

ÉPINCETER, j'**ÉPI**NCETTE *text.* ÉPINIER,E fourré
PINIÈRE. ÉPINOCHE *ich.* **ÉPI**PHYSE os. ÉPIPHYTE *bot.*
ÉPIPLOON *anat.*

ÉPIROTE d'Epire *POTIÈRE POTERIE PÉTOIRE,
ISOPTÈRE ; ESTROPIER PÉRIOSTE POÉTISER
POSTIÈRE.* ÉPISCOPE *opt.* ÉPISOME *gén.* **É**PISSER vt
mar SPIRÉES + 4. **É**PISSOIR ou ÉPISSOIRE,
ÉPISSURE. ÉPISTAXIS saign. de nez. ÉPITAXIE *ato.*
ÉPISTÉMÊ philo *SEPTIÈME EMPIÈTES.* ÉPITOGE,
ÉPITOMÉ *EPSOMITE.*

ÉPODE *poé.* **É**POINTER vt. **É**POISSES *from.*
POISSÉES. ÉPONTE *mine PONTÉE ; STÉNOPÉ
PENTOSE.* ÉPONYME (nom). ÉPOUILLER vt.
ÉPOULARDER vt (tabac). ÉPOUMONER (s').
ÉPOXYDE *chim.*

EPSILON inv *PELIONS ÉPILONS SINOPLE.* EPSOMITE
chim. ÉPUCER vt. ÉPULIS, ÉPULIDE, ÉPULIE *méd
PLIEUSE.* ÉPULPEUR. **É**PURGE *bot.*
ÉPYORNIS *ois fos* (A-).

ÉQUEUTER vt (-AGE). ÉQUIDÉ *zoo*, ÉQUIN,E (-NISME).
ÉQUILLE *ich.* ÉQUIPOLÉ *hér.* ÉQUITANT,E *bot.*
ÉQUIVALU,S ou T.

ÉRAILLER vt. ERBIUM *mét.* ÉRECTEUR *RECRUTÉE,*
ÉRECTILE. ÉREINTER vt *RENTIÈRE.* ÉREPSINE *chim
INESPÉRÉ PÉRINÉES.* ERG, ERGATIF *ling,* ERGOL
chim. ERGOTÉ,E. ERGOTER vi, ERGOTAGE
ÉGORGEÂT, ERGOTEUR... ERGOTINE *chim.*

ÉRICACÉE *bot.* ÉRIGERON *bot.*ÉRIGNE *INGÉRÉ ;
RÉSIGNÉ* ou ÉRINE *chir.* ÉRISTALE *ins ÉTALIERS + 7.*
ERMITE *MITRÉE + 3.* **É**RODER vt, ÉROSIF... *FROISSE ;
REVOIES.* ÉROS, ÉROGÈNE, ÉROTISER vt *SIROTÉE,*
ÉROTISME *TIMORÉES.*

ERRANCE v. *CARÉNER ; SÉRANCER SANCERRE*

CASERNER + 3. ERRATUM,S ou -A, ERREMENTS pl.,
ERRONÉ,E. ERSATZ. ERS bot. ERSE *mar.* ÉRUCTER vt
CURETER RECTEUR RECRUTE.
ERUPTIF... *VITUPÉRÉ.* **ÉRY**THÈME *méd.*

ESBIGNER (s') s'enfuir *GIBERNES.* ESBROUFER vt.
ESCARBOT *ins CRABOTES.* ESCARRE ou ESQUARRE
hér. ESCHE v. AICHE. ESCIENT inv. *CEINTES
INCESTE INSECTE.* ESCLAVON, -ONNE slave.
ESCOUADE. ESCUDO *mon.*
ESCULINE *chim LEUCINES.*

ÉSÉRINE *chim RÉSINÉE+4.* ESGOURDE *DROGUÉES.*
ESKUARA, EUSCARA ou EUSKERA basque.
ESPADON. ESPALIER *arb PARÉLIES SPIRALÉE
PALIÈRES* + 2. ESPAR *mar.* ESPARCET *bot CRÊPÂTES
RESPECTA PERÇÂTES.* **ES**PONTON arme.

ESQUARRE v. ESCARRE. ESQUIF. ESQUILLE.
ESQUIMAU, -DE. **E**SQUIRE titre.

ESSAIMER vi *ARÉISMES ÉMERISAS RESSEMAI
SÈMERAIS SÉRIÂMES MASSIÈRE.* ESSARTS,
ESSARTER vt *agr.* ESSAYEUR... ESSE crochet.
ESSÉNIEN... *rel INSENSÉE.* ESSEULÉ,E.
ESSOUCHER vt.

ESTACADE digue (cf ESTOCADE). ESTAFIER nm
spadassin *TARIFÉES* + 2. ESTAGNON récipient
NÉGATONS SONGEANT TONNAGES. ESTAMPER vt.
ESTANCIA terre *CASAIENT.* ESTE estonien. ESTER nm
et vi (pas de conj.). ESTÉRASE *ESSARTÉE.*

ESTIVAGE de bêtes *ÉVITAGES VÉGÉTAIS.* ESTOC,S.
ESTONIEN... *TISONNÉE.* ESTOPPEL *dr.*
ESTOQUER vt. ESTOURBIR vt. ESTRAGON
ROGNÂTES. ESTRAN côte. ESTROPE filin *PORTÉES
PROTÉES.* ESTUAIRE *SAUTERIE.*

ETA inv. ÉTAGER vt. ÉTAI, ÉTAYAGE. ÉTAL,S ou -AUX,

ÉTALIER,E *ATELIER RÉALITE ALTIÈRE,* ÉTALAGER vt
RATELAGE. ÉTAMBOT *mar TOMBÂTES BOTTÂMES.*
ÉTAMBRAI *mar.* ÉTAMER vt, ÉTAMAGE, ÉTAMEUR
AMEUTER RAMEUTE. (cf RÉTAMER etc., ÉTAMPER
etc., ESTAMPER etc.)

ÉTANÇON *menui CANETON ÉNONÇAT.* ÉTANT,S
philo. ÉTARQUER vt *mar.* ÉTATIQUE (ANTI-),
ÉTATISER vt *ARIETTES SAIETTER + 5,* ÉTATISME
ÉMETTAIS ÉMIETTAS, ÉTATISTE. ÉTAU,X.

ÉTENDAGE *DÉGANTÉE.* ÉTENDARD *DÉTENDRA
DÉRADENT.* ÉTENDOIR *IODÈRENT* (R-).
ÉTÉSIEN (vent). ÉTÊTAGE. ÉTEULE chaume.

ÉTHANE chim *HANTÉE.* ÉTHER, ÉTHÉRÉ,E.
ETHMOÏDE os. ETHNIE *THÉINE,* ETHNIQUE, ETHOS
anthro. ÉTHUSE v. **A**ETHUSE. ÉTHYLE, ÉTHYLÈNE.

ÉTIER nm canal, ÉTIAGE *GAIETÉ.* ÉTIQUE (cf
ÉTHIQUE). ÉTIQUETER vt, j'ÉTIQUETTE... **É**TIRAGE
ÉRIGEÂT GÂTERIE (R-), ÉTIRABLE *BATELIER
BÊLERAIT RÉTABLIE,* **É**TIREUSE.

ÉTOILER vt *ÉTIOLER LOTERIE TOLIÈRE.* ÉTOLIEN...
d'Etolie *ENTOILE.* ÉTRIPAGE. ÉTRIQUÉ,E. ÉTRIVE
mar. ÉTRON. ÉTRUSQUE. ÉTUVER vt, ÉTUVAGE,
ÉTUVEUR... ÉTYMON *ling.*

EUDÉMIS *pap.* EUDISTE *rel ÉTUDIES SÉDUITE.*
EUGÉNATE pâte. EUGLÈNE *zoo ENGLUÉE.* EUH !
EUMÈNE guêpe *MENEUSE.* EUMYCÈTE *cham.*
EUNECTE *rept.* **EU**PHONIE. EUPHORBE *bot.*
EURASIEN... EURÊKA ! (cf EUSKERA = ESKUARA =
EUSCARA *CAUSERA RECAUSA SAUCERA*). EUTEXIE
inv *phys.* EUTOCIE *méd.*

ÉVASER vt, ÉVASURE *VAREUSE.* ÉVECTION *astr.*
ÉVEINAGE *méd.* **É**VENT. ÉVIDER vt, **É**VIDAGE
DÉVISAGE, **É**VIDOIR. ÉVISCÉRER vt. ÉVITABLE,

ÉVITAGE *VÉGÉTAI; ESTIVAGE*. ÉVOCABLE (R-).
ÉVOÉ! ou ÉVOHÉ! (bacchantes). ÉVOLUTIF... (D-).
EVZONE *mil.*

EXACTEUR qui commet une EXACTION.**EX**ARQUE
prélat, EXARCHAT. **EX**CAVER vt. **EX**CÉDANT, E,
EXCÉDENT, S. **EX**CENTRER vt. EXCIPER vi. EXCISER
vt, EXCISION. EXCORIER la peau.
EXCRÉTER vt *méd* (-EUR).

EXEAT inv. EXÉCRER vt. EXÈDRE salle. EXÉGÈSE,
EXÉGÈTE. EXÉRÈSE *chir.* EXERGUE nm. EXFOLIER
géol (-IATION). **EX**HALER vt. (cf EXALTER). EXHAURE
mine. **EX**HAUSSER vt. EXHÉRÉDER vt *dr.*EXIGEANT,
E, EXIGENCE, EXIGIBLE. **EX**INSCRIT. EXIT inv.
EXOCET *ich.*

EXOCRINE *anat.* EXOGAME *anthro,* EXOGAMIE.
EXOGÈNE *bot.* EXONDÉ, E *géol.* EXORBITÉ, E.
EXORDE *litt.* EXOSMOSE *phys.* EXOSTOSE de l'os.
EXPANSÉ,E *const.* EXPIABLE. EXPIRER vt.
EXPIRANT,E. EXPLÉTIF... EXPOSANT,E. EXPRESS,E.
EXPULSIF... EXSANGUE.
EXSUDER vt *méd,* EXSUDAT.

EXTENDEUR tech. **EX**TENSEUR. EXTIRPER vt. EXTRA
inv. EXTRADER vt. EXTRADOS *arch* ≠ INTRADOS.
EXTRAIRE (se conj. c. TRAIRE). EXTRÉMAL... *math,*
EXTREMUM. EXTRORSE *bot* ≠ INTRORSE.
EXTRUSIF... *géol.* EXUTOIRE. EXUVIE *zoo.*
EYRA puma.

F

Ne pas négliger les mots en -IF et les verbes en -FIER (voir la liste à DÉFIER).

FABLIAU,X *FABULAI*, FABLIER *FRIABLE,* FABULER vi (AF-). FACETTER vt *tech.* FÂCHERIE. FACTAGE transport, FACTRICE. FACTIEUX... séditieux. FACTITIF... *ling*, FACTOTUM, FACTUEL... *FACULTÉ FÉCULAT*, FACTUM écrit. FACULE *astr FÉCULA FUCALE.*

FADA. FADASSE, FADING. FADO. FAENA *taur.* FAGALE *bot.* FAGNE marais. FAGOTER vt, FAGOTAGE, FAGOTIER *FORGEAIT*, FAGOTIN. FAGOUE *FOUAGE FOUGEA* = THYMUS.

FAIBLARD,E. FAÏENCÉ,E. FAIGNANT,E ou FEIGNANT, E. FAILLER (se), FAILLIR vi, FAILLIS, FAILLIMES etc, FAILLIRAI etc, FAILLIRAIS etc, FAILLI,E.

FAINE fruit. FAINÉANTER vi. FAIRE, S nm. FAISAN,E, FAISANDER vt. FAISEUR... FAISSELLE *(from).* FAÎTAGE, FAÎTIÈRE (tuile) *RATIFIÉE.* FAITOUT *FOUTAIT.* FAIX. FAKIR (-ISME).

FALBALA. FALERNE vin *ENFLERA.* FALOT, FALOTE *FOETAL.* FALOURDE fagot. FALUCHE béret (cf P-). FALUN engrais, FALUNER vt *FLÂNEUR.* FALZAR.

FAN, FANATISER vt. FANDANGO. FANAGE, FANEUR... *FANURE.* FANGEUX... FANTASIA *FANATISA.* FANTASMER vi. FANTOCHE. FANZINE revue. FAQUIN.

FAR flan. FARAD unité, FARADAY (-DIQUE). FARAUD,E. *FARDEAU.* FARCIN *éq* morve. FARDAGE *DÉGRAFA*, FARDIER *véhi.* FARFADET. FARGUES *mar*

GAUFRES. FARIBOLE. FARINER vt *REFRAIN,*
FARINACÉ,E *FIANCERA,* FARINAGE *FRANGEAI,*
FARINEUX... FARLOUSE *ois FLOUERAS* + 2.
FAROUCH *bot. FOURCHA.* FART, FARTER vt,
FARTAGE.

FASCE *hér,* FASCIA *anat,* FASCIÉ,E. FASCISER vt
FARCISSE FRICASSE ; FASCIÉS. FASEYER ou
FASEILLER vi *mar.* FASTIGIÉ,E *bot GÂTIFIES.* FAT,S,
FATUITÉ. FATIGANT,E. FATRAS**IE** *litt.* FATUM,S destin.

FAUBERT *mar* balai. FAUCARD faux, **FAU**CARDER vt,
FAUCHARD serpe, FAUCHAGE, FAUCHE**T** rateau,
FAUCHEUR..., FAUCHEUX araignée. FAUCRE d'armure
SURFACE. FAUFIL (cf ÉFAUFILER vt). FAUNESSE
FANEUSES, FAUNESQUE. FAUNIQUE. FAUSSET,S
FUSÂTES. FAUTEUR, FAUTRICE. FAUVERIE,
FAUVISME.

FAVELA bidonville. FAVUS *méd.* FAYARD hêtre.
FAYOT, FAYOTER vi. FAZENDA propriété.

FÉAL... FÉCAL..., FÉCALOME, FÈCES. FÉCULER vt,
FÉCULENT,E. FED(D)AYIN inv. FEEDER *élec FÉDÉRÉ
DÉFÉRÉ.* FEIGNANT,E ou FAIGNANT,E.

FÉLIBRE poète *FÉBRILE.* **F**ÉLIDÉ (chat).
FELLAG(H)A,S. FELLAH paysan. **F**E**LL**E tube.
FELLATIO(N) gâterie. FÉLONNE, FÉLONIE, *OLÉFINE.*
FELOUQUE *mar.* FÉMELOT *mar.* FÉMINISER vt.
FÉMORAL...

FENAISON, FENIL, FENUGREC. FENDAGE,
FENDEUR, FENDANT, FENDOIR *REFONDIS,*
FENDILLER vt. FENÊTRER vt. FENIAN,E (Irlande).
FENNEC. FENOUIL *FEULIONS.*

FÉRALIES fêtes. FÉRIAL,E, -AUX. FÉRIR inv. FERLER
vt *mar.* FERMAIL, -AUX agrafe *FILMERA.* FERMENTÉ,E.
FERMETTE.

FERMI unité, FERMION *INFORME*, FERMIUM.

FERRADE du bétail *DÉFERRA*, FERRAGE, FERRE**T**,
FERREUX m, FERRIÈRE sac, FERRIQUE, FERRITE.
FERTÉ place forte. FÉRULE.

FESSER vt, FESSIER,E *REFISSE FRISÉES*, FESSU,E.
FESTONNER vt. FESTOYER *vt*, FÊTARD. FÉTICHEUR.
FÉTIDITÉ. FÉTUQUE *bot*.

FEU,E,S ou X. **F**EUDISTE *dr*. FEUIL film. FEUILLER vi
(-ÉE, -ANTS ; DÉ- EF-), FEUILLU,E. FEULER vi crier
(tigre). FEUTRE vt *FURETER RÉFUTER FRÉTEUR*,
FEUTRAGE *FURETAGE*, FEUTRINE. **F**ÉVIER *arb*
FIÈVRE, FÉVEROLE. FEZ.

FIASQUE de vin. FIBRANNE, FIBRINE (-EUX...),
FIBREUX, FIBREUSE *RUBÉFIES*, FIBRILLE, FIBROÏNE
chim BONIFIER, FIBROME *méd*,
FIBROSE *méd*. FIBULE épingle *FUSIBLE*.

FIC verrue. FICAIRE *bot SACRIFIE SCARIFIE*. FICELER
vt, je FICELLE, FICELAGE. FICHAGE, FICHANT,E (tir),
FICHISTE documentaliste. FICHTRE ! FICUS figuier (cf
FUCUS). FIDÉISME (foi), FIDÉISTE, FIDÉLISER une
clientèle, FIDUCIE *dr*.

FIENTER vi *FREINTE + 2*. FIÉROT,E. FIESTA. FIFRELIN.
FIGARO. FIGEMENT. FIGULINE poterie (cf FIGURINE).

FILAIRE (BI-UNI-) *SALIFIER + 2*, FILANDRE fil,
FILEUR..., FILATEUR. FILETER vt, je FILÈTE,
FILETAGE. FILICALE *bot*. FILLER nm roche. FILMIQUE.
FILONIEN... *min*. FILOUTER vt. FILTRANT,E, FILTRAT
nm.

FINAGE pays. FINAL,E,S ou -AUX. FINALITÉ *LÉNIFIÂT
+ 2*. FINASSER vi, FINAUD,E, FINETTE. FINIS**H**,S,
FINITUDE *philo*. FINNOIS,E.

FION dernière main. FIRMAN édit. FISSION *ato*, FISSILE

ou FISSIBLE, FISSURER vt. FISTON. FISTULE**UX**...
FIXAGE, FIXAT**EUR**, FIXATIF..., FIXAT**RICE**, FIXING
(or), FIXISME *biol*, FIXISTE, FIXITÉ.

FJELD plateau. FJORD. FLA inv (tambour). **F**LACHE *arb*
(cf **F**LOCHE), FLACHEUX... FLAGADA inv. FLAGELLER
vt. FLAGEOLER vi (-T). FLAGORNER vt *GONFLERA
REGONFLA.*

FLAMAND,E. **F**LAMANT *ois.* FLAMBANT,E,
FLAMBARD, FLAMBEUR, FLAMBOYER vi, FLAMENCO
ou FLAMENCA. **F**LAMINE prêtre. FLAMMÉ,E,
FLAMMÈ**CHE**. FLANCHE**T** viande *FLÉCHANT.*
FLANDRE rondin, FLANDRIN. FLANQUEMENT.
FLAPI,E. FLASH,S ou ES. FLAT (ver à soie).
FLAVINE *biol.*

FLÉCHER vt, **F**LÉCHAGE. FLEGME, FLEGMON ou
PHLEGMON. FLEIN panier. FLEMMARD,
FLEMMARDER vi. FLÉNU,E (charbon). FLÉOLE ou
PHLÉOLE *bot.* FLET *ich*, FLETAN. FLEURER vt (EF- AF-
EN-), FLEURAGE (pain), FLEXION**NEL**... *ling*, FLEXURE
géol, FLEXUEUX... *litt.*

FLIBUSTE. **F**LINGOT, FLINGUER vt. FLINT verre.
FIPOT *menui.* FLIPPER vi ou nm. FLIRTEUR...

FLOCAGE ou FLOCKAGE *text*, FLOQUER vt. **F**LOCHE
text. FLOCULER vi. FLONFLON. FLOOD inv (lampe).
FLOPÉE. FLORAL..., FLORÉAL inv, FLORALIES,
FLORIDÉE. FLORENCE crin. FLOTTER vt, FLOTTAGE,
FLOTTARD *scol.* **F**LOUER vt duper. **F**LOUVE *bot.*

FLUAGE *mét.* FLUCTUER vi. FLUENT, E *méd.*,
FLUIDIQUE. FLUOR, FLUORÉ,E, FLUORINE,
FLUORURE. FLUSH,S ou ES *poker.* **F**LUTA *ich.*
FLÛTÉ,E, FLÛTISTE. **F**LUTTER nm *av.* **F**LUXMETRE.
FLYSCH *géol.*

FOB inv *com BOF!.* FOCAL... (A- BI-), FOCALISER vt.

FOEHN ou FOHN vent. FOËNE ou FOUËNE harpon.
FOETAL... FOFOLLE. FOGGARA *géog.* FOIRAL, S ou
FOIRAIL foire. FOIRER vi, FOIREUX... *SERFOUIE*,
FOIROLLE *bot.* FOISON inv, FOISONNER vi.

FOL inv. FOLIÉ,E (TRI- PER- ; cf DÉFOLIER,
EXFOLIER), FOLIAIRE, FOLIACÉ *FOCALISE*, FOLIO.
FOLIOT d'horloge. FOLIOTER vt. FOLIOLE *bot.*
FOLIQUE *chim.* FOLK ou FOLKSONG. FOLLET,S.
FOMENTER vt.

FONÇAGE *mine* (REN-), FONCEUR... FONCIER,E
(TRÉ-). FONDRE vt (CON- MOR- PAR- RE-), FONDEUR,
FONDOIR (d'abattoir). FONDOUK *isl com.* FONGIBLE *dr.*
FONGIQUE *(cham)*, FONGUEUX... FONTANGE *coif.*
FONTINE *from.* FONTIS affaissement. FONTS.

FOOT ou FOOTBALL, FOOTING. FOR. FORS.
FORÇAGE *agr* (REN-), FORCERIE, FORCING,
FORCIR vi. FORCLORE inv sauf FORCLOS,E.

FOREUR... *FORURE ; SOUFRÉE.* **FOR**FAIRE inv.
FORGEUR, FORGEAGE. FORINT *mon.* **FOR**LANCER
un cerf. FORLANE danse *ÉRAFLONS.* FORMAGE *tech,*
FORMANT *ling.* FORMATIF..., FORMERET *arc.*
FORMICA. FORMIATE *chim,* FORMIQUE,
FORMOLER vt. FORMOSAN, E.

FORNIQUER vi. FORTAGE (carrière) *FORGEÂT*
FAGOTER. FORTICHE. FORTIORI inv. FORTRAN *inf.*
FORURE. FOSSILE *SOLFIES.*

FOUACE ou FOUGASSE galette. FOUAGE *féod* impôt
(AF-). FOUAILLER vt. FOUCADE élan.
FOUCHTRA ! *FOURCHÂT.*

FOUÉE chasse. FOUÈNE v. FOËNE. FOUGASSE v.
FOUACE. FOUGER vi (sanglier). FOUGERAIE.
FOUILLER vt (BA- CA- RE- FAR- TRI-). FOUINEUR...,
FOUINARD,E. FOUIR...vt (EN- SER-).

FOULAGE, FOULANT,E, FOULOIR (RE-). FOULING
mar.FOULON ouv. FOULQUE ois. FOURBURE éq.
FOURCHER vi, FOURCHET vét. FOURGUER vt.
FOURME. FOURMI. FOURNIER ois. FOURNIL.
FOURRAGER vi.

FOUTRE vt (pas de pas. s. ni de subj. imp.), FOUTAISE,
FOUTOIR, FOUTRAL,E,S REFOULÂT. FOVEA (œil).
FOXÉ,E (vin). FOYARD helv = FAYARD.

FRACTAL,E,S phys. FRAGMENTER vt. FRAGON arb.
FRAI (ich). FRAISER vt, FRAISAGE, FRAISEUR...
FRAISURE SURFAIRE SURFERAI, FRAISIL tech (cf
FRASIL). FRAMÉE javelot.

FRANC, FRANQUE, FRANCIEN lang FINANCER,
FRANCISER vt, FRANCITÉ, FRANCIUM mét. FRANCO
inv. FRANGER vt (EF-). FRANGIN,E.

FRAPPAGE, FRAPPEUR. FRASER vt (de la pâte).
FRASIL can glace. FRASQUE. FRATRIE descendance
FERRAIT TARIFER (cf PHRATRIE).
FRAYER vt. FRAYÈRE ich, FRAYEMENT.

FREAK marginal. FREEZER. FREINTE çom INFESTER.
FRELATER vt. FRÊNAIE FARINÉE. FRÉON gaz.
FRÉROT. FRESSURE abats. FRÉTEUR. FRETTER vt
cercler, FRETTAGE (cf FRITTER, -AGE ; FROTTER, -
AGE). FREUDIEN... FREUX ois.

FRIBOURG from. FRICASSER vt. FRICATIF... ling.
FRICHTI. FRICOT, FRICOTER vt. FRIGO, FRIGORIE
unité, FRIMAIRE inv FRÉMIRAI RAMIFIER FRIMERAI.
FRIMER vi bluffer (cf REFÎMES), FRIMEUR, FRIMEUSE
FUMERIES.

FRINGALE. FRINGUER vt. FRIPER vt, FRIPIER,E
FRIPERIE ; SPIRIFER.FRIQUET ois. FRISQUET...
FRIRE vt inv sauf FRIS et FRIT,E,S. FRISANT,E

(lumière) *FRAISENT*, FRISELIS de l'eau, FRISOLÉE de la pomme de t., **F**RISETTE, FRISOTTER vt, FRISURE, FRISON, -ONNE *INFÉRONS FREINONS*.

FRITON, FRITERIE *TERRIFIE*, FRITEUSE *FRUITÉES*. FRITTER vt *tech*, FRITTAGE. FRIT**Z**.

FRÔLEUR, FRÔLEUSE *FLUORÉES REFOULES*. FROMAGER,E. FROMENTAL *bot*. FRONCIS. FRONDER vt, **F**RONDEUR... FRONTAL... *RONFLÂT FRÔLANT*. FRONTEAU *cost*. FROTTEUR, FROTTIS, FROTTOIR. FROUFROU.
FRUCTOSE ose = LÉVULOSE. FRUSQUES.

FUCALE algue, FUCUS. FUCHSIA, FUCHSIEN...math *FUCHSINE*. FUÉGIEN... (de la Terre de Feu). FUEL. FUERO charte. FUGACITÉ. FUGUER vi, FUGUÉE, FUGUEUR... FÜHRER,S.

FULGURER vi. FULIGULE canard. FULL. FULMINER vt FUMABLE (IN-), FUMAGE ou FUMAISON, FUMAGINE (*cham*), FUMERIE, FUMERON bois, FUMIGÈNE ≠ FUMIVORE, FUMURE.

FUNDUS *anat*. FUNICULE (bot). FUR inv. FURANNE *chim*. FURAX. FURETER, je FURÈTE, FURETAGE, FURETEUR... FURFURAL,S *chim*. FURIA, FURIBARD, E, FURIBOND,E, FURIOSO inv *mus*.

FUSER vi (-ÉE ; IN- RE- DIF-), FUSANT,E *ENFÛTAS ; FAUSSENT*, FUSIBLE (IN- DIF-), FUSION (AF- EF- IN- CON- DIF- PER- PRO- SUR- SUF-). FUSELER vt, *REFLUES FÉRULES FÊLURES FLEURES,* je FUSELLE, FUSETTE. FUSILIER, FUSTET *arb*, FUTAIE, FUTAILLE *FEUILLÂT*. FUTAINE étof *INFATUÉ ENFÛTAI*. FUYANT,E, FUYARD.

G

Les mots en -AGE sont une mine pour le scrabbleur.
Penser aussi aux mots en -ING (voir liste page 290). Les
mots comportant un G et un H, peu nombreux, sont aussi
répertoriés.

GABARE mar, GABARIER. GABBRO roche. GABELLE
impôt, GABELOU. GABIE hune, GABIER. GABION
panier. GABLE pignon. GABONAIS,E. GÂCHAGE,
GÂCHEUR... GAUCHER. GADGET. GADE ou GADIDÉ
ich. GADIN,S. GADOUE SOUDAGE.

GAÉLIQUE. GAFFER vt mar, GAFFEUR... GAGA.
GAGAKU mus jap. GAGEUR..., GAGEURE ÉGRUGEA,
GAGISTE. GAGMAN,S ou -MEN cin.
GAGNAGE ou GAGNERIE pré, GAGNEUR...

GAÏAC arb, GAÏACOL. GAIETÉ, GAIEMENT. GAILLET
bot TILLAGE. GAINER vt, GAINIER INGÉRAI,
GAINERIE. GAIZE roche.

GAL,S unité. GALAGO mam. GALAXIE (A-). GALAPIAT
vaurien GALATE, de la Galatie GALETAS. GALBANUM
gomme. GALBER vt. GALÉACE ou GALÉASSE mar
ÉGALASSE. GALÉJER vi, GALÉJADE. GALÈNE chim
(-NIQUE). GALETAGE tech (galets). GALETAS.

GALGAL,S tumulus. GALIBOT jeune mineur, cf GALIPOT
résine. GALICIEN... GALIDIA mam.
GALILÉEN... NIELLAGE. GALION mar, GALIOTE.

GALLE noix. GALLÉRIE ins. GALLICAN, E. GALLIQUE
(acide). GALLIUM mét. GALLO lang. GALLOIS,E
ÉGOSILLA.GALLON. GALONNER vt. GALOPER vi
PERGOLA, GALOPADE, GALOPEUR... GALOPANT,E.
GALOPIN. GALOUBET flûte. GALURE LARGUE ou

GALURIN *LANGUIR*. GALVANO cliché.

GAMAY ou GAMET cépage. GAMBA crevette.
GAMBERGER vt. GAMBETTE *ois* (cf JAMBETTE).
GAMBILLER vi. GAMBIT *échecs*. GAMBUSIE *ich.*
AMBIGÜES. GAMELAN *mus*. GAMÈTE. GAMMA inv.
GAMMARE *crust*. GAMMÉE.

GAN *lang*. GANACHE *CHANGEA*. GANDIN.
GANDOURA *cost*. GANGA *ois*. GANGRENER vt
ENGRANGER (-EUX...). GANOÏDE *ich.* GANSER vt.
GANTER vt, GANTELET, GANTIER *AGIRENT + 7*,
GANTIÈRE *GANTERIE + 8*.
GANTOIS,E *SOIGNÂT GÂTIONS AGITONS*.

GAPERON *from SPORANGE*, GARANCE nm *CARNAGE*
ANCRAGE. GARBURE soupe. GARCETTE corde,
GARÇONNE *RENCOGNA*. GARDENIA *AGRANDIE*
DRAINAGE DAIGNERA. GARDEUR... *GRADUER*
DRAGUER. GARDIAN *AGRANDI*. GARGOTE
GORGEÂT. GAROU *arb*. GARRIGUE *GRUGERAI*.
GARROTTER vt. GARS.

GASCONNE *ENGONÇAS AGENÇONS*. GASOIL
GLOSAI. GASPACHO potage. GASTRITE *TITRAGES*.
GASTRULA *embryo*. GÂTIFIER vi *FIGERAIT GRATIFIE*;
FIGEAIT; FASTIGIÉ. GÂTINE *GITANE GÊNAIT;*
GISANTE SINGEÂT TSIGANE.

GAUCHIR vt. GAUCHO. GAUDE *bot*. GAUFRER vt,
GAUFRAGE, GAUFREUR.. *GAUFRURE*, GAUFROIR,
GAUFRIER *FIGURERA*. GAULAGE, GAULIS.
GAULLIEN... *ANGUILLE LINGUALE*. GAUPE fille. GAUR
buffle. GAUSS unité. GAUSSER (se) *USAGERS*.

GAVIAL,S *rept*. GAVOTTE. GAVROCHE. GAYAL,S
buffle. GAZER vt, GAZAGE, GAZÉIFIER vt. GAZETIER.
GAZIER,E, GAZODUC, GAZOGÈNE, GAZOLE =
GASOIL, GAZOLINE. GAZONNER vt.

GÉASTER *cham AGRESTE + 3; TRESSAGE*. GECKO

lézard. GÉHENNE enfer. GEINDRE vi ou nm *ouv*
DÉNIGRE GREDINE, GEIGNARD,E. GEISHA.

GELATINÉ,E *GELAIENT GÉNITALE.* GÉLIF... qui gèle
LÉVIGE, **GÉLI**FIER vt, GÉLIVITÉ, GÉLIVURE
VIRGULÉE, GÉLOSE *GLOSÉE,* GÉLULE, GÉLURE
RÉGULE; SURGELÉ.

GÉMINER vt. GEMMER vt *arb*, GEMMAGE, GEMMEUR,
GEMMAIL, -AUX vitrail, GEMMULE *bot.* GÉMONIES *hist*
escalier *GOMINÉES.*

GÉNÉPI *bot PEIGNE.* GÉNÉRER vt produire, GÉNÈSE.
GENETTE *mam.* GENEVOIS,E. GÉNIQUE *gén,*
GÉNITEUR, GÉNITIF *FEIGNIT*, GÉNOCIDE
CONGÉDIE. GÊNOIS,E. GÉNOME *gén* ou **GÉNO**TYPE.
GENT inv. GENTES. GENTIANE *bot.* GENTRY,S.

GÉODE *min*, GÉODÉSIE *géol DÉGOISÉE*, GÉOÏDE
géog DÉGOISÉ. GEÔLE, GEÔLIER,E. GÉOPHAGE,
GÉOPHILE *ins.* GÉORGIEN... **GÉO**TAXIE zoo.
GÉOTRUPE *ins.*

GERBER vt, GERBAGE, GERBEUSE *tech*, GERBIER,E
BERGERIE. GERBILLE, GERBOISE rongeurs.
GERÇURE. GERFAUT. GÉRIATRE *RÉGATIER + 4.*

GERMÉE, GERME**N** *biol*, GERMINAL... *MALINGRE*
MANGLIER, GERMOIR. GERMON thon. GEROMÉ *from.*
GÉRONDIF *ling.* GÉRONTE. GERRIS *ins.* GERSEAU
cordes *ARGUÉES RAGEUSE.* GERSOIS,E *GOSIERS*
GROSSIE. GERZEAU nielle.

GÉSINE inv, GÉSIR vi, je GIS etc. je GISAIS etc.
GISANT,E,S. **G**ESSE *bot.* GESTUEL... *GUELTES.*
GETTER nm phys. GEYSER.

GHANÉEN... GHETTO. GHILDE ou GILDE ou GUILDE.
GIBBON singe. GIBELET foret. GIBELIN,E *rel* ≠ GUELFE.
GIBUS. GICLÉE, GICLEUR. GIGOGNE adj qui

s'emboîte. GIGOTÉ,E.

GILLE niais. GINDRE nm v. GEINDRE. GINGIVAL...
anat. GINGUET (vin). GINKGO *arb.* GINSENG racine.
GIORNO inv.

GIRAFEAU ou GIRAFON *GOINFRA.* GIRASOL opale
GLORIAS RIGOLAS. GIRATION *IGNORAIT,* GIRAVION.
GIRAUMON(T) *bot.* GIRELLE *ich GRILLÉE; GRÉSILLE.*
GIRL. GIRODYNE. GIROFLÉE. GIROLLE *cham*
GORILLE; GRISOLLE. GIROND,E *GORDIEN.*
GIRONNÉ,S *hér.*

GISANT,E. GISELLE *étof.* GÎTER vi *mar* (A- CO- INGUR-
RÉGUR-). GITON mignon. GIVRER vt, GIVRANT,E
VAGIRENT, GIVRAGE, GIVREUX..., GIVRURE.

GLABELLE *anat.* GLABRE imberbe. GLAÇAGE,
GLAÇANT,E, GLACEUR... *GLAÇURE,* GLACIAL,E,S ou
-AUX, GLACERIE *GLACIÈRE,* GLACIS. GLAÏEUL.
GLAIRER un livre *ÉLARGIR,* GLAIREUX... GLAISER un
champ, GLAISEUX... GLANAGE *LANGAGE.*

GLANDER vi (-ÉE) *LÉGENDA,* GLANDAGE,
GLANDEUR... GLANURE *GLANEUR... GRANULÉ.*
GLARÉOLE *ois.* GLATIR vi (aigle). GLAUCOME *méd.*
GLÉCOME ou GLÉCHOME *bot.* GLAVIOT.
GLÉNOÏDE *anat.*

GLIAL... *anat SILLAGE,* GLIOME *LIMOGE.* GLISSAGE,
GLISSEUR...

GLOBINE *anat IGNOBLE,* GLOBIQUE. GLOMÉRIS *ins*
(cf LIMOGER). GLORIA,S prière, GLORIOLE. GLOSER
vt. GLOSSINE *ins,* GLOSSITE *méd.*
GLOTTE (ÉPI- POLY-), GLOTTAL..., GLOUGLOU.

GLU, GLUAU,X piège. GLUCAGON *anat.* GLUCIDE,
GLUCINE, GLUCOSE. GLUME (*bot*), GLUMELLE.
GLUTEN. GLYCÉMIE, GLYCÉRIE, GLYCÉROL (-É),

GLYCINE, GLYCOL. GLYPHE *arch.*

GNANGNAN,S. GNEISS. GNETUM liane. GNOCCHI.
GNOGNOTE. GNOLE ou GNIOLE ou GNAULE *LANGUE
LAGUNE ENGLUA;* ou NIAULE. GNOMIQUE *litt.*
GNOMON solaire GNON (OI- MI- PI- PO- RO- BRU- CHI-
GRI- GRO- GUI- LOR- MOI- QUI- TRO- ESTA- LUMI-).
GNOSE *phil* (DIA-), GNOSIE *SOIGNE* (A-). GNOU.

GO,S. GOAL. GOBEUR... GOBERGER (se). GOBIE *ich.*
GOBILLE bille (DÉ-). GODER ou GODAILLER vi fronder,
GODAGE. GODICHE, GODICHON, -ONNE.
GODILLER vi. GODIVEAU mets. GODRON pli.

GOÉLAND. GOÉMON. GOGLU *can ois.* GOGO,S.
GOGUES. GOGUETTE inv. GOI,S ou GOY,S pl. GOIM
ou GOYIM, non-juif. GOINFRER (se). GOITREUX...
GOLDEN pomme (cf GULDEN). GOLFEUR...
GOLMOTE *bot.*

GOMBO *bot.* GOMÉNOL *méd MONGOLE,*
GOMÉNOLÉ,E *MÉNOLOGE,* GOMINA, GOMINÉ,E,
GOMMAGE, GOMMETTE, GOMMEUX..., GOMMIER,
GOMMOSE *méd.*

GON unité. GONADE glande *SONDAGE.* GONDOLER
(se). GON(N)ELLE *ich.* GONFALON ou GONFANON
étendard. GONFLEUR, GONFLABLE. GONOCYTE
embryo. GONZESSE. GOPAK ou HOPAK danse.
GOPURA *arch GROUPA.*

GORD pêcherie. GORDIEN inv. GORFOU *ois.*
GORGERIN de casque. GORGET rabot. GORGONE *zoo
GORGEONS.* GOSPEL chant. GOTIQUE langue.

GOUACHER vt. GOUAILLER vi *OUILLAGE LAGUIOLE.*
GOUAPE voyou. GOUDA *from.* GOUET arum. GOUGE.
GOUGÈRE gâteau. GOUILLE *helv* flaque (MA-).
GOUINE.

GOULACHE ou GOULASCH. GOULAG. GOULE démon.

GOULÉE *LOGEUSE*, GOULETTE ou GOULOTTE rigole.
GOUM *mil*, GOUMIER *ROUGÎMES*.
GOUPILLER vt (DÉ-).

GOURAMI *ich*. GOURBI. GOURD,E *DROGUE*.
GOURER (se), GOURANCE ou GOURANTE
TOURNAGE. GOURMANDER vt. GOURMÉ,E compassé
MORGUE. GOUROU ou GURU. GOÛTEUR...
GOUTTER vi, GOUTTEUX... GOYAVE, GOYAVIER nm.

GRABEN *géol*. GRACIABLE, GRACILE *GICLERA*
GLACIER, GRACIOSO ou GRAZIOSO inv *mus*.
GRADÉE. GRADIENT *météo*. GRADUAT *belg scol*
DRAGUÂT. GRAFFITI pl *GRIFFAIT*. GRAILLER vt,
GRAILLON. GRAINER (A-) ou GRENER vt, GRAINAGE
ou GRENAGE.

GRAM *chim*. GRAMINÉE *GÉMINERA GERMAINE*.
GRAMME (DI- EN- ANA- DIA- ÉPI- MYO- PRO- TRI-).
GRANA *from*. GRANDET... *GARDENT*. GRANIT
RATING + 3, GRANITÉ,E (cf GRATINER).
GRANULER vt, GRANULAT,S *LARGUANT,*
GRANULIE *RALINGUE NARGUILE*.

GRAPHE *math* (BIO- DIA- ÉPI- GÉO- OLO- MYO-)
GRAPHÈME *ling*, GRAPHIE (A- BIO- DIA- DYS- ÉPI-
GÉO- MYO- ORO- URO-). GRAPHITÉ,E (-EUX...).
GRAPPA *marc*. GRASSET *anat*.
GRASSEYER vi (-EYANT,E, -EMENT).

GRATERON *ARROGENT + 2.* GRATINER vt *REGARNIT*.
GRATIOLE *bot LIGOTERA LOGERAIT*. GRATTAGE,
GRATTOIR. GRAU,X chenal. GRAVELLE *méd*.
GRAVIDE *DÉGIVRA*. GRAVIÈRE *GRÈVERAI*.
GRAVATS ou GRAVOIS *VIRAGOS*. GRAY unité.

GRÈBE *ois*. GRÉCISER vt *CIERGES*, GRECQUER vt
scier. GREDINE. GRÉER vt, GRÉEUR *GUERRE,*
GRÉEMENT *EMERGENT*. GREEN *sp*. GREFFAGE,
GREFFEUR, GREFFOIR, GREFFON. GRÈGE.

GRÉGEOIS (feu).
GRÈGUES *cost ÉGRUGES GRUGÉES SUGGÈRE.*

GRÊLER vt, GRÊLEUX... *RÉGLEUSE RELÈGUES
SURGELÉE.* GRELIN corde *LINGER LIGNER.*
GRÉMILLE *ich.* GRENACHE cépage *ÉCHANGER
RECHANGE.* GRENADIN,E. GRENAT,S. GRENER vt (É-
EN- REN- GAN-) ou GRAINER, GRENAGE
ENGAGER + 2, GRÈNETIS d'une pièce *ÉGRISENT
INTÈGRES,* GRENELER vt *ENGRELÉ,* je GRENELLE,
GRENU,E, GRENURE.

GRÉSER vt, GRÉSAGE *AGRÉGES REGGAES,*
GRÉSEUX... GRÉSIL *GLISSER,* GRÉSILLER vi.
GRESSIN pain.

GRIBICHE. GRIÈCHE. GRIFFADE, GRIFFEUR...
GRIFFURE, GRIFFON, GRIFFU,E. GRIGNER vi goder,
GRIGNON pain. GRISOU. GRIGRI.

GRIL, GRILLOIR, GRILLAGER vt. GRIMACER vt.
GRIMAGE. GRIMAUD écrivassier. GRIMOIRE.
GRIMPER nm et vt, GRIMPEUR... GRINÇANT,E,
GRINGE *helv* grincheux *GRIGNE.*

GRIOT poète noir. GRIOTTE cerise *RIGOTTE.*
GRIPPAGE, GRIPPAL... GRISARD *arb,* GRISBI.
GRISET requin *STRIGE.* GRISETTE *TERGITES.*
GRISOLLER vi (alouette). GRISON. GRISONNER vi.
GRIVELER vt *dr LÉVIGER,* je GRIVELLE.
GRIVETON *mil.* GRIZZLI ou GRIZZLY.

GROGGY,S. GROGNARD, GROGNEUR..., GROGNON,
-ONNE. GROIE inv sol. GROISIL *tech.* GROLE ou
GROLLE. GROMMELER vt, je GROMMELLE.
GRONDEUR... GRONDIN *ich.* GROOM. GROUP sac
d'argent. GROUPIE admiratrice *PIROGUE.* GROUSE *ois.*

GRUAU,X. GRUGEOIR *techn* (É-). GRUME tronc (A-).
GRUMELER (se), je me GRUMELLE (-ELEUX...).

GRUTIER *RESURGIT*. GRYPHÉE *moll*.

GUAI (*ich*). GUANACO lama. GUANO engrais, GUANINE *SANGUINE*. GUARANI *lang* NARGUAI. GUÉABLE *BLAGUÉE*. GUÈBRE *rel*. GUÈDE bleu. GUELFE *rel*. GUELTE soulte. GUENILLE.

GUÉPARD. GUÊPIÈRE. GUÉRET champ. GUÉRIDON *ENGOURDI*. GUÈTE tour. GUEULER vt, GUEULARD,E, GUEULANTE. GUEUZE bière.

GUIBOLLE. GUIBRE *mar*. GUICHE (cf CHERGUI). GUIDEAU filet. GUIGNER vt (BAR - inv.), GUIGNARD,E, GUIGNON. GUIGNIER *arb*. GUIGNOL. GUILDE v. GILDE ou GHILDE. GUILLON *helv* de tonneau. GUIMPE *cost*. GUINCHER vi. GUINDER vt hisser, GUINDAGE *mar*, GUINDANT, GUINDEAU. GUINÉEN... *INGÉNUE*. GUINGOIS.

GUIPER vt torsader, GUIPAGE, GUIPURE. GUISARME arme; GUISE inv. GUITOUNE tente. GUJARATI *lang*. GULDEN florin. GUNITER vt bétonner, GUNITAGE. GÜNZ *géol*. GUPPY ich. GURU ou GOUROU. GUSTATIF... GUYANAIS,E. GUYOT poire.

GYMKHANA. GYMNASE, GYMNASTE, GYMNIQUE, GYMNOTE *ich*. GYNÉCÉE. GYNÉRIUM roseau. GYPAÈTE rapace. GYPSAGE, GYPSEUX... GYRIN *ins*.

Le H se marie bien avec le C, mais aussi avec le P, le T, le S. Penser aux mots se terminant par H (COPRAH MOLLAH RUPIAH) par CH (COACH), par SH (FLUSH, FLASH).

HABANERA danse. HABITUS *méd.* HÂBLEUR...,
HÂBLERIE. HACHAGE, HACHEUR, HACHETTE.
HACHI**SCH** ou HASCHI**SCH** ou HASCH**ICH**
HACIENDA propriété *DÉCHAÎNA*. HACHURER vt.

HADAL... *géo. DÉHALA.* **HAD**DOCK églefin. HADITH *isl.*
HADJDJ,S pélerin(age). HADRON *ato.* HAFNIUM *mét.*
HAGGIS mets. HAHNIUM *chim.*

HAIK voile. HAIKU ou HAIKAI *jap* poème. HAINUYER,E
ou **H**ENNUYER,E du Hainaut. **H**AIRE chemise.
HAÏTIEN... HAKKA *lang.*

HÂLAGE, HÂLEUR. HALBRAN canard, HALBRENÉ,E.
HALECRET d'armure. HALICTE *ins LÉCHAIT;
LICHÂTES.* HALIOTIS *moll.* **H**ALITE *chim HÉLAIT.*
HAL**L**E. HALLALI. **H**ALLIER fourré. HALOGÉNÉ,E.
HÂLOIR (*from*) (C- inv). HALO**PHYTE** ou HALO**PHILE**
(*bot*). HALVA confiserie. HAMADA plateau.

HAMAC. HAMADA plateau. HAMMAN. HAMSTER nm.
HAN ! HANAP. HANCHER (se). HANDBALL (-EUR...).
HANSE. HAOUSSA langue. HAPALIDÉ singe.
HAPAX *ling.* HAPLOÏDE *biol.*
HAPTÈNE *chim HEPTANE PHÉNATE.*

HAQUENÉE jument. HAQUET *véhi.* HARAS.
HARCELER vt, je HARCÈLE ou je HARCELLE. HARDER
des chiens. HARDWARE *inf.* HARENG. HARET chat.
HARFANG chouette. HARISSA sauce. HARLE canard.

HARNOIS *HAÏRONS HORSAIN*. HARPAIL (biches).
HARPIE (S-). HARPISTE *TRIPHASÉ*. HARPONNER vt.
HART corde.

HASCH. **H**ASE. HAST inv arme, HASTÉ,E *bot*. HÂTIER
chenet *TRAHIE HÉRITA*. HÂTIVEAU pois.
HATTÉRIA *rept HÂTERAIT*.

HAUBAN (GAL-), HAUBANER vt (-AGE). HAUBERT
cotte. HAUSSIER *AHURISSE* (-E). HAUTBOÏS**TE**.
HAUSSER vt (C- EX- RE- DÉC- REC- SUR-).
HAUTIN vigne *SHUNTAI*.

HAVER mine, HAVAGE, HAVEUR... HAVANE,
HAVANAIS,E. HAVENEAU ou HAVENET filet. HAVRE,
HAVRAIS,E *HAVERAIS*. HAVRESAC. HAVRIT *mine*.
HAWAIIEN... HAYON.

HEAUME. HÉBÉTER vt, HÉBÉTUDE. HÉBREU,X
HECTIQUE *méd*. HECTO. HÉGÉLIEN... HÉGIRE *isl* ère.
HEIN !

HÉLIAQUE *astr*. HÉLIASTE *mag*. HÉLICON *mus*. HÉLIO,
HÉLIO**N**, HÉLIUM. HÉLIPORTÉ,E, HÉLIX anat.
HELLÈNE. **H**ÉLODÉE *bot*. HELVELLE *cham*.

HEM ! HÉMATIE *anat*, HÉMATITE *min*, HÉMATOME,
HÉMATOSE. HÉMIÈDRE *phys*. HÉMIONE équidé.
HÉMOLYSE. HENNÉ. HENNI**N** *coif*. HENRY unité. HEP !
HÉPARINE *méd*, HÉPATITE. HEPTANE *chim*.

HÉRAUT *HUERTA HEURTA REHAUT*. HERBACÉ,E
BÊCHERA ÉBRÉCHA, HERBAGER vt ou n (-E),
HERBEUX..., HERBU,E. HERCHER ou HERSCHER vi
mine, HERCHEUR... ou HERSCHEUR... HERCULE
LÉCHEUR.

HEREFORD bœuf. HERMÈS statue. HERMINE.
HERNIÉ,E, HERNIEUX... HÉROS, HÉROÏDE épître.
HERPÈS *méd SPHÈRE*. HERSAGE.

HERTZ unité, HERTZIEN...

HESSOIS,E de la Hesse. HÉTAÏRE fille *HÊTRAIE*.
HÉTAIRIE ligue. HETMAN,S cosaque. HEU! *EUH!*
HEUR inv. HEURTOIR. HÉVÉA. HEXAÈDRE *math.*
HEXAPODE *ins.* HEXOGÈNE *expl.* HEXOSE *chim.*

HIATUS, HIATAL.. *HALETAI.* HIBERNER ou HIVERNER
vi, HIBERNAL ou HIVERNAL..., HIBISCUS *arb* HIC inv.
HICKORY *arb.* HIDALGO. HIDEUR laideur. HIÈBLE ou
YÈBLE sureau. HIÉMAL... (hiver). HIER inv.

HILE *anat*, HILAIRE. HILOIRE *mar.* HILOTE serf.
HIMATION *cost.* HINDI *lang*, HINDOU,E. HIPPY ou
HIPPIE. HIPPISME. HIRCIN,E (bouc) *ENRICHI.* HISPIDE
velu. HISTONE *chim.* HISTORIER vt. HISTRION (-IQUE)
HITTITE *hist.* HIVERNER v. HIBERNER.

HOBBY,S ou -IES. HOCCO *ois.* HOCHEPOT ragoût.
HOCKEY (-EUR...). HOIR héritier, HOIRIE. HOLA!
HOLDING trust. HOLLANDE *from.* HOLMIUM *mét.*
HOLOCÈNE *géol.* HOLOSIDE *chim.*

HOME. HOMÉLIE. HOMESPUN *étof.* HOMINIDÉ
primate, HOMINIEN *mam*, HOMMASSE. HONGRER vt
châtrer, HONGREUR, HONGROYER vt (cuir). HONING
tech. HONNIR vt. HOP! HOPAK ou GOPAK danse.
HOPLITE *mil.*

HOQUETER vi, je HOQUETTE. HOQUETON *cost mil.*
HORION. HORMONAL... HORSAIN ou HORSIN non-
résident. HORST géol *SHORT.* HOSANNA,S *AHANONS.*
HOSPODAR titre. HOSTIE. HOTTÉE.
HOTU *ich.*

HOU! HOUARI *mar.* HOUDAN poule. HOUER vt piocher.
HOUILLER,E. HOUKA pipe. HOU(L)QUE *bot.*
HOUPPIER *arb*, HOUPPETTE. HOURD *const*,
HOURDER vt, HOURDAGE, HOURDIS. HOURI femme.
HOURRA,S ou HURRAH,S. HOURVARI bruit.

HOUSEAUX guêtres. HOUSSER vt. HOUSSAI**E** *arb*.
HOYAU houe.

HUCHER vt appeler. HUERTA plaine. HUGUENOT,E.
HUILAGE, HUILIER, HUILERIE, HUILEUX... HUIS porte,
HUISSIER. HUITAIN,E *poé*, HUITANTE inv *helv* = 80.
HUÎTRIER,E.

HULOTTE *ois*. (H)ULULER vi. HUM ! HUMER vt (R- ENR-
TRANS-), HUMAGE. HUMANISER vt. HUMECTER vt.
HUMÉRUS *HUMEURS*, HUMÉRAL... *MALHEUR* (cf
HUMORAL...). HUMUS, HUMIQUE.

HUNNIQUE. HUNIER nm *mar*. HUNTER nm *éq*
SHUNTER. HUPPÉE,E. HURDLER nm *sp*. HURE.
HURLANT,E, HURLEUR... HURON, -ONNE *HONNEUR*,
HURONIEN... *géol*. HUSSARD, E. HUSSITE *rel*.

HYALIN,E (verre), HYALITE, HYALOÏDE. HYBRIDER vt.
HYDATIDE ténia. HYDNE *cham*. HYDRAIRE *zoo*,
HYDRATER vt, HYDRAULE *mus*, HYDRIE vase,
HYDRIQUE (IOD-), HYDROGEL, HYDROLAT eau,
HYDROMEL, HYDROSOL *chim*, HYDRURE.

HYÈNE. HYGIÈNE. HYGROMA *méd*. HYMEN,
HYMÉNÉE, HYMÉ**NIUM**. HYOÏDE os, HYOÏDIEN...

HYPÉRON *ato*. HYPHE *cham*. HYPNE mousse.
HYPNOSE, HYPNOÏDE. HYPOCRAS *boiss*. HYPOGÉ,E
bot ≠ EPIGÉ,E. HYPOGYNE *bot*. HYPOÏDE (pont).
HYPOMANE *méd*. HYPOXIE *méd* HYSOPE *arb*.
HYSTÉRIE.

I

*Le I se double dans TORII, CHIISME, CHIITE HAWAIIEN,
mais aussi à l'imparfait de tous les verbes en -IER :
FIIONS, FIIEZ. Ne pas négliger des imparfaits peu eupho-
niques comme CRÉIONS, MUIONS.*

IAMBE *poé,* IAMBIQUE. IBÈRE ou IBÉRIQUE. IBÉRIS
bot. IBIDEM inv. IBIS *ois.* ICAQUE fruit, ICAQUIER.
ICARIEN... *RICAINE; INCISERA.* ICHTHUS *rel.*
ICHTYOL huile. ICHTYOSE *méd.* ICONIQUE.
ICTÈRE *méd.* ICTUS méd.

IDE *ich.* IDÉAL, E,S ou -AUX, IDÉALITÉ. IDÉATION *philo*
IODAIENT. IDEM inv. IDIOME *IODISME.* IDOINE.
IDOLÂTRER vt. IGLOO IGNAME *bot.* IGNÉ,E (feu),
IGNIFUGER vt, IGNITION, IGNITRON *élec.* IGUANE *rept*
USINAGE. IGUE aven (A- B- C- D- F- G- L-).

ILÉON *anat,* ILÉAL... *AILLE ALLIE,* ILÉITE, ILÉUS.
ILION os, ILIAQUE. ILIEN... ILLICO adv. ILLITE *min.*
ILLUVIAL... *géol,* ILLUVIUM. ILLYRIEN... ILMÉNITE *chim*
MÉLINITE. ILOTE serf (H-), ILOTISME.
ILOTIER, ILOTAGE.

IMAGIER n.m. *com ÉMIGRAI; AIGRÎMES,* IMAGERIE,
IMAGO, IMAGINAL... (ins). IMAM ou IMAN (cf AMAN),
IMAMAT ou IMANAT *AIMANT MATINA.*
IMBRÛLÉ,E *SUBLIMER.* IMITABLE, IMITATIF...

IMMANENT,E. **IM**MATURE *biol EMMURAIT.*
IMMÉRITÉ,E. IMMIGRER vi, (-ÉE). IMMISCER (s').
IMMOTIVÉ,E. IMMUN,E *phar MUNÎMES.*

IMPALUDÉ,E *méd DÉPLUMAI.* IMPARITÉ *PRIMATIE + 3.*
IMPARTIR vt (se conf. c. finir). IMPAVIDE. IMPAYÉ,E.
IMPENSES *dr.* IMPER. IMPÉRIUM *hist.* IMPÉTIGO.

IMPIÉTÉ *PIÉTISME*. IMPLANT *méd*. IMPLEXE *litt* (S-).
IMPLOSER vi *REMPLOIS*. IMPORT (cf EMPORT inv).
IMPOSEUR *typo*. IMPOSTE pierre *SEPTIMO*.
IMPUBÈRE. **IM**PULSER vt *PLUMIERS*.

IN inv. INABRITÉ,E *BINERAIT BÉNIRAIT*. INACTIVER vt
biol VATICINER. INACTUEL... *CULAIENT*. INADAPTÉ
ÉPANDAIT. INALTÉRÉ,E *RALENTIE RELAIENT*.
INAPAISÉ,E. INAPERÇU,E. INAVOUÉ,E *ÉVANOUI*.

INCA inv. INCARNAT,E rouge. INCIPIT inv *litt*. INCISURE
CUISINER INCURIES, **IN**CIVIL,E (-IQUE, -ISME).
INCLURE vt, subj INCLUE,S *INCLUSE*, INCLUSIF...
INCONEL alliage. **IN**CRÉÉ,E. INCUBER vt. INCUIT nm
tech. **IN**CURIEUX... INCURVER vt. INCUSE (médaille).

INDÈNE *chim*. INDEXAGE. INDIC. INDICAN *chim*.
INDICIEL... INDIUM *mét*. INDIVIS,E *DIVINISE*. INDOLE
chim. **IN**DOMPTÉ,E *PIEDMONT*. INDRI *mam*. INDULINE
chim. **IN**DÛMENT adv. **IN**DURER vt. INDUVIE (*bot*).

INÉCOUTÉ,E. **IN**ÉGALÉ,E. **IN**ÉPUISÉ,E. INERME (*bot*).
INERTIEL... **IN**ÉTENDU, E. **IN**EXAUCÉ,E. **IN**EXPERT,E.
INEXPIÉ,E.

INFANT,E. INFATUÉ,E. **IN**FÉCOND,E. INFÉODER vt
FONDERIE. **IN**FIXE *ling*. **IN**FONDÉ,E. INFORMEL...
MORNIFLE. INFRA inv. INFRASON *FARINONS*.
INFUS,E, **IN**FUSER vt *SURFINE*.

INGAMBE leste. INGRISTE (Ingres), INGRISME.
INGUINAL... **IN**HABILE. INHALER vt (cf ANHÉLER vi).
INIMITÉ,E. INIMITIÉ. INIQUITÉ.

INLAY (dent). INNÉITÉ *INNÉISTE*, INNÉISME
INSÉMINE SIMIENNE. INNERVER vt. INNOMÉ,E
MINOEN ou INNOMMÉ,E dr. INNOMINÉ,E (os).
INNOVER vt. INOCYBE *cham*. INOX.
INPUT *écon* = INTRANT.

INSANE fou. INSATURÉ,E *INSTAURE SATINEUR*

SATURNIE TAURINES URANITES + 4. INSCULPER vt
poinçonner *INCULPES*. INSÉMINER vt. INSERT *cin*
SINTER; RISSENT. INSIGHT *psy*. INSOLER vt photo
LISERON NÉROLIS NOLISER + 3. INSTIGUER vt *belg*
encourager. INSTILLER vt (goutte à goutte). INSU inv.

INTAILLE pierre *NIELLAIT*. INTER,S (L- et S- nm ; P- et T-
vt). INTERAGIR vi *INGÉRAIT INTÉGRAI*. INTERIM,S
INTIMER; MINISTRE. INTERROI *mag*. INTESTAT
ATTEINTS ATTISENT TINTÂTES. INTRADOS *arch*
TARDIONS TONDRAIS. INTRANT,S *écon*.
INTRIQUER vt compliquer. INTROÏT,S *rel*.
INTRORSE *bot ROSIRENT* +4.

INULE *bot*. INULINE *chim INSULINE*. INUSABLE
NÉBULISA. **IN**USUEL... INVAGINER (s') *méd*. **IN**VAR
mét. INVÉTÉRER (s') *litt*. **IN**VIOLÉ,E *VIOLINE OLIVINE*.
INVITANT,E, INVITEUR...

IODER vt, IODATE, IODIQUE, IODISME, IODURÉ,E
OURDIE RUDOIE; SOUDIER,E. IODLER vi = JODLER.
ION *at*, IONIQUE, IONISER vt, IONISANT,E *TISONNAI*.
IONIEN... IONONE *chim*. IOTA inv. IOURTE *TOURIE;*
SOUTIER ROUÎTES SOUTIRE = YOURTE. IPÉCA
racine. IPOMÉE *bot*. IPSÉITÉ *philo*.

IRAKIEN ou IRAQIEN... IRE. IRÉNIQUE *rel*, IRÉNISME
MINIÈRES. IRIDACÉE *bot*, IRIDIUM, IRIDIÉ,E, IRISER
vt, IRISABLE, IRITIS *méd*, IRONE *chim*. IRONISTE
ÉTIRIONS. IROQUOIS,E. **IR**RADIER (s') *REDIRAI*
RIDERAI. **IR**RÉFUTÉ,E. IRRÉSOLU, E *ROULIERS*.

ISABELLE jaune *ABEILLES BAILLÉES*. ISARD. ISATIS
bot. ISBA. ISCHÉMIE (pr. k) *méd*. ISCHION os. ISIAQUE
(Isis). ISLAM,S, ISLAMISER vt *ASSIMILÉ*.

ISOBARE *météo BOISERA REBOISA*. ISOBATHE (mer).
ISOCARDE *moll SARCOÏDE* +4. ISOCÈLE. ISOCHORE
(pr. k) (volume). ISOCLINE *phys SILICONE*. ISOÈTE
cham TOISÉE. ISOGAME *biol*, ISOGAMIE. ISOGONE

géom. ISOHYÈTE (pluies). ISOHYPSE (altitude).

ISOLABLE, ISOLAT *biol*. ISOMÈRE *chim* RÉMOISE
MOIRÉES, ISOMÉRIE. ISOPODE *crust*. ISOPRÈNE
ÉPIERONS. ISOPTÈRE (*ins*). ISOTONIE *phys*.
ISOTOPE *ato*. ISOTROPE *phys* POROSITÉ. ISTHME.

ITEM,S, ITÉRATIF... (RÉ-), ITOU inv. IULE *ins*. IVE ou
IVETTE *bot*. IVOIRIN,E *IVOIRIEN*..., IVOIRIER,E.
IVRAIE *bot*. IWAN *arch*. IXIA *bot*. IXODE tique.

J

Mots de 3 lettres : JAN JAS JET JEU JOB JUS.

JABIRU *ois*. JABLE de tonneau, JABLOIR(E). JABOTER
vi crier. **JA**CASSEUR... (-EMENT). JACÉE *bot*.
JACHÈRE,S. JACINTHE. JACISTE. JACK douille.
JACOBÉE *bot*, JACOBIN,E (-INISME), JACOBITE
OBJECTAI. JACQUARD. JACQUES. **J**ACQUET.
JA(C)QUIER *arb*. JACTER vi, JACTANCE.

JADE, JADÉITE *DÉJETAI*. JAILLI,E (RE-). JAIN, JAINA,
JAINISME = JINISME *rel*. JAIS. JALAP *bot*. JALE jatte.
JALONNEUR. JAMBAGE, JAMBETTE, JAMBIER,E.
JAMBOREE. JAMBOSE fruit. JAN (jeu). JANGADA
radeau. JAPON,S ivoire, JAPONAIS, E.
JAPPER vi, JAPPEUR... (-EMENT).

JAQUE fruit du JA(C)QUIER. JAQUETTE. JARDE ou
JARDON *éq* tumeur. JARDINER vt (-AGE), JARDINET.
JARGONNER vi. **JA**ROSSE ou **JA**ROUSSE *bot*.
JARRETÉ,E *éq*. **J**ARS. JASER vi, JASEUR... *JURASSE*.
JASMIN. JASPER vt bigarrer, JASPURE (cf JAPPEURS).
JASPINER vi.

JAUGER vt *JUGERA* (DÉ-) JAUGEAGE, JAUGEUR.
JAUMIÈRE *mar MIJAURÉE*. JAUNIR vt, JAUNET...
JAVA, JAVANAIS,E. JAVART *éq* tumeur. JAVEL inv (-
LLISER). JAVELER, je JAVELLE (EN-), JAVELAGE,
JAVELEUR... **J**AVELINE, JAVELOT. JAZZMAN,S ou -
MEN.

JEAN. JÉCISTE. JEEP. JÉJUNUM *anat*.
JEREZ = XÉRÈS = SHERRY. JERK, JERKER vi.
JÉROBOAM bouteille. JERRICAN(E).
JERSEY, JERSIAIS,E. JÉSUS, JÉSUITE (-IQUE).

JET (OB- RE- SU- PRO- SUR- TRA-), JETER vt, je

JETTE (DÉ- RE- PRO- SUR- INTER-), JETABLE (RE-),
JETAGE morve, JETEUR... *SURJETÉ.*
JEUN inv, JEÛNER vi (-EMENT), JEÛNEUR...
JEUNET..., JEUNOT, -OTTE. JINISME *rel.*

JOB. JOBARD, E naïf (-ISE, -ERIE). JOBELIN argot.
JOCISTE. JOCKEY. JOCRISSE benêt. JODHPURS *cost
éq.* JODLER ou IODLER vi (Tyrol). JOGGING.
JOINDRE vt (AD- EN- RE- DIS-), JOINTIF...
*menui,*JOINTOYER vt, JOINTURE *JOUIRENT.*

JOJO,S. JOKER. JOLIET..., JOLIESSE, JOLIMENT.
JOMON *jap hist.* JONC, JONCACÉE, JONCHAIE ou
JONCHÈRE ou JONCHERAIE. JONCHER vt. JONCHET
bâtonnet. JONGLERIE, JONGLEUSE. JONQUE. JORAN
vent. JORURI *jap* drame. JOSEPH (papier) (-ISME).

JOTA danse.

JOUBARBE, JOUER vt (DÉ- RE-), JOUABLE (IN-).
JOUAL m, -AUX *lang can.* JOUFFLU,E. JOUISSIF...
JOULE *phys.* JOURNADE cotte. JOUTER vi,
JOUTEUR... JOUVENCE inv (-EAU,-ELLE). JOUXTER
vt. JOVIAL,E,S ou -AUX. JOVIEN... (Jupiter). JOYAU.
JOYEUSETÉ.

JUBARTE cétacé. JUBÉ d'église. JUBILER vi,
JUBILANT,E (-LAIRE). JUCHER vt (DÉ-), JUCHOIR.
JUDAÏSER vt, JUDAÏQUE, JUDAÏSME. JUDAS. JUDO,
JUDOKA. JUGAL...os. JUGER vt (AD- DÉ- MÉ- PRÉ-),
JUGEABLE, JUGEOTE,S, JUGEUR... JUGULER vt
(-AIRE).

JUJUBE, JUJUBIER. JULEP *phar.* JULES, JULIEN...
JUMBO *tech.* JUMEL (coton). JUMELER vt, je JUMELLE.
JUMENTÉ. JUMPING. JUNIOR *JURIONS.*
JUNKER noble. JUNTE. JUPETTE, JUPONNER vt.

JURANÇON vin. JURER vt (AB- AD- CON- PAR-),
JURANDE *hist,* JURAT *mag* (-TOIRE), JUREMENT,

JUREUR *hist rel,* JURISTE, JURY,S. JUSANT marée.
JUSQUE inv. JUSSIAEA *bot.* JUSSION *hist.* JUTER vi,
JUTEUX... JUVÉNAT *scol rel.*

ABAJOUE (mam). **A**CAJOU. ADJUVAT *méd*, ADJUVANT,E *phar*. AJISTE *JETAIS*. **A**JONC. **A**JOUR, AJOURER vt. AJOUT (R-). AJUSTAGE, AJUSTEUR. AJUTAGE tube *JAUGEÂT*.
AZULEJO carreau de faïence *JALOUSEZ*.

BAJOYER nm mur. BANJO. BÉJAUNE. BENJAMIN,E. BENJOIN. BIJECTIF. (cf AD- IN- OB). BINTJE. CAJEPUT *bot*. CAJOU inv (noix) (A- CAR-). CAJUN,S américain. CAJOLEUR... **CAR**CAJOU *mam*.. CISJURAN,E *géog*. CONJOINT,E *JONCTION*. CONJUNGO mariage.

DÉJANTER vt. DJAMAA inv *isl*. DJIHAD *isl*. DJEBEL. DJELLABA *cost*. DJINN. DONJON. ÉJACULER vt, ÉJECTER vt, ÉJECTEUR, ÉJECTION. ÉJOINTER vt (*ois*). ENJÔLEUR... ENJUGUER vt *agr*.

FJELD. FJORD. GALÉJER vi, GALÉJADE. GOUJAT. GOUJON (-ONNER vt). GUJARATI *lang*. HADJDJ,S *isl* INJECTIF... *math*. KANDJAR, KANDJLAR ou KANGLAR poignard.

MAHARAJA ou **MAHA**RADJAH inv. MAJESTÉ,S *JETÂMES*. MAJORER vt, MAJORA**L**, -AUX, MAJORA**T**. MAJORQUIN,E. MEIJI,S ère. MÉJANAGE (peaux). MIJAURÉE. MIJOTER vt. MINIJUPE. MOUJIK. MUDEJAR *isl esp*. MUNTJAC cerf.

NAJA *rept*. NAVAJA arme (cf JAVANAIS). OBJECTA**L**... *psy*. PANJABI *lang*. PIROJKI inv pâté. POLJE *géog*. PYJAMA. RAJA ou RAJAH ou RADJAH. **R**AJOUT. **R**AJUSTER ou RÉAJUSTER vt. REJAILLIR vi (-IE).

SAJOU ou SAPAJOU. SANDJAK turc. SOJA. SUJÉTION. SURJALÉE *mar*. TADJIK *lang*. TAJINE mouton. **T**JALE. TOKAJ. TUPAJA ou TUPAÏA *mam*. VERJUS suc, VERJUTÉ,E.

K

Le K se marie bien avec le C (TECK, PACK, RACK, ROCK), certains groupes de voyelles atypiques (BREAK, KAON, KOALA, KAOLIN, BROOK), le Y (YAK, KYAT, KYSTE, DYKE), le H (KHI, KHAN, KHAT, KHOL). Avec un joker, pensez à donner à celui-ci la valeur d'un W pour faire KA(W)A, KA(W)I, KI(W)I ou K(W)AS.

Verbes avec un K : ANKYLOSER vt, BALKANISER vt, COKÉFIER vt, DÉSTOCKER vt, ENKYSTER vt, JERKER vt, KIDNAPPER vt, KILOMÉTRER vt, NICKELER vt, SKIER vt, STOCKER vt.

Mots en 3 lettres : KA,S KHI KID KIF KIL KIP KIR KIT KOB KSI SKI LEK TEK YAK

KA ou KAON *ato.* KABBALE = CABALE. KABUKI *jap* théâtre. KABYLE. KACHA *mets.* KAFKAÏEN... KAÏNITE sel *SKIAIENT.* KAISER,S *SKIERA.* KAKATOÈS = CACATOÈS. KAKEMONO *jap* (*art*). KAKI fruit. KALI *bot.* KALIÉMIE *anat,* KALIUM potassium. KALMOUK,E mongol.

KAMI *jap* dieu *MAKI.* KAMICHI *ois.* KAMIKAZE. KANA inv *jap* signe. KANAK,E v. CANAQUE. KANDJAR, KANDJLAR ou KANGLAR arme. KANNARA ou CANARA *lang.* KANTIEN..., KANTISME. KAOLIANG sorgho. KAOLIN. KAON.

KAPOK, KAPOKIER. KAPPA inv. KARAKUL ou CARACUL ovin. KARATE, KARATEKA. KARITE *arb.* KARMA(N) *rel.* KARST *géol* (-IQUE). KART, KARTING *STARKING.* KASHER inv *SHAKER* ou CASHER inv *rel.* KATCHINA demi-dieu. KAWA *arb.* KAWI *lang.* KAYAK. KAZAKH langue.

KEEPSAKE album. KEFFIEH *coif.* KÉFIR ou KÉPHIR *boiss.* KELVIN unité. KENDO *sp jap.* KÉNOTRON *élec.*

KENTIA *arb.* KENYAN, -YANE. KÉPI. KÉRATINE corne,
KÉRATITE (œil), KÉRATOSE *méd.* KERMÈS *arb.*
KÉROGÈNE roche. KÉROSÈNE. KERRIA *arb jap.*
KETCH *mar SKETCH.* KETCHUP. KETMIE *arb.*

KHÂGNE, KHÂGNEUX... *scol.* KHALIFE = CALIFE.
KHAMSIN ou CHAMSIN vent. KHAN titre, KHANAT.
KHAT = QAT drogue. KHÉDIVE titre,
KHÉDIVAL..., KHÉDIVAT. KHI inv. KHMER,E. KHOIN ou
KHOISAN *lang.* KHÔL ou KOHOL ou KOHEUL fard.

KIBBOUTZ pl -ZIM. KICK. KID fourrure. KIDNAPPER vt
(-EUR..., -ING). KIF. KIKI. KIL. KILO (-MÉTRER vt,
-TONNE). KILIM tapis turc. KILT. KIMONO *MONOSKI.*
KINASE enzyme. KINÉSIE. (A- DYS- TÉLÉ-) KINKAJOU
mam. KIP *mon.* KIPPOUR,S. KIR. KIRGHIZ *lang.*
KIRSCH. KITSCH inv. KIWI *ois.*

KLAXON, KLAXONNER vi. KLEPHTE ou CLEPHTE grec.
KLIPPE *géol.* KLYSTRON tube. KNICKERS *cost.*
KNOUT.

KOALA *mam.* KOB antilope (cf COB). KOBOLD nain.
KOHEUL ou KOHOL v. KHOL. KOINE *lang.* KOLA ou
COLA fruit du KOLATIER. KOLINSKI fourrure.
KOLKHOZ(E). KONDO *jap* temple. KONZERN entente.
KOPECK. KORÊ ou CORÉ statue. KORRIGAN nain.
KOTO *jap mus.* KOUBBA *monu.* KOUGLOF gâteau.
KOULAK paysan riche. KOUMYS ou KOUMIS lait.
KOUROS ou COUROS statue, pl KOUROI ou COUROI.

KRAAL,S village. KRACH *fin.* KRAFT. KRAK forteresse.
KRILL *crust.* KRISS v. CRISS. KRYPTON gaz. KSAR, pl
KSARS ou KSOUR : village. KSI inv = XI. KUFIQUE v.
COUFIQUE. KUMMEL *bois.* KUMQUAT agrume.
KURDE. KWAS ou KVAS *boiss.* KYAT *mon.* KYMRIQUE
lang. KYRIE inv. KYRIELLE. KYSTE, KYSTIQUE (cf
ENKYSTER).

AKÈNE. AÏKIDO *sp*. **A**KINÉSIE *méd*. AKKADIEN...
AKVAVIT. ANKYLOSER vt. ANORAK. ARA**K**. ARKOSE
grès. ASTRAKAN. BAKCHICH. BAKÉLITE. BAKLAVA.
BARAKA,S. BARKHANE dune.

BASKET (-TEUR...). BATIK *étof*. BAZOOKA. BEATNIK.
BICKFORD. **BIF**TECK. BIKINI. BOCK. BOSKOOP.
BREAK (-FAST). BRICK. BRISKA *véhi*. BROOK (éq).
BUNKER. BUNRAKU *jap*.

CAKE. CARRICK *cost*. CHAPKA *coif* CHAPSKA *coif*.
CHEBEK ou CHEBEC *mar*. CHEIKH. CHINOOK vent.
CHOKE. CLIC**K** *ling*. CLINKER nm *tech*.

COCKER nm. COCKNEY. COCKPIT. COCKTAIL.
COLBACK. COKE, COKAGE ou COKING, COKEUR,
COKÉFIER vt, COKERIE. **C**RACK. CRACK**ER** nm.
CRACK**ING** *tech*. CRICKET. CROSKILL *agr*.

DAYAK *lang*. DERRICK. **DES**TOCKER vt. DIKTAT.
DOCK, DOCKER nm. DRAKKAR *mar*. DRAWBACK *fin*.
DRINK. DYKE. ENKYSTER vt. EURÊKA ! EUSKERA *lang*
ou ESKUARA ou EUSCARA. FAKIR (-ISME).
FLOCKAGE. FOLK ou FOLKSONG, FOLKLORE.
FONDOUK *com*. FREAK.

GAGAKU *mus*. GECKO *zoo*. GINKGO *arb*. GOPAK ou
HOPAK danse. GYMKHANA. **HAD**DOCK *ich*. HAÏK.
HAÏK**U** ou HAÏK**AI** *jap*. HAKKA *lang*. HARKI. HICKORY
arb. HOCKEY (-EUR...). HOUKA pipe. IRAKIEN...

LAKISTE poète. LINKS *golf*, LINKAGE *biol*. LOKOUM ou
LOUKOUM. **MAKH**ZEN (Maroc). MAKI singe. MAKILA
canne. **MA**KIMONO *art*. MALINKE *lang*. MAMELOUK.
MARK (-ETING). MAZURKA. MELKITE ou MELCHITE
isl. MIKADO. MOKA. MONO**KINI**. **MONO**SKI.
MOUSSAKA *mets*.

NANKIN *étof*. **NAN**SOUK *étof*. NECK. NETSUKE *cost*.
NICKELER vt, je NICKELLE. NUNATAK *géol*.

NUNCHAKU arme. OKAPI *zoo*. OKOUMÉ *arb*. OSTIAK
TOKAIS ou OSTYAK *TOKAYS lang*. **O**UKASE ou
UKASE. OUMIAK *mar*. **O**UZBEK ou UZBEK *géog*.

PACHALIK pays. PACK. PADDOCK. PAPRIKA. PANKA
écran. PARKA. PARKING. PÉKAN *zoo*. PÉKIN ou
PÉQUIN civil, PÉKINÉ,E, PÉKINOIS,E. PICKLES.
PIROJKI inv *mets*. POKER. POLKA. PRAKRIT *lang*.
PUNK.

RACK meuble, RACKET (-TTEUR). RAKI. RASKOL *rel*.
REMAKE. RIKIKI ou RIQUIQUI inv. ROCK, ROCK**ER** nm.
ROMSTECK ou **RUMS**TECK. ROOKERY,S ou
ROOKERIE *ois*. SAKÉ *boiss*. SAKI singe *SKIA SKAI*.
SAKI**EH** noria. ŚAKTISME *rel* SANDJAK turc.
SANSKRIT,E *lang*.

SEBKHA maréc. SHAKER nm. SHAKO *coif*. SIKH.
SIKH**ARA** tour. SIRTAKI. SKAI. SKATE (-BOARD).
SKEET *sp*. **S**KETCH,S ou ES. SKIER vi, SKIABLE.
SKIFF *mar*. **S**KIP benne. SKIPPER nm. SKUA *ois*.
SKUNKS *zoo*. SLIKKE vase.

SMOCKS fronces. SMOKING. SNACK. SODOKU *méd*.
SOUK. SOVKHOZE. SPARDECK *mar*. SPEAKER (-INE).
STAKNING *ski*. STARKING. STEAK. STICK.
STOCKER vt (DÉ-), STOCKAGE, STOCKISTE. STOKER
nm *tech*. STOKES unité. STUKA *av*. SULKY *véhi*.
SVASTIKA croix.

TALPACK *coif*. TANK. TANK**A** inv *art*. TANKER nm.
TANKISTE. TECK ou TEK. TECK**EL**. **TÉLE**SKI. TICKET.
TOKAI ou TOKAY ou TOKAJ. TOMAHAWK. TONKA
fève. TREKKING *sp*. TRICK pli. TROÏKA trio. TRUCK
véhi. TURKMÈNE *géog*.

UKASE (O-). UZBEK (O-). VEDIKA inv *rel*. VIKING.
VODKA. VOLAPUK *lang*. YACK ou YAK *zoo*. YANKEE.
WHISKY,S ou -IES. ZAKOUSKI inv *mets*.

L

Attention au doublement du L au présent, au futur et au conditionnel de la plupart des verbes en -ELER : EPE- LER, EPELLE, EPELLERA.

Nombreuses finales en -AL, mais aussi en -EL, et -IL.

Si vous avez deux L, pensez à les dédoubler (LILIAL, LAGUIOLE, LOBULE, LUCIOLE, VOLATIL).

Mots terminés par LL : BILL, FULL, HALL, PULL, TELL, ATOLL, DRILL, KRILL, SCULL, TROLL, BRINELL, MAXWELL, CROSKILL, FOOTBALL, HANDBALL, MAN- DRILL.

Mots terminés par RL : GIRL, MERL, MAERL.

LABARUM étendard. LA(B)DANUM gomme. LABEL.
LABELLE (*bot*). LABIACÉE ou LABIÉE *bot BALISÉE,*
LABIAL... (cf BILABIALE), LABILE *chim*, LABILITÉ.
LABIUM (*ins*) *SUBLIMA*. LABRADOR. LABRE *ich*.
LABRI(T) chien.

LAÇAGE *CALAGE* ou LACEMENT, LACEUR... *RECULA ULCÉRA CULERA,* LACIS. LACCASE enzyme.
LÂCHAGE, LÂCHEUR... LACRYMAL... LACINIÉ,E *bot*.
LACTAIRE *cham*, LACTAME *chim*, LACTASE, LACTATE
ÉCLATÂT, LACTIQUE, LACTONE *chim ÉCLOSANT
ÉCLATONS,* LACTOSE (GA-). LACUNEUX...
LACUSTRE.

LAD. LADANG = RAY *GLANDA*. LADANUM
= LABDANUM. LADIN *lang*. LADINO *lang*. LADRERIE.
LAD**Y**,S ou -IES. LAGAN épave. LAGON. LAGOPÈDE
ois. LAGUIOLE *from*. LAGUIS corde.

LAI, LAÏC ou LAÏQUE, LAÏCAT *CALTAI*, LAÏCISER vt
CISELAI, LAÏCISME, LAÏCISTE *LAÏCITÉS CISELAIT
SILICATE*. **L**AÎCHE *bot*. LAIDEUR *DILUERA,* LAIDERON
ORDINALE. LAIE. LAINER du drap, LAINEUR...,

LUNAIRE ULNAIRE, LAINEUX... LAINIER,E *LINAIRE; LINÉAIRE; SALINIER.*

LAIRD seigneur. LAITÉ,E, LAITANCE, LAITERON *bot LAIERONT ORIENTAL RELATION ENRÔLAIT RENTOILA.* LAITONNER vt. LAÏUS, LAÏUSSER vi *RUISSELA RUILASSE.* LAIZE (*étof*).

LAKISTE *poé.* LAMER vt *tech,* LAMAGE. LAMAÏSME *rel,* LAMAÏSTE *MALTAISE ALITÂMES.* LAMANAGE *mar,* LAMANEUR. LAMANTIN *mam LAMINANT.* LAMBDA inv. LAMBEL *hér.* LAMBIN, LAMBINER vi *MINABLE.* LAMELLÉ,E (-EUX...). LAMENTO,S *mus TÉLAMON.*

LAMIE requin. LAMIER *bot.* LAMIFIÉ,E, LAMINER vt, LAMINAGE, LAMINEUR, LAMINEUX..., LAMINOIR. LAMPER vt *PALMER.* LAMPANT,E, LAMPARO. **LAM**PASSÉ,E *hér.* LAMPROIE *zoo.* LAMPYRE *ins.*

LANÇAGE *const,* LANCEUR..., LANCÉOLÉ,E *bot,* LANCETTE, LANCINER vt. LANÇON équille (P-). LAND pl LANDS ou LANDER (-GRAVE), LANDTAG *GLANDÂT,* LANDWEHR *mil.* LANDAIS,E *DÉLAINAS.* LANDAU,S. LANDIER chenet.

LANGER vt. LANGRES *from SANGLER.* LANGUEYER un porc (-AGE). LANIFÈRE *FLÂNERIE + 2* ou LANIGÈRE *GALÉRIEN ALGÉRIEN RÉGALIEN GRÉNELAI.* LANOLINE graisse. LANTANA *arb.* LANTERNER vi. LANTHANE *mét ANHÉLANT.*

LAO *lang,* LAOTIEN... *ENTOILA ENTÔLAI; ÉTALIONS ISOLANTE OISELANT.* LAPER vt, LAPEMENT *EMPALENT.* LAPEREAU *ÉPAULERA.* LAPIAZ ou LAPIÉ *géol,* LAPILLI pl. LAPIS pierre. LAPINER vi *PRALINE.* LAPON,E. LAPPING *tech.* LAPS, LAPSI pl *rel,* LAPSUS (PRO-).

LAQUER vt, LAQUAGE, LAQUEUR. LARE, LARAIRE. LARDOIRE. LARGET *tech TERGAL,* LARGO,S,

LARGESSE *RÉGLASSE GRÊLASSE.* LARGAGE,
LARGABLE, LARGEUR. LARIGOT flûte (cf MARIGOT,
PARIGOT). LARMIER *arch.* LARMOYER vi. LARRON m.
LARVAIRE. LARYNX, LARYNGÉ,E.

LASAGNE pl *LANGEAS AGNELAS;* cf GLANASSE.
LASCIF... LASER nm. LASTEX, LATEX. LATANIER
palmier *RÂLAIENT ALTERNAI.* LATENCE *ÉCALENT.*
LATERE inv *dr.* LATÉRITE sol. LATINISER vt.

LATINITÉ *LITAIENT.* LATOMIES prison *MOLETAIS.*
LATRIE inv *rel.* LATRINES *RALENTIS + 2* (cf RELIANT).
LATTER vt, LATTAGE, LATTIS. LAUDANUM.
LAUDATIF..., LAUDES prières.
LAURÉ,E, LAURACÉE *bot.* LAUSE ou LAUZE dalle.

LAVANDIN *bot.* LAVARET *ich.* LAVATORY,S ou -IES,
LAVIS (dessin), LAVURE. LAVRA ermites. LAXATIF...,
LAXISME, LAXISTE, LAXITÉ. LAYER une forêt, LAYON.
LAZARET (pour quarantaine). LAZURITE = LAPIS.
LAZZI plaisanterie.

LEADER *DEALER LARDÉE* (cf LOADER). LEASING
com. LEBEL. LÉCANORE lichen *OLÉCRANE.* LÉCHER
vt (F- AL- POUR-), LÉCHAGE, LÉCHEUR...
LECTEUR, LECTORAT. LECYTHE vase.

LÉGATION *ÉLOIGNÂT LONGEAIT.* LEGATO adv *mus.*
LIÈGE *mar.* LÉGENDER vt. LEGGINGS. LEGHORN
poule. LÉGISTE. LEGS. LÉGUMIER,E, LÉGUMINE.
LEI pl de LEU. LEK *mon.*

LEMME *math* (DI-). LEMMING *mam.* LEMNACÉE *bot.*
LEMPIRA *mon.* LÉMURES âmes *MÉRULES RELÛMES
MUSELER,* LÉMURIEN *mam.* LENDIT,S. LÉNIFIER vt,
LÉNITIF... LENTIGO tache. LENTO adv *mus.*
LÉONARD,E de Léon. LÉONIN, E *LIONNE,* LÉONURE
bot ENROULE. LÉOPARDÉ,E.

LÉPIOTE *cham PÉTIOLE PILOTÉE.* LÉPISME *ins*

EMPILES. LÉPORIDÉ lièvre. LEPTON *ato*. LEPTURE *ins*
PLEUTRE. LÉROT loir ; *STÉROL*. LESBIEN...
SENSIBLE, LESBISME *BLÊMISSE*. LÉSINEUR...
LÉSION.
LESTAGE *GELÂTES*.

LET inv. LÉTAL... mortel, LÉTALITÉ. LETCHI = LITCHI
= LYCHEE. LETTON, -ONNE *TONNELET ENTÔLENT*,
LETTE *lang*. LEU pl LEUS ou LEI. LEUCANIE *pap*
ÉNUCLÉAI. LEUCINE acide. LEUCITE *bot*. LEUCOME
(œil), LEUCOSE *méd ÉCOULES + 2*. LEUDE vassal.

LEV,S *mon*. LEVER nm et vt (É- EN- RE- PRÉ- SOU-
CHAMP ; CANTI- nm), LEVAGE *VÉLAGE*, LEVANT,S
VALSENT, LEVANTIN,E *NIVELANT*. LÉVIGER vt broyer.
LÉVITE prêtre *VÉLITE*. LÉVIRAT *dr hist*.

LÉVOGYRE *phys*. LEVRAUT *REVALUT ; RÉVULSÂT*.
LEVRETTER vi (-ÉE), LEVRON, -ONNE chien.
LÉVULOSE *chim*. LEXÈME *ling*, LEXICAL... (-ISER vt),
LEXIE (A-). LEZ. LÉZARDER (se).

LI. LIAGE. LIAISON *NOLISAI INSOLAI*. LIASIQUE *géol*.
LIBAGE *const*. LIBANAIS,E. LIBATION. LIBECCIO vent.
LIBELLER vt. LIBER nm *arb*. LIBÉRIEN... LIBER**O** *sp*.
LIBERTY,S *étof*. LIBIDO. LIBOURET ligne. LIBRETTO
mus (pl S ou I). LIBYEN...

LICE. LICHE**N**. LICHER vt boire, LICHETTE. LICIER *ouv*.
LICITER vt *dr* (FÉ- EXP- SOL-). LICOU ou LICOL.
LICTEUR (*mag*). LIDO *géog*.

LIED,S ou -ER. LIÉGÉ,E, LIÉGEUX..., LIÉGEOIS,E.
LIEMENT *ÉLIMENT*. LIERNE *arch*. LIESSE inv LISSÉE
(cf SESSILE). LIEU,S ou X. LIEUR... *LIURE + 2*.
LIFT *sp*, LIFTER vt, LIFTIER nm, LIFTING = LISSAGE.

LIGAND *chim*. LIGASE *chim GLAISE ; LISSAGE*.
LIGATURER vt *LUGERAIT*. LIGE *féod*. LIGÉRIEN...
(Loire) *LINGERIE*. LIGIE *crust*. LIGNER vt, LIGNAGE

(DÉ-), LIGNEUL fil. LIGNEUX... (cf DÉLIGNEUSE),
LIGNINE, LIGNITE roche, LIGNIFIER (se).
LIGOT fagot, LIGOTAGE. LIGUEUR... LIGULÉ,E *bot.*
LIGURE ou LIGURIEN...

LILIACÉE, LILIAL... LILLOIS,E. **L**IMAN lagune. **L**IMAGE,
LIMEUR... *SIMULER.* **L**IMAILLE. LIMANDE *ich.* LIMBE,
LIMBAIRE *bot BLÉMIRAI.* LIMETTE citron *MÉLITTE.*
LIMICOLE *zoo* (marais), LIMIVORE *zoo.* LIMINAL... *psy.*
LIMITEUR.

LIMNÉE *moll.* LIMONADE *MONDIALE.* LIMON,
LIMONAGE, LIMONÈNE..., LIMONEUX..., LIMONIER,E
éq. LIMONITE. LIMOUSIN,E *MILOUINS.* LIMULE *zoo.*

LIN, LINACÉE *CALINÉE ; SÉLACIEN,* LINAIRE,
LINIER,E. LINÇOIR *const.* LINÉAIRE (A-) *LAINIÈRE.*
LINÉAL..., LINÉIQUE. LINER nm. LINGA(M) symb.
phallique. LINGER,E. LINGUAL,E, -AUX (SUB-).

LINIMENT. LINKAGE *biol,* LINKS (golf). LINNÉEN... de
Linné. LIN**O**. LINON *étof.* LINOTTE *ois.* **L**IN**O**TYPE.
LINSANG *mam.* LINTEAU *const.* **L**INTER nm duvet.

LIPASE enzyme, LIPÉMIE (HYPO-), LIPIDE, LIPOÏDE,
LIPOLYSE *méd,* LIPOME tumeur *EMPLOI.*
LIPPE, LIPPU,E *SUPPLIE.* LIQUÉFIER vt (-IANT,E,
-IABLE). LIQUETTE. LIQUIDER vt (-ABLE, -ATIF...).

LISÉRER vt *IRRÉELS LIERRES.* LISERON. LISEUR...
LISIER *agr LISSIER.* LISIÈRE *RÉSILIE.* LISSER vt (C- G-
P- ÉC- PA- COU- DÉP- REP-), LISSAGE (P-), LISSEUSE
méc (P-), LISSIER *ouv* ou LICIER, LISSOIR *LOISIRS.*
LISTER vt, LISTAGE *GLATISSE,* LISTING. LISTEL
SILLET TILLES, LISTEAU *LAITUES* ou LISTON moulure.
LITANIE *ITALIEN LIAIENT ; LATINISE SALINITÉ + 4.*

LITCHI ou LETCHI *arb.* LITER des poissons (DÉ-).
LITEAU raie. LITHAM voile. LITHARGE *chim,* LITHIASE
méd, LITHINÉ,E, LITHIQUE, LITHIUM *mét,* LITHO

THIOL. LITHOBIE *ins*, LITHOSOL sol. LITORNE grive
LIERONT ÉLIRONT. LITOTE *styl TOLITE ; LOTÎTES*.
LITRON. LITTORAL... *TORTILLA*. LIURE.

LIVAROT *from VIROLÂT*. LIVÈCHE *bot*. LIVEDO *méd*.
LIVIDITÉ. LIVING. LIVRABLE, LIVREUSE. LLANOS
plaine. LLOYD.

LOADER nm *tech DORSALE SOLDERA. LOB, LOBER*
vt. *LOBAIRE LOBERAI BARIOLÉ*. LOBBY,S ou -IES.
LOBÉLIE *bot*. LOBULÉ,E, LOBULEUX... LOCH *mar.*
LOCHE *ich*. LOCHIES *méd. LOCULÉ,E COLLEUSE* ou
LOCULEUX... *bot*. LOCUS *gén*. LOCUSTE criquet
CLOUTÉS. LOCUTEUR, -TRICE.

LODEN. LODS *dr féod*. LOESS. LOF *mar*, LOFER vi.
LOFT logement *FLOT*. LOGEABLE, LOGETTE,
LOGEUR..., LOGGIA. LOGICIEL *inf*. LOGOS *philo*.
LOISIBLE inv. LOKOUM ou LOUKOUM confiserie.
LOLLARD pénitent.

LOMBAGO ou LUMBAGO. LOMBARD,E. LOMBES *anat*.
LOMBRIC ver. LONDRÈS cigare. LONGANE fruit
GALONNE. LONGER vt (P- AL- PRO- RAL- REP-),
LONGERON. LONGOTTE *étof* (cf ONGLETTE).
LONGRINE *const*. LONGUET...

LOOPING. LOQUET (-EAU, EUX...). LORAN *mar.*
LORDOSE *anat*. LORETTE fille. LORI, LORIQUET
perroquet. LORRAIN,E. LORRY,S ou -IES chariot.
LOTIER *bot ORTEIL TÔLIER* (I-). LOTIONNER vt.
LOTIR vt. LOTE ou LOTTE. LOTUS.

LOUANGER vt. LOUBARD. LOUCHEUR... LOUCHET
bêche. LOUER vt (C- F- AL- RE- DÉC- ENC- REC-),
LOUEUR... LOUFIAT serveur *FILOUTA + 2.*
LOUGRE bateau. LOULOU. LOUPAGE.
LOUPIOT, -OTTE gamin *POULIOT*. LOUPIOTE.

LOURDAUD, E, LOURDER vt *pop*. LOURER (des notes)

OURLER ROULER. LOUSTIC. LOUVER vt *tech.*
LOUVET... jaune et noir, LOUVETER vi mettre bas
VELOUTER, je LOUVETTE. LOVER vt *mar.*

LUCANE *ins NUCALE* + 2. LUCILIE mouche *CUEILLI;*
SILICULE. LUCIOLE. LUCITE *méd* (soleil) (A-). LUDDITE
hist ouv, LUDDISME. LUDISME, LUDIQUE, LUDION
jouet *DILUONS.* LUETTE *anat* (A- B- F-).

LUFFA *bot.* LUGER vi, LUGEUR... *GUEULES.*
LUMBAGO ou LOMBAGO. LUMEN unité, LUMIGNON.
LUMP *ich.* LUNAIRE, LUNAISON. LUNCH,S ou ES.
LUNETIER,E. LUNULE, LUNURE (bois).

LUPANAR. LUPIN *bot,* LUPULIN,E. LUPUS *méd,*
LUPIQUE. LURETTE inv. LURON, -ONNE. LUSITAIN,E
INSULTAI LUTINAIS. LUSTRER vt, LUSTRAGE
SURGELÂT, LUSTRAL..., LUSTRINE *INSULTER.*

LUT ciment, LUTER vt. LUTÉAL... *embryo,* LUTÉINE
LUTINÉE; INSULTÉE. LUTÉCIUM *mét.* LUTH,
LUTHIER, LUTHERIE, LUTHISTE. LUTINER vt. LUTRIN
pupitre. LUX, LUXMÈTRE (F-). LUZERNE. LUZULE *bot.*

LYCAON *mam,* LYCÈNE *pap,* LYCÉNIDÉ, LYCHNIS *bot.*
LYCOPE *bot,* LYCOPODE. LYCHEE *arb.* LYCOSE
araignée. LYDDITE *expl.* LYDIEN... LYNCHER vt,
LYNCHAGE, LYNCHEUR... LYONNAIS,E. LYS**E** *chim*
(-RGIQUE), LYSINE, LYSOSOME, LYSOZYME,
LYTIQUE.

M

MABOUL,E. MACACHE adv. MACADAM. MACAQUE
singe. MACAREUX *ois.* MACARONI,S *MAROCAIN
ROMANCAI* (-QUE). MACERON *bot ROMANCE.*
MACHAON (pr. k) *pap.* MACHEFER nm. MACHETTE
arme. MACHO mâle, MACHISME. MACHURER vt.
MACIS écorce.

MACLER du verre, MACLAGE. MAÇONNER vt (-IQUE).
MACRAMÉ dentelle. MACRE *bot CRAME.* MACREUSE
canard *ÉCUMERAS.* MACROURE *crust.*
MACULER vt, MACULAGE. MACUMBA vaudou.

MADAME pl MESDAMES. MADÈRE. MADICOLE *zoo* et
bot. MADONE *MONADE ÉMONDA NOMADE.*
MADRAGUE filet *MARGAUDE.* MADRAS *étof.*
MADRAS**A** *isl scol.* MADRIGAL.
MADRURE du bois *MUSARDER.*

M(A)ERL sable. MAESTOSO adv, MAESTRO
ROTÂMES, MAESTRIA *MATERAIS RÉTAMAIS.*
MAF(F)IA, MAF(F)IOSO, S ou -I

MAGASINER vi *can.* MAGAZINE. MAGENTA rouge
MANGEÂT ENGAMÂT ; GANTÂMES MAGNÂTES.
MAGISTER,E *GRIMÂTES MIGRÂTES RAGTIMES*
MAGMA. MAGNA**N** ver à soie. MAGNER (se). MAGNAT.
MAGNÉSIE. MAGNETO *MONTAGE,* MAGNETON
MONTAGNE. MAGNIFIER vt. MAGNOLIA (-LE).
MAGRET. MAGYAR,E.

MAHALEB cerisier. **MAHA**RAJA ou **MAHA**RADJAH, fém
MAHARANI inv. MAHATMA inv saint. MAHDI *isl* messie,
MAHDISME, MAHDISTE. MAHONIA arbre. MAHONNE
chaland.

MAÏA crabe (cf MAYA). MAI**E** huche. MAIEUR ou

MAYEUR *belg* maire. MAIGRIR vt, MAIGRIOT, -OTTE.
MAIL. MAILLER un filet, MAILLAGE, MAILLURE
MURAILLE (É-). MAILLOT *AMOLLIT*.

MAINATE *ois*. MAINMISE (-LEVÉE, -MORTE). MAINT,S,
MAINTE,S *STAMINÉ + 3*. MAÏSERIE *ÉMERISAI*.
MAJORAL, -AUX *poé*, MAJORANT *math*, MAJORAT *dr*,
MAJORQUIN,E. MAKHZEN du sultan. MAKI singe.
MAKILA canne. MAKIMONO *art jap*.

MALABAR. MALAGA. MALAIRE (joue). MALANDRE *vét*
(-EUX). MALARIA *ALARMAI*. MALAVISÉ,E. MALAXER vt
(-AGE, -EUR). MALBÂTI,E, *AMBLAIT BLÂMAIT*.

MALDONNE. MALFAIRE inv, MALFAÇON. MALFAMÉ,E.
MALFRAT. MALGACHE. MALIEN... *MALINE LAMINE
MÉLANINE ; SÉMINAL*. MALINKÉ *lang*. MALINOIS chien
MONILIAS. MALIQUE *chim* (pommes).

MALLÉOLE *anat*. MALOTRU,E *TUMORAL,E*.
MALOUIN,E *MOULINA ; MIAULONS*. MALPOLI,E.
MALSAIN,E *ANIMALES LAINÂMES*.
MALSÉANT,E *LAMENTAS*. MALSTROM gouffre.

MALTER vt, MALTAGE, MALTASE *MATELAS
LAMÂTES*, MALTOSE *MOLETAS MOLESTA*.
MALTERIE *MATÉRIEL MÊLERAIT*. MALTOTE taxe
MOLETÂT. MALURE ois *MURALE*. MALUS. MALVACÉE
bot. MALVENU,E. MALVOYANT,S.

MAMBO. MAMELLE, MAMELON, MAMELU,E,
MAMMAIRE, MAMMITE. MAMELOUK soldat.
MAMOUTH. MAMOURS.

MANA rel. MANADE de taureaux *AMANDE AMENDA*.
MANAGER vt ou nm *MANGERA MARNAGE*. MANCEAU,
-CELLE. MANCHOT, E *AMOCHENT*. MANCIE
divination.MANDALA *rel*. MANDER vt, MANDANT,E.
MANDCHOU,E. MANDÉEN... *rel*. MANDORE luth
ROMANDE MONDERA. MANDORLE *rel*. MANDRILL

singe. MANDRIN**ER** vt *méc*.

MANES. MANETON *tech*, MANETTE. MANGLE, fruit du
MANGLIER *GERMINAL MALINGRE*, MANGROVE.
MANGUE fruit du MANGUIER *GÉRANIUM MERINGUA
RAMINGUE*. MANICLE *MÉNISCAL* ou MANIQUE gant,
MANIEUR... *AMENUISE*; *URANISME + 3*. MANIFOLD
carnet. MANILLE, MANILLON. MANITOU *TINAMOU*.

MANNITE *chim ANIMENT MANIENT; NANTÎMES,
MANNOSE AMENONS ÉMANONS; SONNÂMES*.
MANOQUE (de tabac). MANOSTAT *tech*. MANOUCHE.
MANSE ferme, MANSION décor.

MANTELÉ,E *zoo*, MANTELET. MANTILLE écharpe
MAILLENT. MANIQUE divination. MANTISSE *math
STAMINÉS*. MANTOUAN, E de Mantoue.
MANUCURER vt. MANUELIN,E *art ENLUMINA*.

MAOÏSME, MAOÏSTE. MAORI,E (Nlle-Zélande).
MAOUS, MAOUSSE *ÉMOUSSA*. MARABOUT *isl* (cf
TAMBOUR). MARACA *mus esp*. MARANTA *bot*
(tropiques). MARASQUE cerise, MARATHE ou MARATHI
lang. MARAUD *MUSARDA*. MARAUDER vi. MARBRER
vt, MARBRIER, E *MARBRERIE*, MARBRURE.

MARCHANT,E. MARCONI voile *CRAMIONS*.
MARCOTTER vt *arb*. MARELLE. MARENGO drap
MEGARON; MARGEONS ROGNÂMES. MARENNES
huîtres. MAREYAGE, MAREYEUR... (A-).

MARGAUDER ou MARGOTER ou MARGOTTER vi crier
(caille). MARGAY chat. MARGER *typo*, MARGEUR...
MESURAGE MAUGRÉES REMUAGES. MARGIS *mil*.
MARGOTIN fagot. MARGRAVE chef.

MARIABLE *BLÂMERAI AMBLERAI*, MARIEUR...
MARIAL,E,S ou -AUX. MARIGOT rivière. MARINER vt (A-),
MARINADE, MARINAGE (-A), MARINIER, E. MARIOLE
MOLAIRE LARMOIE ou MARIOLLE. MARISQUE *anat*.

MARISTE *rel.*
MARITAL... *MARTIAL TRAMAIL.* MARK (-ETING).

MARLI bord de plat. MARLOU souteneur *MORULA.*
MARMONNER vt. MARMOTTER vt. MARNER vt,
MARNAGE, MARNEUX... *ÉNUMÉRAS,* MARNIÈRE
RÉANIMER REMANIER. MAROCAIN,E.

MAROLLES *SLALOMER* ou MAROILLES *from* (cf
MARIOLLE). MARONITE *rel ROMANITÉ + 3.*
MARONNER vi (cf MARRONNE). MAROQUIN (-ER vt,
-AGE). MAROTTE *MOTTERA.* MAROUFLER vt coller
MAROUTE plante fétide. MARQUETER vt, je
MARQUETTE (-ETEUR, -ÈTERIE), MARQUAGE,
MARQUEUR..., MARQUOIR.

MARRANE juif. MARRER (se), MARRANT,E. MARRI,E.
MARRON, -ONNE. MARRUBE labiacée *BRUMERA.*
MARSALA vin *ALARMAS.* MARSAULT saule.

MARTAGON lis. MARTEL inv, MARTELER vt, je
MARTÈLE. MARTRE ou MARTE *mam.*
MARTYR (-E, -IUM, -OLOGE). MARXIEN,... MARXISME,
MARXISTE. MARYLAND tabac.

MAS ferme. MASCARET vague *TRAÇÂMES
CRAMÂTES.* MASCARON masque *ROMANÇAS
MACARONS.* MASCOTTE. MASER nm (cf LASER).
MASQUAGE.

MASSETER nm muscle *STEAMERS MÉTRASSE
RESSEMÂT RESTÂMES STÉRÂMES TERSÂMES.*
MASSETTE herbe (A-). MASSICOT *tech* (-ER vt).
MASSIER (*Bx-arts) MIRASSE + 3,* MASSIÈRE,
MASSIQUE phys.

MASTABA tombeau. MASTIFF chien. MASTITE *méd
MITÂTES MATITÉS + 2.* MASTOC adj. inv. MASTOÏDE
(os). MASTURBER vt.

MATADOR (cf TORÉADOR, TORERO). MATAF matelot.

MATAMORE. MATER vt, MATAGE. MATCH,S ou ES
MECHTAS. MATEFAIM crêpe épaisse. MATELOT,E
MALTÔTE MOLETÂT
MÂTEREAU mât *AMEUTERA*. MATERNER vt.

MATH,S, MATHEUX... MATHURIN *rel*. MÂTINER une
chienne. MATIR vt (A-), MATITÉ, MATOIR *AMORTI*.
MATOIS,E. MATON, -ONNE gardien. MATORRAL,S
végétation. MATOU. MATRAS, vase. MATRICER vt
CRÉMAIT ; ESCRIMÂT. MATRONE *MONTERA*
REMONTA. MATTE *mét*. MATURE *psy* (IM-).

MAUBÈCHE bécasseau. MAUDIRE (se conj. c. FINIR
sauf MAUDIT,E). **MAU**GRÉER vt. MAUL *rugby*. MAURE,
MAURESQUE ou MORE, MORESQUE. MAURISTE *rel*
TAMISEUR + 3. MAUSER fusil. MAUSOLÉE tombeau.
MAUVÉINE *chim*. MAUVIS grive.

MAXILLE (*ins*). MAXIME, MAXIMUM,S, MAXIMA inv,
MAXIMAL... (-ISER vt), MAXIMISER vt. MAXWELL unité
de flux. MAYA,S. MAYEN *helv* pâturage. MAYEUR v.
MAÏEUR. MAZAGRAN à café. MAZDÉEN... *rel* (Iran).
MAZETTE (cf MOZETTE). MAZOT *helv* maison.
MAZOUTER vt *mar*. MAZURKA.

MÉAT *anat*. MEC. MÉCANO *SEMONÇA*. MÉCÉNAT
CÉMENTA. MÉCHER un tonneau, MÉCHAGE,
MÉCHEUX... *text*. MÉCHOUI. **MÉ**CONDUIRE (se) *belg*.
MÉCONIUM de bébé *COMMUNIE*,
MÉCRÉANT,E *MACÈRENT ÉCRÉMANT*.

MÉDAILLÉ,E. MÈDE, MÉDIQUE. MÉDERSA v.
MADRASA *DÉSARME MADÈRES MADRÉES*. MÉDIA,S,
MÉDIAN, E *DÉMENAI*, MÉDIANTE *mus DÉMENAIT*,
MÉDIAT,E *MÉDITA ; ADMÎTES*, MÉDIATOR *mus*
MODÉRAIT. MÉDINA *isl*. MÉDIRE vi, vous MÉDISEZ.
MÉDIUS. MÉDOC. MÉDUSER vt.

MEETING *GISEMENT*. MÉFORME. MÉGAPODE *ois*.
MÉGARDE inv *DÉGERMA*. MÉGARON *préhis* living.

MÉGIR vt (se conj. c. FINIR) ou MÉGISSER des peaux.
MÉGOHM *élec.* MÉGOTER vi.

MÉHARI,S ou MÉHARA inv, MÉHARÉE voyage
(-RISTE). MEIJI,S *jap* ère. MÉIOSE *biol MOISÉE.*
MÉJANAGE de peaux. MELAENA ou MÉLÉNA sang noir.
MÉLANINE pigment, MÉLANOME *méd MÉLOMANE,*
MÉLANOSE. MELBA inv.MELCHITE ou MELKITE *rel.*
MELÈZE.

MÉLIA *arb*, MÉLIACÉE. MÉLILOT *bot MOLLÎTES.*
MÉLINITE *expl.* MÉLIQUE *poé* (cf MALIQUE). MÉLISSE
bot, MÉLITTE, MELLITE *phar MISTELLE.* MÉLO.
MÉLOÉ *ins.* MÉLOPÉE.
MÉLUSINE feutre *SÉLÉNIUM.*

MEMBRÉ,E, MEMBRU,E *EMBRUME,* MEMBRURE
EMBRUMER, MEMBRON arch. MEMENTO,S. MÉMÈRE
(cf PÉPÈRE). MÉMORIAL, -AUX *IMMOLERA
IMMORALE,* MÉMORIEL..., MÉMORISER vt
MOMERIES + 1.

MÉNADE bacchante. MENDIGOT (-ER vt). MENDOLE
ich DÉMÊLONS. MENEAU *const.* MENHIR. MENIN,E
esp noble. MÉNINGÉ,E. MÉNISQUE, MÉNISCAL...
MÉNOLOGE *rel* calendrier.

MENSE *rel* revenu. MENSTRUES règles. MENTERIE
TERMINÉE. MENTHOL, É,E (cf MÉTHANOL).
MENUISER vi *SUMÉRIEN NUMÉRISE + 4.* MENURE *ich
MURÈNE MENEUR... ; SURMÈNE.*

MÉPLAT,E *bx-arts.* MERCANTI *com.* MERCI,S.
MERCUREY vin. MERDER vi (DÉ- EM-), MERDEUX...,
DÉMESURE DEMEURES, MERDIER, MERDIQUE.
MERGUEZ.
MERGULE *ois GRUMELÉ MEUGLER REMUGLE.*

MERINGUER vt. MÉRINOS mouton *MINORES.* MERISE
fruit, MERISIER *REMISIER.* MÉRISME *ling REMÎMES.*

MERL v. MAERL. MERLAN. MERLIN marteau. MERLON
parapet. MERLU ou MERLUCHE *ich.* MEROU *ich.*
MERRAIN planche *RANIMER MARINER.* MÉRULE cham
MEULER; LÉMURES MUSELER RELÛMES.
MERZLOTA sol gelé = TJALE.

MESA *géol* plateau. MÉSALLIER (se) *ÉMAILLES
MAILLÉES.* MESCLUN plants. MÉSOMÈRE *chim.*
MESON *ato* (cf P-). MESS. Plus de « messeoir » (cf
ISOMÈRES RÉMOISES). MESSIE *ÉMISSE SÉISME.*
MESSIDOR inv *MORDISSE.* MESSIN,E *SIEMENS.*
MESSIRE, S *REMISSE.* + 2. MESTRE.
MESURAGE, MESUREUR.

MÉTALLO. MÉTAMÈRE *zoo.* **M**ÉTAYAGE, **M**ÉTAYER,
E. MÉTEIL seigle et blé. MÉTÉO. **M**ÉTHANE,
MÉTHANOL, **M**ÉTHYLE, **M**ÉTHYLÈNE. MÉTISSER vt
SERTÎMES. MÉTOPE *arch EMPOTE ESTOMPE.*
MÉTRER vt, MÉTREUR *MEURTRE.* MÉTRITE *méd
TERMITE; MIRETTES.* METTEUR, METTABLE (IM-).

MEUBLER vt (DÉ- RE-). MEUBLANT,E. MEUGLER vi (cf
BEUGLER vt). MEULAGE, MEULIER, E *LUMIÈRE;
RELUÎMES,* MEULON (cf MULON). MEUNERIE
MEUNIÈRE. MEURETTE sauce *ÉMETTEUR.*
MEURTIAT, *mine* mur *MATURITÉ MUTERAIT.*

MIAOU,S, MIAULER vi, MIAULEUR... MICA, MICACÉ,E.
MICELLE *ato.* MICHETON client *CHEMINOT.* MICMAC.
MICRO**N** unité. MICTION (cf MIXTION). MIDRASH, S ou
-IM *litt* (judaïsme). MIDSHIP *mar* aspirant MIEL,
MIELLAT, *MAILLET; TILLÂMES,* MIELLÉ,E MIELLURE
(cf NIELLURE), MIELLEUX... (cf EMMIELLER).

MIGNARD,E. MIGRER vi *GRIMER,* MIGRANT,E.
MIHRAB inv niche. MIKADO. MILANAIS,E. MILDIOU
(-SÉ,E). MIL, MILIAIRE *anat.* MILE,S, MILLAGE *can* (S-)
MILLAS gâteau *SMILLA.* MILLIBAR unité. MILORD.
MILOUIN canard *LIMOUSIN.*

MIN,S langue. MINAGE. MINBAR *isl* chaire. MINCIR vi

(A-). MINDEL glaciation. MINERVAL,S ou -AUX *belg scol*.
MINERVE plâtre *VERMINE; REVÎNMES VERNÎMES*.
MINET...

MINIBUS ou MINICAR. MINIJUPE, MINIMA inv,
MINIMAL... MINIMISER vt. MINIUM oxyde. MINOEN... de
Minos. MINORER vt, MINORANT. MINOTIER *MINORITÉ
TIMONIER*. MINUIT,S. MINUS.
MINUTEUR, MINUTIER *dr*.

MIOCÈNE *géol*. MIR village. MIRBANE inv *chim*.
MIREPOIX sauce. MIRETTES (cf MÉTRITE et
TERMITE). MIREUR... d'œufs *RIMEUR... MÛRIER;
URÉMIES*. MIRLITON pipeau. MIROITER vi (-ÉE).
MIROTON *MONITOR MONTOIR* ou MIRONTON râgoût.

MISAINE mât. MISCIBLE. MISER vt (RE- TA- ATO- CHE-
CHRO- DYNA- ISLA- MAXI- MINI- OPTI- SODO-).
MISERERE inv *rel*. MISS, MISSES. MISSIVE (É-).
MISTELLE moûts. MISTIGRI chat. MISTRAL,S.

MITAN milieu. MITER (se) (I- LI- DÉLI- DYNA-), MITAGE
rural *GITÂMES GÂTISME*, MITEUX... MITARD cachot.
MITIGÉ,E, MITIGEUR. MITOSE *biol* (A-). MITRAL...
TRÉMAIL, MITRÉE, MITRON. MIXER vt ou nm, MIXAGE,
MIXEUR, MIXITÉ, MIXTURE, MIXTION (AD- DÉ-).

MNÉSIQUE (A-). MOABITE (Moab) *EMBOÎTA*.
MOCHETÉ (cf POCHETÉE). MODAL..., MODELER, je
MODÈLE, MODELAGE, MODELEUR..., MODÉLISER vt
DÉMOLIES MÉLODIES. MODEM *inf*. MODERATO inv.
MODILLON *arch*. MODULO *math*.

MOËRE lagune (cf MOHAIR). MOFETTE ou MOUFETTE
mam. MOIE pierre. MOIRER vt, MOIRAGE, MOIRURE.
MOISER vt *const*. MOISSINE sarment *SIONISME
SIMONIES ÉMISSION*. MOITEUR *MOUTIER;
TOURISME*. MOL inv. MOLE, MOLARITÉ *phys
MORALITÉ*. MOLDAVE (Roumanie). MOLASSE (cf
MORASSE) ou MOLLASSE grès *SLALOMES*.

MOLÈNE *bot.* MOLETER vt, je MOLETTE (cf
MOLESTER et MOLLETTE), MOLETAGE. MOLLAH ou
MULLA *isl rel.* MOLLASSE, MOLLET..., MOLLETON,
MOLLIR vt, MOLLO inv. MOLOCH lézard.
MOLOSSE chien. MOLTO inv *mus.* MOLURE python.

MÔME. MOMERIE affectation. MONACAL...
AMONCELA. MONADE (cf MANADE, MÉNADE).
MONAURAL... *anat.* MONAZITE phosphate. MONDER
nettoyer (É-). MONÈRE *zoo MORÈNE NORMÉE
ÉNORME.* MONERGOL. MONÉTISER vt. MONGOL,E
(-IQUE).

MONIALE religieuse. MONILIA *cham* (-SE).
MONISME *philo,* MONISTE *TÉMOINS MOISENT ;
ESTIMONS OMISSENT.*
MONITOR *mar.* MONNAYER vt (-AGE, -ABLE).

MON**O**. MONOBLOC. MONOCYTE *anat.* MONODIE
chant à une voix. MONOÉCIE (*bot*) *ÉCONOMIE,*
MONOÏQUE (≠ DIOÏQUE). MONOKINI (cf KIMONO).
MONOMÈRE *chim.* MONOPLAN. MONORAIL.
MONORIME. **MONO**SKI. **MONO**TYPE estampe.

MONTOIR inv *éq.* MONTREUR... MONTUEUX...
MOQUETTER vt. MORACÉE *bot* (mûrier) *AMORCÉE.*
MORAINE géol *ROMAINE ; AIMERONS ROMANISE* (cf
MORÈNE). MORASSE *typo* épreuve.
MORAVE (Bohème).

MORBIER *from* (cf ROMBIÈRE). MORBLEU !
MORCELER vt, je MORCELLE. MORDACHE *tech.*
MORDANCER vt *chim,* MORDICUS, MORDILLER vt.
MORE = MAURE, MORDORÉ,E. MORELLE (*bot*).
MORÈNE .*bot.* MORESQUE = MAURESQUE.

MORFIL *mét* (cf ÉMORFILER). MORICAUD,E. MORILLE
cham ORMILLE. MORILLON canard. MORIO *pap.*
MORION casque. MORISQUE *rel esp* (cf MARISQUE).

MORMON,E *rel.* MORNIFLE. MORPHÈME *ling.*
MORPION *ROMPIONS.* MORS**E**. MORTAISER vt *menui.*
MORULA *embryo.* MORUTIER,E.

MOSAÏQUE, MOSAÏSTE. MOSAN,E de la Meuse.
MOSELLAN,E. MOTARD. MOTEL. MOTET *mus.*
MOTILITÉ *méd.* MOTIVANT,E. MOTORISER vt
MOROSITÉ.
MOTTER (se) *zoo* (É- MAR-), MOTTEUX *ois.* MOTUS !

MOUCHAGE, MOUCHARDER vt, MOUCHETER vt, je
MOUCHETTE, MOUCHURE. MOUCLADE mets.
MOUFETTE v. MOFETTE. MOUFLE**T**... MOUFLON
ruminant. MOUFTER vi protester. MOUILLÈR**E** champ.
MOUISE. MOUJIK.

MOULAGE, MOULANT,E, MOULEUR *ouv MOULURE.*
MOULIÈRE (moules). MOULINER vt, MOULINET.
MOULURER vt. MOUMOUTE. MOUSMÉ *jap.* MOUSSER
vt, MOUSSAGE, MOUSSANT,E. MOUSSAKA mets turc.
MOUSSU,E.

MOÛT. MOUTARD. MOUTIER monastère.
MOUTONNER vi (-ÉE). MOUVOIR vt, MEUS MEUT
MOUVONS, MOUVAIS, MUS, MOUVRAI, MOUVRAIS,
MEUVE, MUSSE, MOUVANCE.

MOVIOLA visionneuse. MOXA *méd jap.* MOYÉ,E (v.
MOIE). MOYE**TTE** gerbes. MOZABITE ou MZABITE
(Mzab). **MOZ**ARABE *rel esp.* MOZETTE pèlerine.

MUANCE (voix). MUCILAGE (*bot*). MUCINE (MUCUS),
MUCOSITÉ. MUCOR moisissure. MUCRON (*bot*).
MUDEJAR *isl esp.* MUDRA *rel* (Inde). MUER (se) (RE-
COM- TRANS-). MUEZZIN *isl rel.* MUFFIN petit pain.
MUFLIER *bot.* MUFLERIE. MUFTI ou MUPHTI *dr isl.*

MUGE *ich.* MUID unité. MULARD,E canard. MULET**A**
(taur). MULETIER,E. MULETTE *moll* (A-). MULLA v.
MOLLAH. MULON sel. MULSION *agr* traite *MOULINS;*

SIMULONS (É-). MULTIPLE (-T *phys*, -X *élec*).

MUNICIPE *hist* ville. MUNITIONS pl. MUNSTER
STERNUM. MUNTJAC cerf. MUON *ato.* MUPHTI v.
MUFTI. MUQUEUX... MURER vt (A- EM- MUR- SAU-
CLAQUE-), MURAGE, MURETIN *MINUTER MUTINER;*
TERMINUS. MURÈNE *ich.* MUREX *moll.*
MURIDÉ rongeur. MURMEL marmotte.

MUSACÉE (*bot*) *ÉCUMASSE.* MUSARDER vi. MUSC.
MUSCADET. MUSCADIN royaliste *SCANDIUM,*
MUSCARI *bot* (-NE). MUSCAT. MUSCIDÉ mouche.
MUSCINÉE mousse (cf MUCINE). MUSCLER vt.
MUSELER vt, je MUSELLE (DÉ-), MUSELET
(champagne). MUSÉUM. MUSOIR de digue *ROUMIS.*
MUSQUÉ,E. MUSSIF... (or). MUSTANG.

MUTAGE (moût). MUTER vt (COM- PER-), MUTABLE
MEUBLÂT; BLUTÂMES, MUTAGÈNE *AUGMENTE,*
MUTANT,E, MUTATEUR.
MUTISME, MUTITÉ. MUTULE modillon *MUTUEL.*

MYALGIE, MYATONIE *méd* (muscles). MYCÉLIUM (*bot*),
MYCÉLIEN... MYCÉNIEN... (Mycènes). MYCÉTOME
méd, MYCOSE, MYCOSIS. MYDRIASE ≠ MYOSIS (œil).
MYE *moll.* MYÉLINE *anat,* MYÉLITE *méd,* MYÉLOÏDE,
MYÉLOME. MYGALE araignée. MYIASE *méd.*
MYLONITE *géol.*

MYOCARDE *méd,* MYOLOGIE (muscles), MYOME,
MYOPATHE (atrophie) MYOSINE protéine, MYOSIS
(œil), MYOSITE. MYOSOTIS. MYRIADE. MYROSINE
enzyme. MYRRHE résine. MYRTE, MYRTACÉE,
MYRTILLE. MYSIDACÉ *crust.* MYSTIFIER vt (DÉ-)
MYTHIFIER vt (DÉ-), MYTHIQUE. MYXINE *zoo*
(lamproie). MZABITE v. MOZABITE.

N

Nombreuses finales en -AN, -IN, -ON, -EN. Les adjectifs féminins et les verbes qui dérivent de ces finales présentent un problème à cause du doublement possible du N.
-IN : *un seul mot en -INNE :* PINNE *(mollusque).*
-AN : *adjectifs féminins tous en -ANE sauf* PAYSANNE, ROUANNE *et* VALAISANNE. *Autres mots en -ANNE :* CAOUANNE, DÉPANNER, EMPANNER, FIBRANNE, FURANNE, PANNE, PYRANNE, SURANNÉ,E, SCANNER nm, ENRUBANNER vt (cf RUBANÉ,E).
-ON : *adjectifs féminins tous en -ONNE sauf* LAPONE, MORMONE, NIPPONE. *Les verbes sont tous en -* ONNER *sauf* PRÔNER, TRÔNER (DÉ-), DÉTONER (cf DÉTONNER), DISSONER, RAMONER, ÉPOUMONER, TÉLÉPHONER. *Noter également* CHACONE *ou* CHACONNE, ERRONÉ,E, PERSONÉ,E, SAUMONÉ,E, SISSONE *ou* SISSONNE.
-EN : *La liste des adjectifs en -ÉEN, -ÉENNE se trouve page 26.*
  Penser à dédoubler les N : RENONCER, NANISME, MÉNINE.

NA ! NABATÉEN... (Arabie). NABI *rel BINA BAIN.* NABLE *mar.* NABOT, E. NACRER vt. NADIR ≠ ZÉNITH. NAEVUS *méd AVENUS, pl* NAEVI. NAGARI écriture *GRAINA ; SANGRIA.* NAHUA aztèque, NAHUA**TL** *lang.*

NAÏADE. NAIRA *mon.* NAISSAIN larves. NAJA *rept.* NANA. NANAN inv. NANCÉIEN... *ANCIENNE.* NANDOU *ois.* NAIN,E, NANISME (O-). NANKIN *étof.* **NAN**SOUK *étof.* NANTAIS,E *TANNAIS TANNISA ; ANÉANTIS ANTENAIS NÉANTISA.* NANTIR vt.

NAOS de temple (PRO-). NAPEL aconit. NAPHTA, **N**APHTE, NAPHTOL. NAPOLÉON. NAPPER un mets, NAPPAGE. NARCOSE *NÉCROSA + 4.* NARD *bot.*

NARGUILE ou NARGHILE pipe. NARTHEX de nef.
NARVAL,S cétacé.

NASALISER vt (DÉ-), NASALITÉ. NASARD *mus.*
NASILLER vt *NIELLAS.* NASIQUE, NASITORT *bot*
SIROTANT + 2. NASTIE (*bot*). *TANISE* + 2.

NATAL,E,S (v. NÉO- PÉRI- PRÉ- POST-). NATICE *moll;*
CASTINE. NATRÉMIE (sang) *AIMÈRENT MÈNERAIT.*
NATRON (-IQUE) *chim.* ou NATRUM *MURANT.*
NATTER vt, NATTAGE *GANTÂTES,*
NATTIER,E *NITRATE* + 5; *ASTREINT TRANSITE.*

NAUCORE *ins.* NAUFRAGÉ,E. NAUPLIUS *crust.*
NAUSÉEUX... NAUTILE. NAVAJA. NAVARIN de mouton
NIRVANA. **NAV**ARQUE *hist* amiral. NAVEL orange.
NAVICERT *inv dr mar ÉCRIVANT,* NAVIGANT,E.
NAZARÉEN... NAZCA (cf INCA).
NAZI,E (ANTI-), NAZISME.

NÉANTISER vt. NÉBULISER vt vaporiser. NECK de
volcan. NÉCROBIE *ins.* NÉCROSER vt. NECTAIRE
glande. NECTAR. NECTON *zoo* ≠ PLANCTON *CENTON;*
CONSENT. NÈFLE, NÉFLIER *arb RENIFLE RENFILE.*

NÉGATEUR, -TRICE, NÉGATON *ato TONNAGE;*
ESTAGNON SONGEANT. NÉGONDO ou NEGUNDO,
érable. NÉGRIER *GRENIER INGÉRER; RÉSIGNER,*
NÉGRILLE pygmée, NÉGROÏDE. NÉGUS. NEIGER v
imp; pas de part. prés (RE-v imp, DÉ- vt), NEIGEUX...
NÉLOMBO ou NELUMBO lotus *MEUBLONS.*

NÉMALION algue *NOMINALE.* NÉMATODE ver.
NÉMÉENS (jeux). NÉMERTE *ver SEMÈRENT.*
NÉNUPHAR. NÉODYME *mét.* NÉOFORMÉ,E *biol.*
NÉOGÈNE (ère). **NÉO**GREC, -CQUE.

NÉOLOCAL... *anthro.* NÉOLOGIE. NÉOMÉNIE fête (nlle
lune). **NÉO**NATAL,E,S *ÉTALONNA.* NÉOPRÈNE
caoutch. ÉPERONNE. NÉOTÉNIE *biol* (larves).

NÉOTTIE *fleur NETTOIE ; ÉTÉTIONS NOISETTE.*

NÉPALAIS,E *APLANIES PÉNALISA.* NÈPE *ins.*
NÉPÉRIEN adj masc (Neper). NEPETA labiacée
PATÈNE ; PÉNATES PESANTE. NÉPHRITE (reins),
NÉPHRON, NÉPHROSE. NÉRÉIDE ou NÉRÉIS ver.
NÉROLI huile NERPRUN *arb.*
NERVI tueur. NERVURER vt.

NETSUKE *cost jap.* NETTOYEUR... NEUME *mus.*
NEURAL..., NEURONE, NEURULA *embryo.* NEUTRINO
ato, NEUTRON. NEUVAINE *rel.* NÉVÉ neige. NÉVRAXE
anat, NÉVRITE *REVIENT,* NÉVROSÉ,E RENOVÉS.
NEWTON (-IEN...).

NIABLE. NIAOULI arbuste. NIAULE v. GNOLE *ALUNIE.*
NICHET œuf *CHIENT,* NICHOIR. NICHROME,
NICKELER vt, je NICKELLE. NIÇOIS,E. NICOL cristal
NIDATION *INONDAIT,* NIDIFIER vi.

NIELLER vt orner, NIELLAGE, NIELLEUR *NIELLURE.*
NIFE,S *géol.* NIGAUD,E *GUINDA ; ENDIGUA.* NIGELLE
bot. NIGÉRIAN,E, NIGÉRIEN... *INGÉNIER.* NILGAUT
antilope *LIGUANT LANGUIT.* NILLE bobine. NIMBER vt,
NIMBUS nuage. Pas de « nîmoise » ; cf SIMONIE.

NINAS cigare. NIOBIUM *mét.* NIOLO *from* (Corse).
NIPPER vt. NIPPON, E. NIQUE inv. NIRVANA. NIT unité
TIN. NITRATER vt. NITRÉ, E, NITREUX... *RÉUNÎTES
UTÉRINES,* NITRIÈRE, NITRIFIER vt, NITRILE, NITRITE
TRINITÉ, NITROSÉ,E, *ÉTIRONS ORIENTS SIÉRONT ;
ORIENTÉS TÉNORISE ; RESTIONS TERSIONS
STÉRIONS,* NITRURER vt.

NIVAL... NIVELER vt *VRENELI,* je NIVELLE, NIVELAGE
ÉVANGILE, NIVELEUR... NIVÉOLE fleur *ÉLEVIONS,*
NIVÔSE inv. NIXE nymphe.

NÔ *théâ jap.* NOBÉLIUM *chim.* NOBLIAU, X. NOCEUR...
CORNUE ; ENCOURS. NOCHER nm pilote. NOCIVITÉ

ÉVICTION. NOCTULE chauve-souris *COULENT ;*
CONSULTE. NODAL...., NODOSITÉ, NODULE
ONDULE ; ÉLUDONS, NODULEUX...
NOËL, S. NOÈME *philo*, NOÈSE, NOÉTIQUE.

NOIRÂTRE *RAIERONT + 2,* NOIRAUD,E *DOUANIER.*
NOISE inv *SONIE.* NOLISER vt affrêter. NOMADISER, vi
DOMAINES ÉMONDAIS. NOM**E** *antiq* province.
NONANTE inv 90 *ENTONNA ; SONNANTE.* NONE *antiq.*
NONNE, NONNETTE. NONUPLER vt.

NOPAL,S *arb.* NORDÉ *RONDE* ou NORDET vent,
NORDIR vi (A-), NORDISTE *DÉTIRONS ENDROITS*
NORDÎTES. NORIA élevateur d'eau. NORMÉ,E,
NORMATIF... *INFORMÂT.* NOROIS ou NOROÎT vent
ROTIONS TORSION, NORROIS *lang.*

NOSTOC algue *COTONS.* NOSEMOSE *méd* (abeilles).
NOTARIÉ *TÉNORISA SENORITA,* NOTARIAL...,
NOTARIAT. NOTATEUR, -TRICE *ENTOURÂT.* NOTULE
NOULET ; SOÛLENT. NOUAGE *ENGOUA,* NOUAISON.
NOUBA *mus.* NOULET ferme.

NOUMÈNE *philo.* NOUNOU. NOURRAIN alevins.
NOUURE. NOUVEL inv, NOVA, pl NOVAE étoile,
NOVER vt, NOVATEUR, -TRICE, *OUVRANTE*
ŒUVRANT, NOVATION, NOVICIAT *CONVIAIT.*
NOYAUTER vt (-AGE, -EUR).

NUANCIER album. NUBIEN... NUBILITÉ. NUQUE,
NUCAL... NUCELLE d'ovule, NUCLÉÉ,E ÉNUCLÉE ;
CENSUEL, NUCLÉINE, NUCLÉOLE, NUCLÉON,
NUCLEUS *préhist,* NUCLIDE. NUISANCE. NUITÉE
ENSUITE.
NULLARD, E.

NÛMENT adv. NUMÉRISER vt. NUMIDE *DÉMUNI ;*
NUDISME. NUNATAK roc dans la glace. NUNCHAKU *jap*
fléau d'armes. NUPTIAL... *PIAULENT.* NURAGHE,S ou -
GHI tour. NURSE, NURSERY,S, NURSING. NUTATION

astr (cf M-).

NYMPHE, NYMPHÉA nénuphar, **NYMPHÉE,** *rel*
NYMPHAL..., E, -ALS ou **-AUX, NYMPHOSE** (*ins*)

O

*Voir page 284 la liste des mots se terminant par O. Asso-
ciez le O, non seulement avec le U ou le I, mais aussi
avec le E ŒUVRER NÉOPRÈNE), le A (MAOÏSTE COA-
GULER) ou un deuxième O (BOOSTER). Parfois le O suit
le I au lieu de le précéder (BIONIQUE, mots en -TION).
Mots en OO : OOGONE etc., COOBLIGE etc., IGLOO,
ALCOOL etc., BOOLÉEN... ou BOOLIEN..., ÉPIPLOON,
plus de nombreux mots anglais (voir liste spéciale page
297).*

OASIEN... OBÉIE. OBÉRER vt. OBI de kimono. OBIT *rel.*
OBIER *arb OBÉIR* (cf AUBIER). OBJECTAL...*psy.*
OBLAT,E laïc *LOBÂTES*, OBLATIF..., OBLATION.
OBLONG, -GUE allongé. OBNUBILER vt. OBSCÈNE.
OBSÈQUES pl. OBSOLÈTE archaïque OBTUS, E,
OBTUSION *psy BOUTIONS.* OBUSIER. OBVENIR vi,
OBVENUE. OBVIER vi.

OC inv. OCARINA .*mus.* OCCASE *COCASSE.*
OCCIDENT,S. OCCIPUT. OCCIRE inv sauf OCCIS,E.
OCCITAN,E. OCCLURE, subj OCCLUE, p.p. OCCLUS,E,
OCCLUSIF... OCCULTER vt.

OCÉANE, OCÉANIEN..., OCÉANIDE nymphe,
OCELLÉ,E *ins* (œil). OCELOT *mam.* OCRER vt,
OCREUX... OCTAÈDRE *math*, OCTAL..., OCTANE
CANOTE ; TOSCANE, OCTANT,S arc CONSTAT,
OCTANTE 80 inv *TOCANTE*, OCTAVE *mus*, OCTAVIER
vi *VORACITÉ*, OCTET *inf COTTE*, OCTOGONE,
OCTOPODE *ins*, OCTUOR *mus*, OCTUPLER vt.
OCULUS *arch.*

ODELETTE. ODÉON théâtre.
ODOMÈTRE compte-pas (P-). ODONATE *ins.* OEDÈME
(MYX-). OEDIPE,S *ÉPISODE*, OEDIPIEN...ŒIL, pl

YEUX, ou ŒILS, ŒILLADE, ŒILLÈRE, OENANTHE *bot.*
ŒRSTED *phys* unité OERSTITE acier *ÉTROITES.*
ŒSTRE mouche *TORÉES STÉREO,* ŒSTRAL... *anat*
TOLÉRAS; *OLÉASTRE,* ŒSTRUS *anat TOUSSER*
TROUSSE. ŒUVRER vi.

OFF inv *cin.* OFFICIAL, -AUX *rel* juge, OFFICIÈRE.
OFFRANT inv. OFFSET,S. OFFSHORE inv. OFLAG
camp. OGHAM *ling* (-IQUE). OGIVAL... *VOLIGEA*
VOILAGE. OGRESSE.

OH! OHÉ! OHM, OHMMÈTRE, OHMIQUE. OÏDIE
cellule, OÏDIUM *méd.* OIL inv. OINDRE inv sauf OINT,E,
OING. OISELER vi, j'OISELLE, OISELET *ÉTIOLES*
ÉTOILES, OISELEUR *SOÛLERIE,* OISELIER, E,
OISILLON, OISON. OKAPI girafe. OKOUMÉ.

OLÉ! OLÉACÉE *arb,* OLÉASTRE *arb.* OLÉCRANE *anat.*
OLÉFINE *chim.,* OLÉICOLE *agr,* OLÉIFÈRE, OLÉINE
chim, OLÉIQUE, OLÉODUC pipeline, OLÉOLAT, OLÉUM
chim.

OLFACTIF... OLIBRIUS. OLIFANT cor *SOLFIANT*
OLIGISTE *min.* OLIGURIE *méd* OLIVACÉ, E vert,
OLIVAIE *arb,* OLIVÂTRE *VOLTAIRE TRAVIOLE*
VIOLÂTRE + 5. OLIVET *from VIOLET.* OLIVETTE *arb,*
OLIVINE *min.* OLYMPE ciel, OLYMPIEN...

OMBELLÉ,E *bot.* OMBILIC *anat.* OMBLE *ich.*
OMBRAGER vt, OMBRER vt, OMBREUX..., OMBRETTE
ois. OMBRIEN... *géog* OMBRINE *ich.* OMÉGA inv,
OMICRON inv. OMNIUM,S, OMNIVORE.

ONAGRE âne. ONANISME *MONNAIES* + 3. ONCE,
ONCIAL... écriture. ONDATRA rongeur *ADORANT.*
ONDIN,E génie *INONDÉ; DÉNIONS.* ONDOYER vt,
ONDOYANT,E. ONDULER vt, ONDULANT,E,
ONDULEUR *élec,* ONDULEUX...

ONGLÉE, ONGLET; *GLOSENT,* ONGLETTE burin,

ONGLIER nm ; ONGLON sabot, *RÉGLIONS*, ONGULÉ,E
LONGUE ; LÉGUONS. ONIRISME, ONIRIQUE (rêve).
ONTIQUE *philo*. ONUSIEN... ONYX, ONYXIS *méd*.
ONZAIN 11 vers.

OOGONE *bot* (œuf), OOLITE ou OOLITHE *géol* (cf
ÉOLITHE), OOSPHÈRE *bot* ovule, OOSPORE,
OOTHÈQUE (ins).

OPACIFIER vt, OPACITÉ *ÉCOPAIT ; COPIÂTES...*
OPALE, OPALIN,E *LAPIONS*, OPALISER vt *PLOIERAS
POLAIRES POLARISE SPOLIERA POILERAS ;
POÊLAIS PALOISE*. OPE trou. OPEN,S. OPÉRABLE,
OPÉRANT,E, OPÉRANDE *inf*. OPERCULÉ,E (abeilles)
OPÉRON *biol*.
OPHIDIEN *rept*, OPHIURE. OPHRYS fleur.

OPIUM, OPIACÉ,E *ÉCOPAI*. OPILION *ins*. OPIMES
(dépouilles). OPIOMANE. **OPO**PANAX *bot*. OPOSSUM
mam. OPPIDUM place-forte. OPPOSITE inv.
OPPROBRE honte. OPSONINE anticorps. OPTATIF *ling*.
OPTER vi *TOPER vi*.OPTIMUM,S ou -MA, OPTIMAL...
OPTIMISER vt. OPUNTIA plante grasse, OPUS.
OPUSCULE.

ORAISON ; *SONORISA*. ORANGÉ,E, ORANGEAT
écorce, ORANGER nm. ORANT,E qui prie. ORBE,
ORBITAL... *OBLITÉRA LOBERAIT*. ORCHIDÉE,
ORCHIS fleur, ORCHITE *méd CHORISTE*. ORDALIE jug
de Dieu *IODLERA ; SOLDERAI*. ORDINAL... ORDINAND
clerc, ORDINANT évêque, ORDO inv. ORDRÉ,E *helv*
ordonné *REDORE*.

ORE *mon*. ORÉE. OREILLON de casque. ORÉMUS *rel*.
ORFRAIE *ois FORERAI FOIRERA*. ORGANDI *étof
GRONDAI*. ORGANEAU *mar*, ORGANITE *biol
RONGEAIT*. ORGEAT sirop *ERGOTA RAGOTE*.
ORGIAQUE.

ORIEL *arch*. ORIGAN *bot*. ORIGNAL, -AUX élan

LORGNAI. ORIN filin. ORIPEAU lame *POIREAU.* ORIYA *lang*. ORLE *hér.* ORLON.
ORMAIE ou ORMOIE, ORMILLE. **O**RONGE *cham.*

ORPHÉON fanfare. ORPHIE *ich.* ORPHISME *rel*, ORPHIQUE. ORPIMENT *chim.* ORPIN *bot.* ORQUE épaulard. ORSEILLE lichen. ORTHOSE roche *SHOOTER.* ORTOLAN bruant. ORVET *rept.* ORVIÉTAN drogue *NOVERAIT RÉNOVAIT.* ORYX antilope.

OSCAR *cin.* OSCULE pore *CLOUES COULES.* OSERAI**E** *arb.* OSIDE glucide. OSMIUM *mét,* OSMIQUE, OSMIURE *ROUÎMES ; SOURÎMES.* **OS**MONDE fougère. OSQUE *antiq* (Italie). OSSÉINE, OSSEMENTS pl, OSSIFIER (s'), OSSUAIRE. OSSÈTE *lang.*

OST armée. OSTÉITE *méd* (os), OSTÉOME. OSTIAK ou OSTYAK *lang.* OSTINATO,S *mus.*
OSTIOLE *bot OOLITES.* OSTRACON, S ou -CA tesson. OSTROGOT,E (-H, -HE).

OTALGIE *méd* (oreille), **O**TIQUE, OTITE, **OTO**CYON *mam,* OTOLITHE *méd* (cf OOLITHE), OTOLOGIE, OTORRHÉE écoul., OTOSCOPE instrument. (cf COOPTES). OTOMIE *lang.* OTTOMAN,E. OTTONIEN... *hist arch.*

OUABAÏNE glucoside. OUAILLES pl. OUAIS ! OUARINE singe. OUATER vt, OUATERIE, OUATINER vt. OUBLIEUX... OUCHE verger. OUED rivière. OUF ! OUGUIYA *mon* (Mauritanie).

OUIGOUR *lang.* OUILLER un tonneau *ROUILLE,* (F- H-adj M- R- S- T-), OUILLAGE (F- M- T-). OUÏR vt inv sauf OUÏS. OUISTITI. OUKASE ou UKASE. OULÉMA ou ULEMA théologien. OULLIÈRE (vigne) *ROUILLÉE.* OUMIAK bateau (esquimaux). OUOLOF *lang* (Sénégal).

OURALIEN... *ENROULAI.* OURDIR vt *text* (cf HOURDER et HOURDIS). OURDOU ou URDU *lang.* OURLIEN *méd.*

OUST! OUSTE! OUT! OUTARDE *ois*. OUTLAW.
OUTPUT production. OUTREMER,S, OUTRER vt.
OUTSIDER nm *ÉTOURDIS OURDÎTES RUTOSIDE.*
OUVALA *géog*. OUVRAGER vt. OUVREAU de four.
OUVRER du bois, OUVREUR..., OUVROIR.
OUZBEK ou UZBEK *lang*. OUZO liqueur.

OVALISER vt *VARIOLES* + 6. OVARIEN... *méd*
NOVERAI RÉNOVAI, OVARITE *VOTERAI REVOTAI.*
OVE *arch*. OVERDOSE (drogue). OVIBOS *mam*.
OVIDUCTE (*zoo*). OVIN,E *OVNI,S*. OVIPARE
PAVOISER VAPORISE. OVOCYTE *embryo,*
OVOGONIE, OVOÏDE, OVOÏDAL..., OVOTIDE,
OVULAIRE *LOUVERAI.*

OXACIDE. OXALATE, OXALIDE ou OXALIS *bot,*
OXALIQUE. OXFORD *étof*. OXIME. OXO inv *chim,*
OXONIUM. OXYDER vt, OXYDABLE, OXYDANT,E,
OXYDAS**E**. OXYGÉNER vt, OXYLITHE. OXYTON *ling*.
OXYURE ver, OXYUROSE *méd*. OYAT *méd*.
OZONE, OZONIDE, OZONISER vt.

P

Ne pas confondre l'orthographe de LAPER avec celle de CLAPPER ou celle de la rue de Lappe...

PACAGER vt *PARCAGE*. PACHALIK (Turquie).
PACHTO langue *POCHÂT*. PACK de glace (TAL-).
PACQUER vt (*ich*), PACQUAGE. PACSON *CAPONS PONÇAS*. PADDOCK *éq*. PADDY riz. PAELLA. PAF inv.

PAGAILLE *PAILLAGE*. PAGAYER vi, PAGAYEUR...
PAGANISER vt. PAGEL *ich*. PAGEOT *POTAGE; POSTAGE*. PAGINER vt. PAGNE. PAGRE *ich*. PAGURE *crust PURGEA*. PAGUS pl PAGI *hist* canton.
PAHLAVI *lang*.

PAIEMENT ou PAYEMENT, PAIERIE (cf PAIRIE).
PAILLER nm ou vt, PAILLAGE (DÉ- EM-), PAILLET *mar* natte, PAILLETER vt, je PAILLETTE, PAILLEUX...
(fumier), PAILLIS, PAILLON, PAILLOTE.

PAIRAGE *t.v. PARIAGE*. PAIR, PAIRIE, PAIRESSE *PESSAIRE PARÉSIES + 5*. PAIRLE *hér PALIER + 6*.
PAISSEAU échalas. PAÎTRE vt (pas de p. simple, de subj. imp., de part. pas.) (RE- non défectif).

PAL,S. PALACE. PALAN. **PAL**ANCHE joug. PALANÇON *const*. PALANGRE ligne. PALANQUE mur (-QUÉE, -QUIN). PALASTRE de serrure *PALÂTRES PARLÂTES SALPÊTRA* (cf PALESTRE PILASTRE PALUSTRE).
PALATAL... *ling* (-ISER). PALATIAL..., PALATIN,E *LAPINÂT PLATINA; PLAISANT + 4*.
PALÂTRE ou PALASTRE.

PALÉE (pals). PALEFROI *éq*. PALÉMON *crust EMPALONS*. PALÉOSOL sol. PALERON de bœuf; *LAPERONS*. PALESTRE gymnase. PALETOT *PÂLOTTE*

PELOTÂT. PALICHON, -ONNE. PALIER v. PAIRLE,
PALIÈRE *PARÉLIE + 2.* PALIR vt. PALISSER un arbre.
PALISSON *tech PLAISONS.* PALIURE *arb PLEURAI
PIAULER PARULIE.*

PALLE *rel* linge. PALLÉAL... (*moll*). PALLIDUM *anat.*
PALLIER vt. PALLIUM *cost.* PALMARÈS *LAMPERAS
PALMERAS PARLÂMES,* PALMER nm ou vt,
PALMACÉE, PALMAIRE *LAMPERAI PALMERAI,*
PALMERAI**E**, PALMETTE *déco,* PALMISTE *LAMPISTE,*
PALMURE (*zoo*) *PLUMERA AMPLEUR.*

PALOIS,E. PALOT, -OTTE. PALOURDE *moll
POULARDE.* PALPABLE, PALPEUR *tech.* PALUCHE
main *PELUCHA.* PALUDÉEN... (marais), PALUDIER,E,
PALUDINE *moll PENDULAI.* PALUS, PALUSTRE (*zoo*).

PÂMER (se), PÂMOISON inv. PAMPA, PAMPERO vent
POMPERA. PAMPILLE bijou. PAMPRE de vigne (cf
ÉPAMPRER). PAN,S. PANACÉE. PANADE. PANAMA,
PANAMÉEN... ou PANAMIEN... *EMPANNAI.* PANARD,E
éq ÉPANDRA. PANARIS. PANATELA cigare.
PANAX *bot* (OPO-).

PANCRACE catch. PANCRÉAS. PANDA ours.
PANDANUS *bot.* PANDÉMIE épidémie. PANDIT savant
hindou. PANDORE *PONDÉRA.* PANE**L** sondage.
PANER vt (TRÉ-), PANETIER,E du roi *PANTIÈRE + 3,*
PANETON panier; *SPONTANÉ* (cf PANNETON).
PANGOLIN *mam.*

PANIC millet ou PANICUM, PANICAUT *bot.* PANICULE
bot. PANIÈR**E** *PEINERA,* PANIFIER vt. PANIQUER (se)
(-ARD). PANJABI *lang.* PANKA pour éventer. (cf T-).
PANNETON de clé. PANORPE *ins PROPANE.*
PANOSSER vt *helv* nettoyer *PRONÂSSE + 2.*

PANSAGE (pas de «panseur»; cf PANURES),
PANSU,E. PANSLAVE. PANTÈNE filet *PENTANE;
PENSANTE* ou **P**ANTENNE ou PANTIÈRE. PANTHÉON

(cf PHAÉTON). PANTOIS,E *SAPONITE* + 5. PANTOUM
poème. PANURE. PANZER char.

PAON, PAONNE. PAPE, PAPABLE, PAPAL... PAPAÏNE
enzyme. **PA**PAYE fruit, **PA**PAYER *arb*. PAPELARD...
hypoc. PAPESSE. PAPILLE (-EUX...). **P**APION singe.
PAPISME *rel PIPÂMES,* PAPISTE *PIPÂTES.* PAPOTER
vi, PAPOTAGE. PAPOU,E. PAPRIKA.
PAPULE *PEUPLA ; SUPPLÉA.* PAPYRUS.

PÂQUE. PAQUE**T** (-AGE, -EUR...). PARABASE *théâ.*
PARACLET st-esprit *REPLAÇÂT.* PARADEUR.
PARADOS terrassement. PARAFER vt, PARAFEUR.
PARAGE de la viande *RÂPAGE.* PARAISON de verre.
PARANGON modèle. PARANOÏA folie. PARAPET.
PARAPHER vt *HAPPERA.* PARASITER vt.
PARAPODE (*zoo*). PARATAXE *ling.*

PARBLEU ! PARCAGE. **P**ARCHET *helv* vignoble
PRÊCHÂT. PARDI ! PARDIEU ! *RÉPUDIA* + 2 (cf
DISPARUE). PARÈDRE dieu. PARÉLIE *astr.*
PAREMENT**ER** vt. PARENTAL... *PRÉNATAL* + 3.
PARÉO. PARÈR**E** *dr* document. PARÉSIE méd
REPAIES + 5 ; v. PAIRESSE.

PARFAIRE vt (ind. pr. seul.). PARFILER vt.
PARFONDRE vt. PARHÉLIE ou PARÉLIE. PARIADE
(*ois*). PARIAGE *dr.* **P**ARIDÉ *ois.* PARIÉTAL... os
PARTIALE + 2. PARIEUR... *PRÉSURAI ; ÉPUISERA.*
PARIGOT,E, PARISIS *mon.*

PARKA blouson. PARLANT,E, PARLEUR..., PARLOTE.
PARME,S mauve, PARMESAN,E. PARMÉLIE lichen
EMPILERA EMPERLAI. PAROLI inv (jeu), PAROLIER,E
REPOLIRA. PARONYME : mazette et mozette.
PAROTIDE. PAROUSIE du Christ *SOUPERAI.*
PARPAING.

PARQUETER vt, je PARQUETTE, (-ETAGE, -ETEUR),
PARQUEUR... ou PARQUIER,E (au zoo). PARSE**C** unité.

PARSI,E mazdéiste *ASPIRES* + *4* ou PARSE, PARSISME
MÉPRISAS + *2*. PARTANCE inv *PANCARTE,*
PARTANT,E. PARTITA,S, PARTITE,S *mus.* PARTITIF...
article. PARTOUZE. PARULIE abcès. PARURIER,E.

PASCAL,E,S ou -AUX. PASSER vt (BI- DÉ- RE- COM-
SUR- TRÉ- ESTRA- OUTRE-), PASSEUR, PASSIM inv.
PASTORAT (cf PROSTATE).

PAT,S *échecs.* PATACHE *véhi,* PATACHON inv.
PATAGIUM *zoo* membrane. **PATA**POUF. PATAQUÈS.
PATARAS *mar.* PATARIN hérétique. PATAUD,E.
PATAUGER vi. PATURAGE *TAPAGEUR.*
PATCH pansement (-WORK).

PATELINER vi (hypoc.) *PLANÉITÉ* + *3*. PATELLE *moll*
PELLETA. PATÈNE *rel* plat. PATENTER vt *PÉNÉTRÂT*
+ *4*. PATER inv. PATÈRE support. PATERNE mielleux
ARPENTE + *3; ESPÉRANT* + *5*. PATHOS emphase.
PATINER vt. PATI**O** cour.
PATISSON courge *POISSANT.*

PATOCHE main *POTACHE; CHOPÂTES POCHÂTES.*
PATOISER vi *ESTROPIA SAPOTIER* + *5; POÉTISA.*
PÂTON de pain. **PA**TRAQUE. PATRICE titre *PICRATE*
+ *3; TÉRASPIC* + *2*. PATTÉ,E *hér;* *PÉTÂTES.* PATTERN
modèle *TRANSEPT.* PATTU,E. PÂTURER vt
(cf PACAGER vt), PÂTURIN *bot.* PATURON *éq.*

PAULETTE impôt. PAULIEN... *dr.* PAULISTE *rel.*
PAUMER vt, PAUMELLE orge, PAUMOYER un cable.
PAUVRE**T**... *PRÉVAUT.* PAVAGE (DÉ- RE-),
PAVEMENT, PAVEUR. PAVIE pêche. PAVOISER vt.
PAYE**MENT** ou PAIEMENT. PAYSE, PAYSAGER,E,
PAYSAN**NAT**.

PÉAGISTE *PIGEÂTES.* PÉAN hymne. PEAUCIER
muscle *EPUCERAI.* PÉBRINE *méd* (vers à soie).
PÉCAÏRE! *RECÉPAI.* PÉCARI *CRÊPAI PERÇAI;*
PRÉCISA. PÉCHÈR**E**! ou PEUCHÈRE! PÊCHETTE filet.

PÉCLOTER vi *helv* aller mal *PORCELET.* PÉCORE sotte.
PECTEN *moll,* PECTINÉ,E *anat ÉPICENT ; ÉPINCETÉ ;*
INSPECTE, **PEC**TIQUE. PECTORAL... PÉCULAT vol.

PÉDALAGE, PÉDALEUR..., PÉDALO. PÉDÉ.
PÉDICULÉ,E. PÉDIEUX..., PÉDIGRÉE. PÉDIMENT
glacis. PEDUM baton. PEELING *ÉPINGLE.* PÉGASE *ich.*
PEHLVI v. PAHLAVI. PEIGNAGE, PEIGNEUR... *text,*
PEIGNIER artisan. PEILLES chiffons *PILLÉES ELLIPSE.*
PEINARD,E *ÉPINARD + 2.*

PEKAN martre. PÉKIN ou PÉQUIN civil, PÉKINÉ,E *étof,*
PÉKIN**OIS**,E. PELADE *méd.* PÉLAGIEN... *rel.*
PÉLAMIDE ou PÉLAMYDE *ich.* PELER vt, je PÈLE (É-
AP- ÇA- RAP- DÉÇA-, j'ÉPELLE, etc.), PELARD (bois).
PÉLÉE**N**... *géo.* PÉLIADE vipère *PLÉIADE + 2.*

PELLAGRE *méd* (-EUX...). PELLETER vt, je PELLETTE.
PÉLOBATE *batr.* PELOTER vt, PELOTAGE,
PELOTEUR..., PELOTARI *PILOTERA POLARITÉ.*
PELTA bouclier, PELTASTE *PALETTES,* PELTÉ,E *bot.*
PELUCHER vi, PELUCHÉ,E (-EUX...).
PELVIS *anat,* PELVIEN...

PEMMICAN viande. PENALTY,S ou -IES. PÉNATES (cf
PATÈNE NÉPÉTA). PENCE pl v. PENNY. PENDAGE
géol. PENDARD,E *DÉPENDRA.* PENDILLER vi,
PENDOIR corde *POINDRE ; PERDIONS RÉPONDIS,*
PENDULER vi *sp.* PÉNIL mont-de-Vénus.
PÉNIS, PÉNIEN... *PINÈNE ; PENNIES.*

PENNÉ,E *bot* (EM-), PENNAGE (*ois*) (EM-), PENNON
flamme, PENON girouette. PENNY pl PENNYS,
PENNIES et PENCE. PENSABLE, PENSANT,E.
PENTACLE étoile. PENTANE *chim,* PENTOSE,
PENTODE *élec DÉPOSENT* ou PENTHODE. PENTU,E
PÉTUN, PENTURE de porte *PUÈRENT ÉPURENT.*

PÉON paysan. PÉPÉ,E, PÉPÈRE. PÉPETTES argent.
PÉPIER vi *ois.* PEPLUM tunique. PÉPON ou PÉPONIDE

fruit. PEPSINE enzyme *NIPPÉES,* PEPTIDE,
PEPTIQUE, PEPTONE. PÉQUENOT, **P**ÉQUIN v. PÉKIN.

PÉRAMÈLE *mam.* PERCALE. PERCEUR...
PERCHEUR... (*ois*), PERCHIS bois (-TE), PERCHMAN,S
cin. PERÇOIR *PICORER.* PERDABLE (IM-).
PERDURER vi durer *DÉPURER REPERDU.* PÉRÉGRIN
non-citoyen. PÉRENNE (eau) *ÉPRENNE.*

PERFOLIÉ,E *bot PROFILÉE.* PERGOLA tonnelle,
PÉRIBOLE de temple. PÉRIDOT silicate. **P**ÉRIGÉE *astr.*
PÉRIMER (se). PÉRINÉE, PÉRINÉAL... *PRALINÉE.*
PÉRIOSTE (os). PERLER un ouvrage. PERLÈCHE *méd.*
PERLIER,E *REPLIER.*
PERLITE (*mét.*) *REPTILE TRIPLÉE.* PERLOT huître.

PERMIEN... ère ; *EMPREINS.* PÉRONÉ os. PÉRONIER
(muscle). PÉROT *arb.* **PER**OXYDER vt (DÉS-).
PERPETTE ou PERPÈTE inv. **P**ERRÉ revêtement.

PERS,E (yeux). PERSEL sel. PERSIFLER vt.
PERSILLÉ,E. PERSIQUE. PERSONÉ,E (*bot*). PERTUIS
détroit *PISTEUR PURISTE PUTIERS.*PÉRUVIEN...
PERVIBRER vt *tech.*

PESADE *éq ; DÉPASSE.* PESETA *mon PÉTASE
PÂTÉES.* PESETTE balance, PESEUR... PESO *mon.*
PESON balance. PESSAIRE diaphragme.
PESTEUX... (cf PÉTEUX..., PÉTREUX...).

PÉTALE (A-). PÉTER vt (RÉ- TEM- ROUS- TROM-),
PÉTANT,E,S, PÉTARADER vi ; *RÉADAPTE.* PÉTASE
chapeau. PÉTÉCHIE de la peau *méd.* PÉTEUX...
PÉTIOLÉ,E *bot.* PETON. PÉTONCLE *moll.*

PÉTOUILLER vi *helv*traîner. PÉTREL *ois REPLET.*
PÉTREUX... *anat.* PÉTUN tabac. PÉTUNIA *PUAIENT ;
ÉPUISANT.* PÉTUNSÉ *géol SUSPENTE.* PEUCÉDAN
bot. PEYOTL *bot.* PÈZE. PÉZIZE *champ.*

PFENNIG,S ou E. PHAÉTON *véhi.* PHALÈNE *ins.*

PHALÈRE *pap.* PHALLINE (*champ*), PHALLUS.
PHANÈRE (poils, plumes...). PHANIE unité. PHARAON,
(-IQUE) (cf ANAPHORE). PHARYNX,PHARYNGÉ,E.
PHASE (ANA- PRO- MÉTA- TÉLO- ; cf BIPHASÉ,E, (DI-,
TRI-, MONO-, POLY- ; DÉPHASER), PHASIQUE *anat*
(A-). PHASME *ins HAMPES* (cf SAPHISME),
PHASMIDÉ.

PHÉNIX ou PHOENIX *ois.* PHÉNOL (DI-), PHÉNATE,
PHÉNIQUÉ,E, PHÉNYLE. PHI inv. PHILTRE (d'amour).
PHIMOSIS du prépuce. PHLÉBITE. PHLEGMON ou
FLEGMON. PHLÉOLE ou FLÉOLE *bot.* PHLOX *bot.*

PHOBIE, PHOBIQUE. PHOCÉEN... PHOLADE *mol.*
PHOLIOTE *cham* (cf FOLIOTER). PHONE unité (A-
BIGO- HOMO- MÉGA- SAXO- TAXI- TÉLÉ- XYLO-),
PHONÈME *ling,* PHONIE (A- EU- APO- DIA- DYS-
SYM-), PHONIQUE. PHONON. PHORMIUM *bot text.*
PHOSGÈNE *chim.* PHOT unité, PHOTO, PHOTON *phys*
-IQUE).

PHRASER vi, PHRASEUR... PHRATRIE tribu.
PHRYGANE *ins.* PHRYGIEN... PHTIRIUS morpion.
PHTISIE. PHYLLADE roche, PHYLLIE *ins.* PHYLUM *zoo*
bot. PHYSALIE *zoo,* PHYSALIS *bot.* PHYSE *moll.*
PHYTOPTE *zoo.*

PI. PIAF. PIAFFANT,E. PIAILLER vi. PIAN *méd.*
PIANOTER vi. PIASSAVA fibre. PIAULER vi. PIAZZA
place. PIBALE larve. PIBLE inv (mât).

PICADOR, PICAGE *vét.* PICARDAN cépage. PICAREL
ich CLAPIER PLACIER ; SPIRACLE. PICCOLO flûte.
PICKLES condiment. PICOLER vi. Pas de « picoleur » ; cf
RUPICOLE. PICORER vt. PICOT, PICOTER vt,
PICOTAGE, PICOTIN unité. PICPOUL cépage.
PICRATE, PICRIQUE. PICTURAL...
PICVERT ou PIVERT. PIDGIN *lang.*

PIÉCETTE. PIÉFORT *mon PROFITE.* PIÉMONT

IMPOSENT ou PIEDMONT *INDOMPTÉ géog.* PIEDROIT
arch. PIÉGER vt, PIÉGEAGE. PIÉRIDE *pap.* PIERRAGE
tech, PIERRÉE rigole *ÉPIERRE ; PRÉSÉRIE + 2,*
PIERREUX..., PIERRIER *mil.*

PIERROT *PORTIER ; RIPOSTER.* PIÉTER vi (*ois*).
PIÉTIN *vét.* PIÉTISME *rel,* PIÉTISTE. PIÉTONNE.
PIÉTRAIN (porc) *PINTERAI + 2.* PIEUTER (se). PIEU
(É-). PIEUSE (É-). PIÈZE unité.

PIF (-OMÉTRE). PIGEONNER vt. PIGISTE journaliste.
PIGMENTER vt. **P**IGNE de pin, PIGNADE.
PIGNOCHER vi manger. PIGNOUF.

PILA**F** riz. PILAGE. PILAIRE. PILASTRE *arch TRIPALES
PARTIELS.* PILCHARD sardine. PILET canard.
PILEUX..., PILIFÈRE. PILLER vt (GAS- ROU- TOU-
ÉTOU- ÉPAR-), PILLARDE, PILLEUR... *PLURIEL.*
PILOSITÉ (poils) *PISOLITE POLITISE.* **P**ILOT pieu,
PILOTIS. PILOTIN *mar POINTIL.* PILOU *étof.*
PILULIER. PILUM javelot.

PIN, PINACÉE. **PIN**AILLER vi. PINASSE *mar PISANES
SAPINES + 1.* PINASTRE *arb PINTERAS ASPIRENT.*
PINÇAGE *arb,* PINÇARD,E *éq,* PINCETTE, PINÇON,
PINÇURE. PINCHARD,E *éq* gris.

PINÉAL... *anat ; PÉNALISE.* PINEAU vin (cf PINOT).
PINÈDE *DÉPEINS,* PINERAIE ou PINIÈRE, PINÈNE
chim. PINGOUIN. PINGRE. **P**INNE *moll.* PINNULE *tech.*
PINOT cépage. PINSCHER chien. PINTER vt. **PIN**YIN
écriture.

PIOCHAGE, PIOCHEUR... PIOLET canne. PIONNE.
PIONCER vi. PIPELET... PIPELINE. PIPER vt.
PIPERADE mets, PIPERINE *chim.*
PIPETTE. PIPI. PIPI**T** *ois.*

PIQUAGE (cf PICAGE), PIQUEUR..., PIQUEUX *vén,*
PIQUIER *mil,* PIQÛRE, PIQUETER vt, je PIQUETTE.

PIRANHA ou PIRAYA *ich.* PIRATER vt. PIROJKI inv mets. PIROLE *bot REPOLI ; SPOLIER.*

PISAN,E (Pise). PISÉ *const.* PISOLITE *géol.* PISSER vt, PISSAT, PISSETTE, PISSEUX..., PISSOIR (É-). PISTER vt, PISTAGE, PISTARD, PISTEUR. PISTIL. PISTOU.

PITANCE *ÉPIÇANT ÉPINÇÂT ; INSPECTA.* PITCHPIN pin. PITE *text.* PITONNER vt *alp OPINENT.* PITUITE *méd.* PIU inv. PIVE *helv* cône. PIVERT. PIZZA, PIZZERIA.

PLACAGE (cf PLAQUAGE). PLACEBO *phar.* PLACENTA *CAPELANT.* PLACER nm (or) ; *SCALPER.* PLACET *dr.* PLACETTE, PLACEUR... *PLAÇURE* (livre) *CRAPULE ; CAPSULÉE ; SUR PLACE,* PLACIER. PLAFONNER vt. PLAGAL... (chant). PLAGISTE *GLAPÎTES.*

PLAID, PLAIDANT,E. PLAIDEUR... PLAIN *hér.* PLANER vt, PLANAGE. PLANAIRE ver *LAPINERA + 1.* PLANCHER vi, PLANÇON *agr.* PLANCTON.

PLANÉITÉ, PLANELLE *helv* carreau (cf FLANELLE). PLANÈZE *géol.* PLATEAU. PLANISME, PLANISTE. PLANOIR ciseau. PLANORBE *moll.* PLANQUER vt. PLANTAIN *bot LAPINANT,* PLANTARD v. PLANÇON, PLANTEUSE, PLANTOIR *PLAIRONT PALIRONT,* PLANTULE.

PLAQUAGE. PLAQUEUR (or). PLAQUIS *const.* PLASMODE *biol.* PLASTE *anat* = LEUCITE. PLASTIE *chir.* PLAT (A- MÉ- RE-), PLATÉE. PLATEURE *mine.* PLATINER vt *PRÉLATIN PALIRENT REPLIANT.* PLATODE ver. PLÂTREUX..., PLÂTRIER,E *TRIPLERA.*

PLÉBÉIEN... PLECTRE = MÉDIATOR. PLÉNIER,E, PLÉNUM réunion. PLÉTHORE. PLEUR, PLEURAGE (son). PLEURAL... (PLÈVRE) *PLURALE.* PLEURANT, S *bx-arts,* PLEURARD,E, PLEUREUR... PLEURITE *méd.*

PLEUROTE *cham*. PLEUTRE couard. PLEUVOIR (3e p.s. et pl.), PLEUVINER v imp, PLEUVOTER v imp. (cf VOLUPTÉ). PLEXUS. PLEYON ou **P**LION rameau.

PLIABLE, **P**LIAGE, **P**LIANT,E, **P**LIEUR *PLIURE PUÉRIL*, **P**LIEUSE. PLINTHE. PLIOCÈNE ère. PLIOIR *PILORI*, PLISSAGE, PLISSEUR..., *PLISSURE*

PLOCÉIDÉ *ois*. PLOMBURE de vitrail. PLOMMÉE massue *POMMELÉ*. **P**LOT *élec*. PLOUC. PLOUF !

PLUCHES. PLUMARD, PLUMET de casque, PLUMETIS (broderie), PLUMEUX..., PLUMITIF, PLUMULE (duvet). PLURAL..., PLUTON magma (-IQUE). PLUVIAL..., PLUVIAN *ois*, PLUVIER *ois*, PLUVIÔSE inv. PNEU,S.

POCHADE *art*. POCHARD,E. POCHETÉE bêtise. POCHON *helv* louche. POCHOUSE mets (*ich*). PODAGRE goutteux. PODAIRE *math DOPERAI PARODIE; RAPSODIE*. PODESTAT *mag*. PODZOL sol (-IQUE)

POÉCILE portique *POLICÉE* (cf ALOPÉCIE). POÊLER vt, POÊLON, POÊLIER *ouv REPOLIE*. POÉTESSE, POÉTISER vt. POGNE, POGNON. POGROM (E).

POILER (se), POILANT,E ; *ANTILOPE*. POINDRE inv sauf POINDRA et POINDRAIT. POINTER nm et vt *PONTIER POTINER; ÉTRIPONS PRÊTIONS* (É- DÉ- AP-) ; POINTEUR *ÉRUPTION POINTURE*. POINTIL (*mét*). POIREAU**TER** vi, POIRÉ**E** *bot*. POIS**E** unité (EM-). POISSER vt (EM-), POISSARD,E. POITEVIN,E. POIVRADE sauce, POIVRIER,E, POIVROT,E. POIX.

POKER. POLAIRE (BI- DI-). POLAR. POLAR**D**,E ; *LÉOPARD DÉPLORA*. POLARISER vt (DÉ-). POLARITÉ, POLAROÏD. POLDER nm. POLENTA mets *POÊLANT; SALOPENT*. POLICÉ,E, POLICEMAN,S ou -MEN. POLI**O**. POLISTE guêpe *PISTOLE POLÎTES PIOLETS PILOTES*. POLJE dépression. POLLEN, POLLINIE.

POLLUER vt (DÉ-), POLLUANT,E, POLLUEUR...

POLO *POOL*. POLOCHON. POLONIUM *mét.*
POLYÈDRE *math*. POLYGALA *bot*. POLYLOBÉ,E *bot*.
POLYMÈRE. POLYNOME. POLYOL *chim*. POLYPE *zoo*,
POLYPEUX..., POLYPIER. POLYPNÉE *méd*.
POLYPORE *cham*. POLYSOC charrue.
POLYTRIC mousse. POLYURIE *méd*.

POMELO pamplemousse. POMERIUM zone sacrée.
POMMADER vt. POMMARD vin. POMMER vi (choux)
(-ÉE) (cf PAUMER vt), POMMELER (se), je me
POMMELLE. POMMETÉ,E *hér*, POMMETTE.
POMPÉIEN... POMPETTE. POMPIÈRE. POMPILE *ins*.

PONANT,S ouest. PONCEAU pont. PONÇAGE. Pas de
« ponceur » ; cf PUCERON. PONCEUX... *CONSPUÉE*.
PONCHO *cost*. PONDÉRER vt, PONDÉRAL...
(-REUX...). PONDEUR... *RÉPONDU ; DUPERONS*
DÉPURONS, PONDOIR.

PONEY. PONGÉ étof (É-) PONGIDÉ singe. PONGISTE
POIGNETS. PONTER vt *chim*, PONTAGE, PONTET
d'arme, PONTIER *ouv*. PONTIFIER vi. PONTIL v.
POINTIL.

POOL. POP, S. POPE *rel*. POPELINE. POPLITÉ,E
(jarret). POPOTE. POPULAGE *bot*, POPULÉUM *phar*.
POPULEUX..., POPULO.
POQUER vi pointer. POQUET *agr* trou.

PORCHER,E ; *REPROCHE*, PORCIN,E *CONSPIRE*
CRÊPIONS PERCIONS. PORION *mine*. PORNO,S.
POROSITÉ. PORPHYRE roche. **P**ORQUE *mar*.
PORRIDGE.

PORTABLE, PORTAGE *POTAGER*, PORTANCE
CAPERONT. PORTATIF... *PROFITÂT*, PORTER nm
bière. PORTERIE loge *PORTIÈRE PRÉTOIRE*.
PORTLAND ciment. PORTO**R** marbre, (-ICAIN,E).

PORTULAN carte.

POSITON *ato TOPIONS OPTIONS* ou POSITRON
PORTIONS POTIRONS. POSSÉDER vt (DÉ- CO-).
POSTCURE, POSTDATER vt. POSTER nm et vt (A- RI-
COM-), POSTAGE. POSTFACE. POSTPOSER vt.
POSTULAT (-ANT,E, -ATION).
POSTURAL... *SPORULAT*.

POTACHE. POTAGER,E *PROTÉGEA*. POTAMOT *bot*.
POTARD. POTE. POTÉE. POTELÉ,E. POTELLE *mine*.
POTENCÉ,E *hér ÉCOPENT*. POTENTAT *TAPOTENT*,
POTERNE *m. âge OPÈRENT*. POTIÈRE. POTINIER,E
POITRINE; pas de « potineur » ; v. POINTEUR.
POTLATCH *rel*. POTTO lémurien.

POU,X. POUAH ! POUCIER doigtier *COPIEUR
CROUPIE* (cf POUSSIER) (-CETTES). POUDING (-UE)
ou PUDDING. POUDRAGE, POUDROYER vi. **P**OUILLE
rel. POUILLOT *ois* (cf POULIOT). POUILLY *vin*.
POULAIN**E** *mar*. POULARDE (É-). POULBOT.
POULINER vi. POULIOT *menthe*. POULS.

POUPARD,E, POUPIN,E. POURPIER *bot*. POURPRÉ,E.
POUSSAGE *mar*, POUSSEUR. POUSSA**H** jouet.
POUSSIER *SOUPIRES*. POUSSIN,E *helv PUISONS;
ÉPUISONS; PUSSIONS*. POUTSER vt *helv* nettoyer
POSTURE POUTRES SEPTUOR TROUPES.
POUTURE pour bétail.

PRAGOIS,E ou PRAGUOIS,S *GROUPAIS*. **P**RAIRE *moll*.
PRAIRIAL inv. PRAKRIT *lang*. PRALIN sucre, PRALINER
vt, PRANDIAL... *méd PLAINDRA*. PRAO *mar*.
PRAXIE *psy* (A-), PRAXIS.

PRÉALPIN,E. PRÉBENDE *rel*. PRÊCHEUR...
PERRUCHE. PRÉCIPUT *dr*. PRÉCITÉ,**E** *CRÉPITE*.
PRÉCUIT,E. PRÉDELLE de retable. PRÉDICAT *ling*.
PRÉDIQUER vt. **P**RÉDIRE vt, PRÉDISEZ. PRÉFÈT**E**.
PRÉFIX *dr*, PRÉFIXER vt, PRÉFIXA**L**... **P**RÉFORMER vt.

PRÉGNANT,E *philo*. PRÉLART bâche *PLÂTRER*.
PRÉLATIN,E. PRÊLE *bot*. PRÉLEGS legs. PRÉLUDER
vi. PRÉMICES *CRÉPÎMES* (cf PRÉMISSE). PRENABLE,
PRENEUR... PRÉNATAL,E,S ou -AUX. PARENTAL + 3.
PRÉPUCE *anat*. **PRÉ**ROMAN,E.

PRESBYTE (-RAL..., -RIEN...). PRÉSÉRIE. PRESSAGE.
PRESSIER *ouv REPRISSE REPRISES RESPIRES*.
PRESSING (cf PINGRES). PRESSURER vt. PRESTO
inv. PRÉSURER vt. PRETERIT temps. PRÉTURE
PRÉTEUR... **P**RÉVALOIR (se), **P**RÉVALU *PLEUVRA*.
PRÉVERBE *ling*. **P**RÉVOTÉ, **P**RÉVOTAL...

PRIANT,S statue *PRISANT SPRINTA*. PRIAPÉE chant
PÉPIERA. PRIEUR,E. PRIMAGE *tech*. PRIMAT,E,
PRIMATIE, PRIMAUTÉ *IMPUTERA PERMUTAI*, PRIMO
inv. PRINCEPS (édition). PRIORAT (prieur), PRIORI inv.
plus de « priseur... » ; cf PRIEURS ; SURPRISE ;
ÉPISSURE. PRIVAUTÉS pl (cf VITUPÉRA).

PRO,S. PROBITÉ (IM-) PROCAÏNE *phar RAIPONCE
PONCERAI COPINERA PIONCERA*. PROCLIVE (dent).
PROCORDÉ *zoo*. PRODROME *méd*. PROF,S. PROFÈS
rel. PROLAN *embryo*. PROLEPSE *styl*. PROLO.
PRONAOS de temple *SOPRANO*.

PROPANE. PROPÈNE. PROPHASE *biol*. PROPOLIS
(abeilles). PROPRET... PROPRIO. PROPYLÉE de
temple. PRORATA inv. PROSOME *zoo*. PROSPECT
client (?). **PRO**STYLE temple.

PROTASE *théâ*. PROTÉASE *chim*. **P**ROTE *typo*.
PROTÉE *zoo*, PROTÉIDE, PROTIDE *chim*, PROTÉINE.
PROTÈLE *mam PELOTER PÉTROLE ; SERPOLET*.
PROTÊT *dr*. PROTIDE *chim*. PROTISTE *zoo TRIPOTES*.
PROTOME *déco*. PROTON *ato* (-IQUE). PROTOURE
ins. PROU inv. **PRO**VENDE *agr*. PROVENUE.
PROVIGNER vt *agr*. PROVIN de vigne. PROYER nm *ois*.

PRUDERIE *RÉPUDIER*. **P**RUINE du fruit *RUPINE*

PURINE. PRURIGO *méd*, PRURIT. PRYTANE *mag*,
PRYTANÉE. PSAUTIER livre *SAPITEUR UPÉRISÂT.*
PSCHENT (pr. k) coiffure. PSI inv. PSILOPA mouche.
PSITT ! ou PST ! PSOAS muscles. PSOQUE *ins.*
PSYCHÉ. **PSY**CHOSE. PSYLLIUM graines. PTOMAÏNE
chim. PTOSE *méd*, PTOSIS (œil). PTYALINE enzyme.

PU**B**. PUBÈRE (IM-), PUBIEN... PUCCINIE *cham.*
PUCELAGE. PUCIER. PUDDING v. POUDING.
PUDDLER vt *mét*, PUDDLAGE. PUDIBOND,E,
PUDICITÉ *CUPIDITÉ.* PUER vt.
PUFFIN *ois* (cf MUFFIN). PUGNACE.

PUINÉ,E cadet. PUISAGE, PUISARD égout *DISPARU.*
PUITS. PULL. PULLMAN,S. PULMONÉ *moll.* PULPAIRE,
PULPEUX..., PULPITE (dents). PULQUE *boiss.* PULSA**R**
astr. PULSATIF..., PULSER vt (IM- COM-), PULSION
UPSILON. PULTACÉ, E *méd.* PULVERIN poudre.

PUNA plaine. PUNAISE**R** vt *UNIPARES.* PUNCH,S
(-EUR). PUNCTUM inv (vision). **P**UNIQUE. PUNK.
PUPAZZO,S ou - I poupée. PUPE nymphe, PUPIPARE.

PUREAU d'ardoise. PURGEUR. **P**URINE *chim*,
PURIQUE. PUROT fosse, PUROTIN misérable.
PURPURA *méd*, PURPURIN,E. PUSTULE**UX**... PUT**E**.
PUTIER ou PUTIET *arb.* PUTRIDE ; *DISPUTER.*
PUTSCH. PUTTO,S ou - I, angelot. PU**Y**

PYÉLITE *méd.* PYGARGUE aigle. PYGMÉE**N**...
PYLORE. PYOGÈNE *méd*, PYORRHÉE. PYRALE *pap.*
PYRAMIDÉ,E. PYRANNE *chim.* PYRÈTHRE *bot.*
PYREX, PYREXIE fièvre (A-). PYRIDINE *chim.* PYRITE
sulfure.

PYROGÈNE *méd*, PYROLYSE *chim.* PYROMANE,
PYROSIS *méd.* PYROXÈNE silicate. PYROXYLÉ,E
chim. PYRROLE *chim.* PYTHIE, PYTHIE**N**..., PYTHON
(-ISSE). PYURIE (pus). PYXIDE capsule.

Mots avec Q et sans U : QAT, QASIDA, QIBLA, COQ, CINQ, IRAQIEN... *Mot avec QU sans voyelle supplémentaire :* PIQÛRE.

QASIDA *isl* poème. QAT ou KHAT *arb.* QIBLA direct. de la Mecque. QUADRANT *math.* QUADRIGE char. QUAKER, -ERESSE *rel.* QUANT inv (-IÈME, -IFIER, -IQUE). QUANTUM,S ou QUANT**A** inv. QUANTEUR *log.*

QUARK *ato* (cf QUAKER). QUARTER vt réduire *TRAQUER; TAQUER,* (-ON, -ONNE), QUARTAGE, QUARTAUT fût (cf QUARTO inv). (-TETTE). QUARTZ (-EUX..., -ITE, -IFÈRE). QUARTIER *ÉQUARRIT.* QUARTILE *math.*

QUASAR astre. QUASI,S viande (-MODO) QUASSIA *arb SAQUAIS* ou QUASSIER. QUATER inv (-NION *math),* QUATERNE loto, QUATRAIN, QUATUOR.

QUECHUA *lang.* QUELEA *ois LAQUÉE.* QUENELLE. QUENOTTE. QUÉRABLE *dr fin.* QUÉRIR inv (AC- EN- RE- CON-).

QUÊTER vt (CA- EN- HO- PI- BAN- BEC- BRI- CLA- CLI- CRA- ÉTI- MAR- PAR- DÉPA- EMPA- REMPA-). QUÊTEUR... *TRUQUÉE QUEUTER; QUESTEUR QUESTURE TRUQUÉES ÉTRUSQUE* (EN- PA- BAN- BRI- ÉTI- MAR- PAR-), QUÊTEUSE *ÉQUEUTES* (EN- PA- ÉTI-). QUETSCHE *TCHÈQUES.* QUETZAL,S *ois TALQUEZ.* QUEUSOT tube *TOUQUES.* QUEUTER vi (É-). QUEUX (A- MU- PI- VIS- VARI-).

QUI**A** inv *QUAI.* QUICHE *CHIQUE.* QUIDAM,S. QUIET, E *TIQUE; ÉQUITÉ ÉTIQUE,* QUIÉTUDE. QUIGNON.

QUILLON de croix. QUINAIRE *math.* QUINAUD, E honteux. QUINE *loto ÉQUIN NIQUE* (É- CO- TA- ACO- BAS- BOU- MES- ROU- MARO- TRUS-). QUININE. QUINOA *bot.* QUINONE (HYDRO-). QUINQUET lampe.

QUINTE, QUINTEUX... QUINTO inv. QUIPO ou QUIPU cordelette. QUIRAT *mar* part (-AIRE) *RISQUÂT*. QUIRITE citoyen *RÉQUISIT*. QUISCALE *ois.* QUITUS. QUOLIBET (cf OBLIQUE). QUORUM,S. QUOTA,S *TOQUA*. QUOTIENT, QUOTITÉ.

ABAQUE boulier. ACOQUINER (s'). ACQUÉRIR vt
ACQUIERS ACQUIERT ACQUÉRONS etc. ACQUIS etc.
ACQUERRAI(S) etc. ACQUIÈRE etc. ACQUISSE etc.,
ACQUÊT,S, ACQUIT,S. ACÉTIQUE. ADAMIQUE.
ADÉQUAT,E.

ALBRAQUE *mine.* **AL**CAÏQUE *poé.* ALGIQUE *méd.*
ALIQUOTE *math.* **A**LOGIQUE. ALTAÏQUE *géog.*
AMIMIQUE *méd.* AMYLIQUE *chim.* ANODIQUE.
AORTIQUE *TOQUERAI.*

APIQUER vt *mar PIQUERA REPIQUA,* **A**PIQUAGE.

AQUAVIT *VAQUAIT.* AQUEDUC *CADUQUE.* **A**QUEUX...
AQUICOLE *bot* et *zoo,* AQUIFÈRE. AQUILIN adj m.
AQUILON. AQUITAIN,E *TAQUINAI.*

ARABIQUE. ARCTIQUE *ACQUIERT.* ARÉIQUE sec.
ARÉQUIER *ÉQUARRIE arb.* ARLEQUIN. ARNAQUER
vt. ARQUE (B- M- P- ÉN- ÉP- ÉT- EX- DÉB- DÉM- EMB-
MON- NAV- REM- ANAS- ETHN- HIÉR- HIPP- OLIG-
PHYL- REMB- TAXI- TÉTR-),
ARQUER vt *RAQUER.*

ASQUE spore *SAQUE.* ATAVIQUE (B-). ATAXIQUE
méd. **A**TONIQUE *ÉQUATION.* ATTIQUE *QUÊTAIT;
STATIQUE.* AULIQUE *dr.* **A**URIQUE *mar.*
AUQUEL, AUXQUELS. AZOÏQUE *bio.* AZTÈQUE.

BACHIQUE. BALTIQUE. BANQUER vi. BANQUETER vi,
je BANQUETTE. BARAQUER vi (-ÉE) *zoo BRAQUERA*
BARBAQUE. BASIQUE. BASQUAIS,E, BASQUINE jupe.
BANQUISE.

BÉCHIQUE *phar.* BECQUÉE, BECQUET ou BÉQUET
typo, BECQUETER vt, je BECQUETTE. BEQUILLER vt.
BERNIQUE *moll.* **BI**COQUE. BILOQUER vt *agr
OBLIQUER.* **BI**ONIQUE. **BI**OTIQUE (A-). BIQUE,
BIQUET, BIQUETTE. BISQUER vi (se conj.) *BRISQUE.*

BORIQUÉ,E. BOUQUETÉ,E vin. BOUQUINER vt.

BRAQUE**T**. BRAQUAGE, BRAQUEUR. BRIQUER vt
(FA- IM-). BRIQUETER vt, je BRIQUETTE. **B**RISQUE
chevron. BROMIQUE *chim*.

CACIQUE chef. CADUQUE. CAÏQUE *mar ICAQUE*.
CALANQUE. CALCIQUE (chaux). CALQUER vt,
CALQUAGE *CLAQUAGE*.
CANAQUE *ENCAQUA* ou KANAK,E.

CAQUELON poêlon. CAQUER vt *ich* (EN-). CAQUETER
vi, je CAQUETTE. CARAQUE *mar CAQUERA*.
CARQUOIS *CROQUAIS*. CASAQUIN *cost*.
CASQUER vi (-ÉE) *SACQUER*.

CELTIQUE *CLIQUETÉ*. CHIQUER vt, CHIQUEUR.
CITRIQUE. CLANIQUE. CLAQUANT,E. CLAQUOIR,
CLAQUETER vi *zoo*, je CLAQUETTE. CLIQUETER vi, je
CLIQUETTE. CLOAQUE *LOQUACE*.
CLOQUER vi *étof* (-ÉE). CLONIQUE.

COLLOQUER vt. CONQUÉRIR (se conj. c. ACQUÉRIR).
CONQUE. COQUARD ou **CO**QUART coup. COQUELET.
COQUEMAR pot. COQUERET *bot*. COQUERIE *mar*,
COQUERON *mar*. COQUILLER vi (pain). CORNIQUE
géog. **C**OSMIQUE *COMIQUES*. COUFIQUE ou
KÜFIQUE *isl*. COUQUE.

CRAMIQUE pain. **C**RAQUER vt, CRAQUAGE *tech*,
CRAQUEUR. CRAQUELER vt, je CRAQUELLE.
CRAQUETER vi *zoo*, je **C**RAQUETTE. CROQUANT,E,
CROQUEUR... **C**ROQUET, **C**ROQUETTE.
CUPRIQUE *chim*. CYSTIQUE *méd*.

DACQUOIS,E. DARIQUE *mon*. DÉBOUQUER vi *mar*.
DÉFÉQUER vt. DÉFROQUER vi (-ÉE). **D**ÉPIQUER vt.
DERMIQUE *MERDIQUE*. DESQUAMER vt
DÉMASQUER. **DES**QUELS, **DES**QUELLES.
DIADOQUE titre. DÏOIQUE *bot IODIQUE*. DIPTYQUE.
DISTIQUE *poé*. DOLIQUE *bot*. DORIQUE *arch*.
DUQUEL. DYTIQUE.

ÉDÉNIQUE. EMBOUQUER vt *mar.* **EM**BRAQUER vt *mar*
EMBARQUER. ÉMÉTIQUE. **EN**CAQUER vt. **EN**ARQUE.
ENQUÉRIR (s') (se conj. c. ACQUÉRIR), ENQUERRE
inv. **EN**TROQUE *géol TRONQUÉE.* ÉNUQUER (s').

ÉPARQUE chef. ÉPIMAQUE *ois.* ÉQUARRIR vt.
ÉQUEUTER vt. ÉQUIDÉ, ÉQUIN, E. ÉQUILLE *ich.*
ÉQUIPIER,E. ÉQUIPOLÉ *hér.* ÉQUITANT,E.
ESQUARRE *hér.* **ES**QUILLE d'os. ESQUIMAU, DE.
ESQUINTER vt. **E**SQUIRE,S *RISQUÉE REQUISE
SÉRIQUE.*

ÉTARQUER vt *mar.* ÉTATIQUE *ÉTIQUETA.* ÉTHIQUE.
ETHNIQUE. ÉTIQUE (R- NO- PO- RH- TH- ASC- CIN-
ÉID- GÉN- HÉR- MIM- TAB-). ÉTIQUETER vt,
j'ÉTIQUETTE. ÉTRIQUÉ,E *RÉTIQUE; STÉRIQUE
REQUÎTES.* ÉTRUSQUE. EUNUQUE. **EX**ARQUE chef.

FAQUIN. FAUNIQUE. FELOUQUE *mar.* FERRIQUE.
FÉTUQUE *bot.* **FI**ASQUE (vin). FILMIQUE. FLOQUER vt.
FONGIQUE (*cham*). FORMIQUE *chim.* FORNIQUER vi.
FOULQUE *ois.* FRANQUE. FRASQUE.
FRIQUET *ois.* FRISQUET... FRUSQUES pl.

GAÉLIQUE. GALLIQUE *chim.* GÉNIQUE *biol.*
GLOBIQUE *anat.* GNOMIQUE. GOTHIQUE. **G**OTIQUE.
GRECQUER vt scier. GYMNIQUE. HAQUENÉE.
HAQUET *véhi.* HECTIQUE *méd.* HÉLIAQUE *astr.*
HOQUETER vi, je HOQUETTE. HOQUETON veste.
HOULQUE ou HOUQUE *bot.* HUMIQUE *géol.*
HUNNIQUE *hist.*

IAMBIQUE *poé.* IBÉRIQUE. ICAQUE, ICAQUIER *arb.*
ICONIQUE. ILIAQUE *anat LIASIQUE.* **IM**BRIQUER vt.
INIQUITÉ. IODIQUE. IONIQUE (B- AN-). IRÉNIQUE *rel.*
IROQUOIS,E. ISIAQUE. JACQUES. JAQUE.

LACTIQUE *CLIQUETA.* LAÏQUE *SALIQUE.* **LA**QUELLE,
LESQUELLES. LAQUER vt, LAQUAGE, LAQUEUR

RELUQUA. LIASIQUE. LINÉIQUE. LIQUETTE (C-).
LORIQUET *ois.* LOUFOQUE. LUDIQUE. LUPIQUE *méd.*
LYRIQUE. LYTIQUE *chim.*

MACAQUE. MALIQUE *chim.* MANIQUE *gant.*
MANOQUE (tabac). **M**ANTIQUE (devin). MARASQUE
bot MASQUERA ARQUAMES RAQUÂMES. **MA**RISQUE
méd. MAROQUIN (-ER vt). MARQUEUR.., MARQUAGE,
MARQUOIR. MARQUETER vt, je MARQUETTE.
MASQUAGE. MASSIQUE *phys.*

MÉDIQUE. MÉLIQUE *poé.* MÉNISQUE *MNÉSIQUE*
MESQUINE ENQUÎMES. MERDIQUE. MÉTÈQUE.
MNÉSIQUE (A-). MONOÏQUE. MOQUETTER vt.
MORISQUE *rel.* MORESQUE ou MAURESQUE.
MUQUEUX... MUSQUÉ,E.

NARQUOIS,E *ARQUIONS RAQUIONS.* NASIQUE singe.
NAVARQUE *mar.* NIQUE inv (I- U- CO- CY- GÉ- IO- MA-
PA- PU- RU- SO- TO- TU- VI- ATO- AXÉ- BER-BIO-CLA-
CLI-CLO-COR-ÉDÉ- ETH- FAU- FOR- GYM- HUN- IRÉ-
IRO- PHÉ- PHO-SCÉ- TAN- URA-). **NI**TRIQUE.

OBSÈQUES pl. OHMIQUE. OLÉIQUE. ONIRIQUE.
ONTIQUE *philo TONIQUE ; QUESTION.* OOTHÈQUE
ins. ORGIAQUE. ORPHIQUE. ORQUE *mam ROQUE.*
OSMIQUE *chim.* OSQUE italien, OTIQUE *méd.*
STOÏQUES (G-). OXALIQUE *chim.*

PACQUER vt (*ich*), PACQUAGE. PALANQUE mur (-E).
PANIQUER (se). PÂQUE. PARQUETER vt, je
PARQUETTE. PARQUEUR (*zoo*) ou PARQUIER.
PATAQUÈS. PASTÈQUE. PATRAQUE.

PECTIQUE *bot.* PEPTIQUE. PÉQUIN, PÉQUENOT.
PERSIQUE *REPIQUES.* PÉTANQUE. PHASIQUE
SAPHIQUE. PHÉNIQUÉ,E. PHOBIQUE. PHONIQUE.

PICRIQUE *chim.* PIQUE (A- É- DÉ- LU- RE- TO- TY-
ATY- HIP- SUR- TRO- UTO- OLYM- STEP-), PIQUER vt

(A- DÉ- RE- SUR-) PIQUEUR...*PURIQUE; SURPIQUE*,
PIQUEUX *vén*, PIQUIER *mil*,
PIQUETER vt, je PIQUETTE.

PLANQUER vt. PLAQUIS, **P**LAQUAGE, **P**LAQUEUR.
POQUER vi *sp*. POQUET *agr*. **P**ORQUE *mar*. PSOQUE
ins. PULQUE *boiss*. **P**UNIQUE. **P**URIQUE *chim*.

RABIQUE (A- ST-). RAMEQUIN. **R**APPLIQUER vi.
RAQUER vt (B- C- T- BA- DÉT- EMB- MAT-). REBIQUER
vi. RELIQUAT. RELUQUER vt. **R**EMBARQUER vt.
REQUÉRIR (se conj. c. ACQUÉRIR). REQUIEM,S
REQUÎMES. REQUISIT,S. RESÉQUER vt *chir*
ÉQUERRES. **R**ÉTIQUE géog (HÉ- APO- APY- DIU-
ÉNU-) ou RHÉTIQUE.

RIQUIQUI inv. ROQUER vi (C- T- ESC- DÉF- RÉCIP-).
ROQUE**T**. ROQUETTE (B- C-). RORQUAL,S *mam*.
ROUQUIN,E. **R**UNIQUE. RUSTIQUER vt.

SACQUER ou SAQUER vt. SALIQUE *dr*. SAPÈQUE
mon, SAPHIQUE. SCÉNIQUE. SCINQUE *zoo*.
SEPTIQUE *PIQUETÉS* (A- ANTI-) **SÉ**QUELLE. **S**EQUIN
mon. SÉQUOIA. SÉRIQUE *méd*. SILIQUE fruit.
SISMIQUE. SLOVAQUE.

SOCQUE *COQUES* SODIQUE. SONIQUE (SUB-
HYPER- SUPER-). SOUQUER vt *mar*. SQUALE
LAQUES. SQUAME *MASQUE*. SQUAMATE *zoo*
TAQUÂMES, SQUAMEUX..., SQUAMULE. SQUARE.
SQUASH,S. SQUATINA *ich TAQUINAS*. SQUAT,
SQUATTER vt ou nm *TRAQUETS* (-ERISER).

SQUIRE (E-). SQUIRRE *RISQUER* (-EUX...) ou
SQUIRRHE *méd*. STÉRIQUE. STOÏQUE. STUQUER vt.
SYNDIQUER vt. SYRIAQUE.

TALQUER vt. TANNIQUE (S-). TAQUER vt, TAQUOIR
ROQUAIT TROQUAI. TAQUET. TARASQUE.
ARQUÂTES RAQUÂTES TAQUERAS ÉTARQUAS.

TCHÈQUE. TÉQUILA *QUALITÉ*. THÉTIQUE.
THYMIQUE.

TIQUE (É- O- AN- AS- AT- GO- DY- LY- ON- OP- RÉ-
ACÉ- AOR- ARC- AZO- BAL- BIO- BOU- CAN- CEL- CRI-
CYS- DIS- ÉMÉ- ÉRO- ÉTA- EXO- HEC- KYS- LAC-
MAN- MAS- MYS- NAU- NOÉ- PEC- PEP- POÉ- POR-
PRA- RHÉ- RUS- SEP- STA- TAC- THÉ- VIA-).
TIQUETÉ,E (É-). TIQUER vi, TIQUEUR... *RUSTIQUE*.

TONIQUE (A- CÉ- DIA- ISO- PHO- PLA- PLU- PRO-
TEC- TEU-). TOPIQUE *phar OPTIQUE* (U- ISO-).
TOQUER (se), TOQUADE. TOQUANTE ou TOCANTE.
TOQUARD m (cf TOCARD,E). TORIQUE *arch*. (RHÉ-
HIS-) TORQUE. TOUQUE. TOXIQUE (DÉ- IN- ANTI-).

TRAQUET *ois*. TRAQUEUR... *TRUQUERA*. TRINQUER
vi. TRINQUET *sp*. TRIQUET. TROQUET. TRUQUAGE
ou TRUCAGE, TRUQUEUR... TRUSQUIN *TURQUINS*
(-ER vt). TUDESQUE. TUQUE *coif*. TURCIQUE (os).
TURQUIN bleu. TYPHIQUE. TYPIQUE (A-).

UBIQUITÉ. UBUESQUE. ULLUQUE. UNIQUE (P- R- T-
FA- COMM-). UNIVOQUE. URANIQUE. URÉMIQUE,
URIQUE (A- P- DYS- HIPP- MERC- POLY- SULF-
T,ELL-). **U**TOPIQUE.

VALAQUE *géog*. VAQUER vi. **V**ASQUE. VÉDIQUE *rel*.
VÉLIQUE *mar*. VIATIQUE. **V**INIQUE. VISQUEUX...
VOMIQUE. VRAQUIER nm *mar*. ZODIAQUE.

R

RAB *BAR* ou RABE *ABER*(cf ROB). RABAB *BARBA* ou REBAB *mus.* RABAN corde. RABANE tissu. RABBI, RABBIN, RABBINAT (-NIQUE). RABIOTER vt *BOÎTERA OBÉRAIT.* RABIQUE (rage). RABLER vt *tech.* RABONNIR vt. RABOTAGE *ABROGEÂT,* RABOTEUR... *BROUTERA ÉBOURRÂT OBTURERA RABOUTER,* RABOTEUX... RABOUGRIR vt. RABOUTER vt.

RACAGE collier *AGACER.* RACCARD *helv* grange. RACCROC inv. RACER nm canot. RACHI *chir CHAIR* RACINAL, -AUX *const.* RACINIEN... *INCINÉRA.* RACK meuble, RACKET (-TTEUR). RACLAGE, RACLETTE (*from*), RACLEUR..., RACLOIR *SARCLOIR,* RACLURE. RACOLEUR... *CROULERA.* RACONTAR. RACOON raton laveur. RACORNIR (se).

RAD unité. RADER vt (blé). RADIAL... *SALADIER,* RADIAN *math DRAINA RADINA,* RADIANT,E *DRAINÂT RADINÂT ; RADAIENT,* RADIATIF... RADICANT,E *bot,* RADICULE. RADIER nm et vt *const.* RADINER (se) *DRAINER RENDRAI.* RADIUM, RADIUS os.

RADJAH (MAHA -inv) ou RAJA(H). RADON *mét.* RADÔME dôme. RADOTAGE, RADOTEUR... RADOUB *mar,* RADOUBER vt *DÉBOURRA BOURRADE.* RADULA langue.

RAFFINAT *chim.* RAFIOT. RAFFUT. RAFFÛTER vt *rugby.* RAGA *mus.* RAGEANT,E. RAGLAN *cost.* RAGONDIN rongeur. RAGOT,E *éq.* RAGRÉER un mur. RAGTIME *mus ÉMIGRÂT GERMAIT ; MIGRÂTES.* RAGUER vi s'user.

RAI. RAIA v. RAYIA. RAIFORT radis. RAINER vt *menui.* RAINETTE *batr NATTIÈRE NITRATÉE* + 6 (cf RÉNETTE,

REINETTE). RAINURER vt. RAIPONCE *bot.* RAIRE vi
(se conj. c. TRAIRE), ou RÉER vi bramer. RAISINÉ
confiture *RÉSINAI + 4* (cf RÉSINER).
RAISON (O- DÉ- PA- VÉ- FLO- LIV- OUV-).

RAJA (MAHA- inv) ou RAJAH ou RADJAH (MAHA- inv).
RAJOUT, **R**AJOUTER vt. **R**AJUSTER ou **RÉ**AJUSTER
vt. RAKI. RÂLEUSE, RÂLEMENT *LAMÈRENT
LAMENTER MATERNEL.* RALINGUER vt *mar.*
RALLIDÉ *ois.* RALLYE.

RAMADAN inv. RAMAGER vt *déco.* RAMDAM,S.
RAMENDER vt. RAMENER nm et vt. RAMEQUIN
récipient. RAMER vt, RAMETTE *TRÉMATE ÉMETTRA;
MÉTRÂTES.* RAMEUSE *AMURÉES.* RAMI. RAMIE *bot.*
RAMILLES pl *SMILLERA* (cf MAILLER). RAMINGUE *éq.*
RAMPEAU (dés) *PAUMERA.* **R**AMURE.
RANALE *bot ARSENAL.*

RANÂTRE *ins NARRÂTES.* RANCARD, RANCARDER vt
(B-) ou RENCARD, RENCARDER vt ou RANCART
CARRANT. RANCH, S ou ES. **R**ANCHE échelon,
RANCHER nm. RANCIR vi, RANCI**O** vin *CORNAI.*
RANCŒUR *ENCOURRA.* RAND *mon,* RANGER nm ou
vt *mil* (F- O-). RANI nf (MAHA- inv; cf RAJA[H]).
RANIDÉ *batr.* RANZ *helv mus.*

RÂPAGE, RÂPERIE *ÉPIERRA RAPIÈRE + 2.*
RÂPEUX...; *APEURES APURÉES* (cf RÂPURE). RAPHE
anat PHARE HARPE. RAPHIA. RAPIAT,E. RAPIÉCER
vt. RAPIN apprenti, RAPINE. RAPLAPLA inv, **R**APLATIR
vt. **R**APPARIER vt. **R**APPLIQUER vi. RAPSODIE ou
RHAPSODIE. RAPTUS *psy.* RÂPURE.

RAQUER vt. RAQUETTE**UR** marcheur. RASADE,
RASAGE, RASEUR..., RASANCE d'une balle.
RASCASSE *ich CARESSAS + 2.* RASETTE soc
STATÈRE + 2. RASH,S *méd* (cf RUSH). RASIBUS près
SUBIRAS. RASKOL *rel.* **R**ASSEOIR vt, RASSIR inv sauf
RASSIS, E. **R**ASSORTIR ou **RÉ**ASSORTIR vt. RASTA.

RATAFIA liqueur. RATAGE. RATAPLAN! RATE**L** *mam.*
RATELER vt, je RATELLE, RATELAGE (plus de
« rateleur » ; cf URÉTRALE et URÉTÉRAL). RATIER,E,
RATICIDE *TRIACIDE + 3*. RATINER vt, RATINAGE
ARGENTAI + 7. RATING *mar.* RATIO rapport. RATITE *ois.*
RATURAGE *TARGUERA*.

RAUCHER vt *mine CHARRUE RUCHERA,* RAUCHAGE,
RAUCHEUR. RAUQUE, RAUCITÉ *ÉRUCTAI CURETAI
CUITERA*. RAVAGEUR m. **R**AVAL,S mine, **R**AVALEUR.
RAVAUDER vt. RAVENALA *bot.* RAVIER,E *RÉVÉRAI
ARRIVÉE*. RAVIGOTER vt (cf REVIGORER).

RAVINER vt. RAVIOLI inv *VIROLAI*. **R**AVIVAGE.
RAVOIR inv.
RAY *agr* (G-). RAYÈR**E** *arch* (F-).
RAYONNER vi (-ÉE, -EUR). RAZ, RAZZIER vt.

RÉABONNER vt. **RÉ**ABSORBER vt. RÉA**C**,S.
RÉACTIF..., **RÉ**ACTIVER vt. **RÉ**ADMETTRE.
R(É)AJUSTER vt. RÉA**L**... *mar.* **RÉ**ALÉSER vt (-AGE).
RÉALGAR sulfure. **RÉ**ARMER vt. **RÉ**ARGENTER vt.
RÉARRANGER vt. **RÉ**ASSIGNER vt. RÉASSORT
ROSÂTRES, R(É)ASSORTIR vt. **RÉ**ASSURER vt
RASSURÉE RESSUERA.

REBAB v. RABAB. **RE**BATTRE vt. **RE**BÂTIR vt. **RE**BEC
viole. REBIQUER vi. **RE**BLANCHIR vt. **RE**BOISER vt.
REBORDER vt. REBOT *sp.* REBOURS. **RE**BRÛLER vt.

RECARDER vt. **RE**CARRELER vt. **RE**CASER vt.
RECAUSER vi. **RE**CÉDER vt. RÉCENCE.
RECENSEUR... RECÉPER vt *arb*, RECÉPAGE.
RECERCLER vt. RÉCESSIF... *biol.* RECHAMPIR vt
déco. **RE**CHANTER vt. RECHAPER un pneu.
RÉCHAPPER vi. **RE**CHASSER vt. **RE**CHAUSSER vt.

RÉCITAL,S, RÉCITANT,E. **RE**CLOUER vt *ÉCROULER*.
RECOIFFER vt. RÉCOLER vt *dr.* **RE**COLLER vt.

RECOLLET *rel.* **RE**COMPOSER vt. **RE**CORDER vt *DÉCORER*. **RE**CORRIGER vt. **RE**CORS huissier. **RE**COURIR vt. RECOUVRER vt.

RECRÉER vt **RE**CRÉPIR vt. **RE**CREUSER vt. **RÉ**CRIER (se). **RÉ**(É)CRIRE vt. RECTA inv, RECTAL..., RECTION *ling CROIENT TRICONE* (É-). RECTUM, RECTITE *méd.* RECTO. RECTORAL... *CORRÉLAT*, RECTORAT. RECTRICE (*ois*) (É-). **RE**CUIRE vt. **RE**CULOTTER vt. **RÉ**CURSIF... *ling.*

REDAN ou REDENT *arch.* **RE**DÉFAIRE vt. **RE**DÉFINIR vt. **RE**DÉMARRER vt. **RE**DEVOIR vt. RÉDIE *zoo.* REDOUL arb *LOURDE*. **RE**DOUX. REDOX adj *chim.* RÉDUVE punaise.

RÉÉCOUTER vt. **RÉ**ÉDIFIER vt. **RÉ**ÉDUQUER vt. **R(É)**EMPLOI, **R(É)**EMPLOYER vt. **RÉ**EMPRUNTER vt. **RÉ**EMBAUCHER vt. RÉER vi v. RAIRE. **RÉ**ESCOMPTER vt. R(É)ESSAYER vt. **RÉ**EXAMEN, **RÉ**EXAMINER vt.

REFAÇONNER vt. **RE**FENDRE vt. RÉFÉRENT nm *ling.* **RE**FLEURIR vi. REFLEX *photo* (-IBLE), RÉFLEXIF... **RE**FONDRE vt. **RE**FOUILLER *sculp.* RÉFRACTER vt. RÉFRÉNER vt.

RE**G** géog. RÉGALADE,S, RÉGALAGE *tech.* RÉGALIEN... **RE**GARNIR vt. RÉGATER vi, RÉGATIER. REGEL, REGELER vt. REGENCY inv style. REGGAE *AGRÉGÉ*; RÉGICIDE (roi). REGISTRER vt *mus.*

RÉGLET *arch*, RÉGLETTE, RÉGLEUR... *RÉGLURE RÉGULER; SURGELER; GRÊLEUSE RELÉGUÉS SURGELÉS*, RÉGLO,S *LOGER*. RÉGOLITE *géol.* **RE**GONFLER vt. **RE**GRATTER vt. **RE**GRÉER vt. **RE**GREFFER vt. RÉGRESSER vi. REGROS de chêne. RÉGULER vt, RÉGULAGE. REGUR sol de l'Inde.

RÉHABITUER vt. REHAUT *bx-arts.* REHOBOAM

bouteille. RÉIFIER vt *philo*. **RÉ**IMPLANTER vt.
RÉIMPORTER vt. **RÉ**IMPOSER vt. **RÉ**IMPRIMER vt.
REINETTE pomme. **RÉ**INSCRIRE vt. **RÉ**INSÉRER vt.
RÉINSTALLER vt. **RÉ**INVENTER vt. **RÉ**INVITER vt.
REIS titre turc. REÎTRE soudard.

REJAILLIE. RELAIS. RELAPS,E hérétique *PRÉLASSE
PERLASSE.* **RE**LAVER vt. RELAX, RELAXANT,E
(MYO-). RELAYEUR... **R**ELEVAGE, **R**ELEVEUR...
RELIAGE *REGELAI GÈLERAI.* RELIQUAT. **RE**LOGER
vt. **RE**LOUER vt. RELUQUER vt.

REM unité. **RE**MÂCHER vt. REMAILLER vt. ou
REMMAILLER vt. REMAKE. RÉMANENT,E persistant.
REMANGER vt. **RE**MAQUILLER vt. **RE**MARCHER vi.
REMASTIQUER vt.

REMBALLER vt. **R**EMBARQUER vt. **R**EMBARRER vt.
REMBLAI, **REMB**LAYER vt (-AGE, -EUSE)
REMBOÎTER. **REM**BRUNIR (se). **REM**BUCHER nm ou vt
(cerf). REMEMBRER vt. RÉMÉRÉ,S (vente).
REMEUBLER vt.

RÉMIGE plume *ÉMIGRE GRIMÉE.* REMISER vt,
REMISAGE *RÉAGÎMES,* REMISIER nm *Bourse.*
RÉMISSION. REMIZ *ois.* REMMAILLER v. **RE**MAILLER.
REMMANCHER vt. **R**EMMENER vt. **RE**MODELER vt.
RÉMOIS,E. RÉMORA *ich.* **RE**MOUILLER vt.

REMPAILLER vt. REMPART. **R**EMPILER vt.
REMPLAGE de fenêtre. **R**EMPLOI, **R**EMPLOYER vt.
(RÉE-). **R**EMPLUMER (se). **R**EMPOCHER vt.
REMPOTER vt. **R**EMPRUNTER vt (RÉE-). REMUAGE
MAUGRÉE, REMUEUR... REMUGLE odeur.

RÉNAL.. RENARD**E**. RENAUDER vi gémir *ENDURERA.*
RENCARD(-ER) v. RANCARD. **R**ENCAISSER vt.
RENCOGNER vt. RENDZINE sol. RÊNE. RENÉGAT,E
AGRÉENT + 6. RENEIGER v imp *ÉNERGIE INGÉRÉE.*
RENETTE *menu ENTÊTER.*

RENFILER vt *RENIFLER*. **R**ENFLER vt. **R**ENFONCER
vt. RENFORMIR vt *const INFORMER*. **R**ENGAGER vt ou
RÉENGAGER. **R**ENGAINER vt. **R**ENGRAISSER vt.
RENGRENER du blé. RENIFLER vt.
RÉNITENT,E résistant *INTENTER*.

RENNAIS,E *NARINES*. RENOM. RENON *belg dr*.
RENOMMER vt. **R**ENOUER vt. **R**ENTAMER vt.
RENTOILER vt. RENTRAGE, **R**ENTRANT,E.
RENTRAYER vt *couture* ou **R**ENTRAIRE (se conj. c.
TRAIRE). **R**ENVIDER du fil.

RÉOCCUPER vt. **R**ÉOPÉRER vt. **R**ÉORIENTER vt.
REPAIRER vi *vén.* **R**EPAÎTRE (se con. c. PAÎTRE
+ **R**EPUS etc., **R**EPUSSE etc. et **R**EPU,E). **R**EPARLER
vi. REPARTIR vt (se conj. c. PARTIR ou FINIR).
REPASSEUR... **R**EPAVER vt, **R**EPAVAGE.
REPENSER vt. RÉPÉTEUR *téléph.* **R**EPEUPLER vt.

REPLANTER vt. **R**EPLAT d'une pente. **R**EPLÂTRER vt.
REPLET,E, RÉPLÉTIF... *méd.* **R**EPLISSER vt. **R**EPOLIR
vt. RÉPONDEUR... RÉPONS *rel.* **R**EPORTEUR *typo*.
REPOSOIR. **R**EPOURVOIR vt *helv.* REPRINT
réimpression *PRIRENT; SPRINTER*. REPRISAGE.
RÉPROUVER vt. REPS *étof.* RÉPULSIF... RÉPUTÉ,E.

REQUIEM,S. REQUIN**QUER** vt. RÉQUISIT,S hypothèse.
RESALER vt. **R**ESCINDER vt *dr DISCERNER*. RESCRIT
édit *RÉCRITS*. RÉSÉDA *bot.* RESÉQUER vt *chir.*
RÉSIDANT,E, RÉSIDENT,S. RÉSILLE (B- G-) RÉSINER
un pin, RÉSINEUX... RESINGLE outil *LINGÈRES*.
RÉSOUDRE vt, je RÉSOUS, il RÉSOUT, etc...

RESSAUT *arch RESSUÂT RUSÂTES SURATES
SATURES,* **R**ESSAUTER vt. **R**ESSAYER ou
RÉESSAYER vt. **R**ESSEMER vt. RESSORTIR vi (se
conj. c. SORTIR ou FINIR), RESSORTIE. RESSOUDER
vt. **R**ESSOUVENIR (se).

RESSUER vi, RESSUAGE *RAGEUSES*. RESSUI *vén.*

RESSUYAGE. **RE**SUCÉE *RÉCUSÉE CREUSÉE.*
RÉSULTER vi (se conj. aux 3mes pers. seulement)
LUSTRER, RÉSULTÉE *RÉÉLÛTES.* **RE**SURGIR vi (-IE).

RÉTABLE *rel déco BLATÈRE ; BRELÂTES.* **RE**TAILLER
vt. **R**ÉTAMER vt, **R**ÉTAMAGE *ÉMARGEÂT,* **R**ÉTAMEUR
RAMEUTER. **RE**TAPAGE *PARTAGÉE ARPÉGEÂT.*
RETÂTER vt *ATTERRE TARTRÉE.*

RETEINDRE vt. **RE**TERCER vt *agr.* **R**ÉTIAIRE gladiateur
ÉTIRERAI RÉITÉRAI. **R**ÉTICULÉ,E *zoo.* **R**ÉTINIEN...,
RÉTINITE *zoo.* **R**ÉTIQUE de Rhétie. **RE**TIRAGE d'un
livre. **RE**TISSER vt *RÉSISTER SERRISTE.*

RETORDRE vt, je RETORDS, RETORS,E *ROSTRE ;*
RESSORTE. **RE**TRAITER vt recycler. **RE**TRAVERSER
vt. **RE**TRAYÉ,E *dr,* RETRAYANT,E (cf RENTRAYER).
RÉTREINDRE vt diminuer, je **R**ÉTREINS etc *RENTIERS*
TERRINES TERRIENS. **RE**TREMPER vt. RÉTRO,S.
RETS filet.

REVALOIR vt. **R**ÊVASSER vi. REVERCHER vt *tech.*
REVERDIR vt. **R**ÉVÉREND,E *REVENDRE.* REVERNIR
vt *VERNIER + 2.* REVERSER vt, REVERSAL... *dr,*
REVERSI jeu. REVIENT nm inv. REVIF (marée).
REVIGORER vt. **RE**VISEUR. REVISSER vt. **RE**VIVRE vt.

REVOICI, **RE**VOILA inv *VARIOLÉ + 5.* REVOIR inv.
REVOLER vi. REVOYURE inv. **RE**VOTER vt. REVUISTE
VITREUSE. RÉVULSER vt, RÉVULSIF...
REWRITER nm et vt. REXISME *belg,* **R**EXISTE.

RHAPSODE chanteur, R(H)APSODIE. RHÉNAN,E,
RHÉNIUM *mét INHUMER.* RHÉOBASE *élec,*
RHÉOSTAT. RHÉSUS singe. RHÉTEUR orateur
HEURTER. **RH**ÉTIQUE v. RÉTIQUE. RHINITE coryza.
RHIZOÏDE *bot,* RHIZOME.

RHO inv. RHODIEN... (Rhodes). RHODITE *ins.*
RHODIUM *mét.* RHODOÏD *chim.* RHOMBE *mus.*

RHOVYL fibre. RHUBARBE. **R**HUM, **R**HUMER vt,
RHUMERIE. RHUM**B** *mar.* RHYOLITE roche. RHYTINE
mam. RHYTON vase.

RI**A** vallée. RIBAUD,E. RIBLON (*mét*). RIBOSE *chim,*
RIBOSOME *zoo.* RIBOTE *mar ORBITE BOITER.*
RICAIN,E. RICANEUR... RICCIE (pr. ksi) *bot.*
RICHARD,E. RICHTER inv *géol TRICHER.* RICIN,
RICINÉ,E *INCISER* vt. RIDAGE *mar.*
RIDELLE (*véhi*) (HA-). RIDOIR *mar,* RIDULE. RIEL *mon*
(O-).

RIEN,S. RIESLING cépage. RIFAIN,E (Rif) *FINIRA.*
RIFIFI,S. RIFLARD parapluie. RIFLE arme, RIFLOIR
lime. RIFT *géol FRIT.* RIGAUDON ou RIGODON danse.
RIGOLAGE *agr.* RIGOLARD, RIGOLO, -OTE.
RIGOTTE *from.*

RIKIKI inv. RILLETTES pl (cf ILLETTRÉ), RILLONS.
RILSAN fibre. **R**IMAILLER vt. RIMAYE crevasse.
RIMER vt (B- F- G- P- T- AR- PÉ- DÉP- ESC- EXP- IMP-
OPP- RÉP- COMP- SUPP-), RIMEUR... RIMMEL.

RINCEAU *déco.* RINCETTE, RINÇURE, RINCEUSE
SINÉCURE. RINGARD,E dépassé, nullard *GRANDIR.*
RIPER vt, RIPAGE *PIGERA,* RIPEMENT *EMPREINT + 3.*
RIPAILLER vi (-EUR...). RIPIENO mus. RIPOLIN,
RIPOLINER vt. RIPPER nm *tech.* RIPUAIRE rhénan.

RIQUIQUI inv. RISBERME *const.* RISER nm *const.*
RISETTE *TITRÉES ; SERTÎTES,* RISORIUS muscle.
RISOTTO,S. RIS**S** *géol.* RISSOLER vt.

RITAL,S italien. RIVER vt, RIVET, RIVEUR *RIVURE
VIREUR VIRURE.* RIVEUSE *VIREUSE,* RIVOIR,
RIVETER vt, je RIVETTE, RIVETAGE. RIXDALE *mon.*
RIYAL,S *mon.* RIZERIE.

ROADSTER nm. ROB ou ROBRE bridge. ROBER un
cigare, ROBAGE *GOBERA ABROGE* ou ROBELAGE.

ROBIN *mag.* ROBINIER *arb.*
ROBOT (cf BOOSTER) (-IQUE), ROBOTISER vt.

ROCAILLE *RECOLLAI COLLERAI.* ROCHER vi (bière)
ou nm *SCHORRE.* ROCHAGE (B- DÉ- DÉB-). ROCHE**T**
cost. ROCHIER *ich.* ROC**K**, ROCKER nm. **RO**COCO,S.
ROCOU, ROCOUER vt teindre, ROCOUYER *arb.*

RÔDAILLER vi. RODE**O**. RODER vt. RÔDEUR...
RODOIR *out.* RODOMONT fanfaron. ROESTI ou ROSTI
pl *helv* mets. ROGATON. ROGNAGE, ROGNEUR...
reliure ROGNURE RONGEUR... ROGOMME liqueur.
ROGUÉ,E *ich* qui a des œufs *GOURÉ,E.* ROHART ivoire.

RÔLAGE du tabac *LOGERA ; GLOSERA* (VI-). ROLLIER
ois. ROLLMOPS hareng. ROLLOT *from.* ROMANCER vt
(-O). ROMANCHE *lang helv,* ROMAND,E. ROMANÉE vin
RAMONÉE. ROMANISER vt, ROMANITÉ. ROMARIN *arb*
ARRIMONS MARRIONS.
ROMBIÈRE (cf MORBIER). ROMPRE vt, ROMPS,
ROMPT. **ROMS**TECK ou **RUMS**TECK.

RONCHON. RONCEUX..., RONCIER,E. RONDACHE
bouclier. RONDADE *gym DÉRADONS.* RONDEAU *litt* (cf
RONDO,S). RONDELET... RONÉO, RONÉOTER vt ou
RONÉOTYPER. RONFLEUR... RONGEUR... RÔNIER
nm *arb ERRIONS.* RONRON,S.
RÖNTGEN unité *RONGENT ROGNENT.*

ROOF ou **R**OUF *mar.* ROOKERIE ou ROOKERY
manchots. ROOTER nm *tech TORERO.* ROQUER vi.
ROQUE**T** (C- T-), ROQUETTE (B- C-). RORQUAL,S
baleine. ROSACÉE *bot ÉCOSSERA,* ROSAGE *bot,*
ROSALBIN *BLAIRONS.* ROSAT adj inv. ROSÂTRE.

ROSBIF. ROSÉOLE *méd,* **R**OSERAIE *arb,* ROSIÈR**E**
jeune fille *ROSSERIE,* ROSIR vt. ROSSARD.
ROSSER vt (B- C- D- CAR- ENG-). ROSSOLIS *bot.*
ROSTI pl v. ROESTI. ROSTRE, ROSTRAL...

ROTACÉ,E (roue) (cf RUTACÉE, CAROTTE). ROTANG

palmier ou ROTIN. ROTARY,S *tech,* ROTATEUR *anat,*
ROTATIF... *FROTTAI; VOTERAIT REVOTAIT.*
ROTENGLE *ich LOGÈRENT +* 2. ROTÉNONE insecticide
(cf RONÉOTER). **R**OTER vi (cf TORÉE). ROTIFÈRE *zoo*
TORRÉFIE. ROTOR. ROTULIEN... *anat.*
ROTURE, ROTURIER,E.

ROUABLE (pour le pain). ROUAN, -ANNE *éq.*
ROUCHI patois. **ROU**COULER vt. ROUELLE de veau.
ROUERGAT,E *OUTRAGER.* ROUERIE. ROUET.
ROUF v. ROOF. **R**OUIR vt.

ROULADE mets *DÉROULA; SOÛLARDE,* ROULAGE;
SOULAGER, ROULANT,E *ULTRASON,* ROULEUR,
ROULIER *mar IRRÉSOLU.* ROULISSE mine *SOULIERS.*
ROULOTTER vt *étof.* ROUMAIN,E *AUMÔNIER;*
MARSOUIN AMUIRONS AMURIONS. ROUMI chrétien
SURMOI (cf OSMIURE). ROUSSEAU *ich.* ROUSSIN *éq.*
(B-).

ROUTER vt, ROUTAGE *TOUAREG +* 2˙; *GOURÂTES*
SOUTRAGE, ROUTARD (B-). ROUVERIN (fer).
ROUVIEUX *éq* galeux. ROUVRAIE arb *OUVRERAI.*
ROUVRIR vt. ROWING,S.

RU. RUBANÉ,E (cf ENRUBANNER), RUBANIER,E
BURINERA. RUBATO inv *mus.* RUBÉFIER vt *méd.*
RUBÉNIEN... (Rubens) (cf ÉBURNÉEN). RUBÉOLE *méd*
(-EUX...), RUBIACÉE *bot* (cf CUBERAI). RUBICAN *éq.*
RUBICOND,E, RUBIDIUM *mét.* RUBIETTE ois.

RUCHER vt *cost* ou nm. RUDENTÉ,E *arch.* RUDÉRAL...
bot. RUDIMENTS pl. RUDISTE *moll SURDITÉ DÉTRUIS*
ÉRUDITS RÉDUITS. RUFFIAN ou RUFIAN roué.
RUGBY,S, RUGBYMAN,S ou -MEN. RUGINE *chir*
INSURGÉ. RUGIR vi. RUGOSITÉ *ROUGÎTES.*

RUILER vt *const* (cf LUIRE). RUISSELER vi, je
RUISSELLE (-ELE**T**). RUMBA. RUMEN panse. RUMEX
bot. RUMSTECK v. ROMSTECK. RUNABOUT canot.

RUNE *ling,* **R**UNIQUE. RUOLZ alliage. RUPESTRE *bot*
(rochers). RUPIAH *mon.* RUPICOLE *ois.* RUPIN,E.
RUPTEUR *RUPTURE.*

RUSH,S ou ES (cf RASH,S). RUSSIFIER vt. RUSSULE
cham. RUSTAUD,E. RUSTINE. RUSTIQUER une pierre.
RUT,S. RUTABAGA. RUTACÉE bot. RUTHÈNE tchèque
HUÈRENT. RUTILER vi (-ANCE, -EMENT). RUTINE ou
RUTOSIDE chim. RUZ vallée. RYTHMER vt.

S

Mots terminés par SS : BOSS MESS MISS RISS YASS
— CRISS *ou* KRISS CROSS GAUSS- LOESS —
GNEISS SCHUSS SPEISS STRASS STRESS —
EXPRESS — BUSINESS —
   Pensez au désinences verbales -ÎMES, -ÎTES, *mais
aussi aux suffixes* -ISME, -ISTE.

SABAYON crème. SABBAT (-IQUE). SABÉEN... de
Saba, SABÉISME. SABELLE ver (I-). SABINE *arb
BASSINE BINASSE.* SABIR *lang.* SABLAGE,
SABLEUR... *LABEURS SALUBRE ; BRÛLASSE*
SABLEUX..., SABLIER,E, SABLON. **S**ABORD *mar,*
SABORDER vt. SABOTEUR... SABOTIER. SABREUR.
SABURRAL... (langue).

SACCULE de l'oreille. SACHE**M** *SCHÉMA* + *2.*
SACHERIE (sacs) *SÉCHERAI.* SACOLÈVE *mar* ou
SACOLÉVA. SACQUER ou SAQUER vt. SACRAL...
CALERAS + *2.* SACRE**T** faucon.
SACRISTI! *CRISSAIT* (-E, -NE). SACRUM os.

SADUCÉEN... juif. SAFRAN fleur, SAFRANÉ,E
FANERAS. SAFRE *chim.* **S**AGA récit. SAGAIE arme
ASSAGIE. SAGARD scieur. SAGINE *bot ASSIGNE* + *2* ou
SAGINA. SAGITTAL... (flèche), SAGITTÉ,E *GITÂTES
ATTIGES.* SAGOU fécule. SAGOUIN,E *ENGOUAIS.*

SAHARIEN... SAHÉLIEN... *HALEINES INHALÉES.*
SARAOUI,E. SAÏE singe. SAIE brosse, SAIETTER vt.
SAIGA antilope (cf TAÏGA). Plus de « saigneur » ; cf
INSURGEA SERINGUA. SAILLIR vt (se conf. c. FINIR ou
ASSAILLIR aux 3ᵉ p. seul. ; futur : SAILLIRA OU
SAILLERA, SAILLIRONT ou SAILLERONT ; cond. : cf
futur). SAÏMIRI singe. SAINBOIS *bot BAISIONS
BIAISONS.* SAISINE *dr NIAISES.*

SAJOU ou SAPAJOU singe. SAKÉ *boiss.* SAKI singe
SKAI SKIA. SAKIEH noria. SAKTISME *rel* (Inde). SÂL
arb. SALACE lubrique, SALACITÉ *ÉCLATAIS.*
SALADERO cuir. SALAGE, SALAMI,S, SALANT,S.
SALARIER vt. SALBANDE *mine.* SALERS *from.*
SALÉSIEN... *rel ENLIASSE.* SALEUR... *SALURE;*
SALUÉES.

SALICYLÉ *chim.* SALIEN... (Francs) *SILANE ENSILA* +3.
SALIFÈRE (sel), SALIFIER vt, SALINIER, SALINITÉ.
SALIGAUD,E. SALIQUE salien. SALMIS. SALOIR
RISSOLA. SALOL *chim.* SALOON. SALOPER vt,
SALOPARD. SALPE *zoo.* SALPÊTRER vt. SALSIFIS.
SALURE.

SAMARE akène. SAMARIUM *mét.* SAMBA. SAMIT *étof.*
SAMIZDAT écrit censuré. SAMOAN,E (îles). SAMOLE
bot. SAMOURAÏ guerrier. SAMOVAR bouilloire.
SAMOYÈDE langue. SAMPAN *mar.* SAMPOT *étof.*
SAMURAÏ *AMURAIS* v. SAMOURAÏ.

SANA. SANCERRE. SANCTUS *rel.* SANDJAK (Turquie).
SANDOW. SANDRE *ich DANSER DARNES.*
SANDWICH,S ou ES. SANGRIA. SANGSUE. SANICLE
bot CALINES ou SANICULE. SANIE pus, SANIEUX...
SANSCRIT,E *CRISSANT.* ou SANSKRIT,E lang.
(-IQUE). SANTAL,S ou -AUX *arb.* SANTON. SANVE *bot.*

SAOUDIEN... *DÉNOUAIS SOUDAINE* ou SAOUDITE.
SAOUL ou SOÛL, SAOULER vt *SOÛLERA* + *2;* cf
AURÉOLES. SAPAJOU v. SAJOU. SAPEMENT
EMPESANT. SAPÈQUE *mon* SAPERDE *ins* SAPHÈNE
veine. SAPHIQUE, SAPHISME. SAPHIR.

SAPIDE savoureux, SAPIDITÉ *DÉPISTAI DÉPITAIS.*
SAPIENCE. SAGESSE. SAPINE grue SAPITEUR *mar*
expert. SAPONACÉ,E, SAPONINE *chim ESPIONNA,*
SAPONITE. SAPOTE fruit *APOSTE; OPTASSE,*
SAPOTIER *arb.* SAPPAN *arb NAPPAS.* SAPRISTI! v.

SACRISTI!

SARCELLE *SCELLERA SCLÉRALE*. SARCINE bactérie
ARSENIC +6 ; *NARCISSE RANCISSE RINÇASSE*.
SARCLAGE, SARCLOIR. SARCOÏDE (tumeur),
SARCOME *AMORCES OCRÂMES ; CORSÂMES*,
SARCOPTE *ins*. SARDANE danse *DANSERA*. SARDE.
SARDOINE pierre.
SARGASSE algue *AGRESSAS GARASSES*.

SARI *cost*. SARIGUE *mam*. SARISSE lance. SARODE
mus = SITAR. SARONG juge *ARGONS* +*2*. SAROS
astr. SAROUAL, S pantalon. SARRASIN,E. SARRAU,S
ou X tablier. SARRETTE *bot ATTERRES* + *2*. SARROIS,E
ROSIRAS RASOIRS.

SAS, SASSER vt (farine), SASSEUR... *RESSUAS*. SATI
veuve brulée. SATINER vt, SATINAGE *GAINÂTES
TANISAGE*, SATINEUR... SATRAPE *mag*, SATRAPIE
PARASITE RAPIATES +5. SATURNE plomb *NATURES
SAURENT ; RESSUANT* + *2*, SATURNIE *méd* (-N...).
SATYRE.

SAUCER vt, SAUCIER, E *CREUSAI* +*2 ; CAUSERIE ;
CUIRASSE SÉCURISA*. **S**AUGE *SUAGE*. SAULAIE *arb*
ou SAUSSAIE. **S**AUMONÉ,E *NOUÂMES*. SAUMURER
vt. SAUNER vi (cf NAUSÉE), **S**AUNAGE, SAUNIER *ouv*.

SAUR, SAURER vt, SAURAGE *ARGUASSE
RAGUASSE GAUSSERA*, SAURIN *ich SURINA* +4.
SAURIS saumure SAURIEN... SAUSSAIE v. SAULAIE.
SAUTEUR... SAUVAGIN,E *zoo NAVIGUAS*.
SAUVETÉ bourg *ÉTUVASSE*. SAUVETTE inv.

SAVARIN *NAVRAIS RAVINAS*. SAVART *mus* unité.
SAVETIER *AVERTIES* + *3*. SAXE porcelaine. SAXHORN
mus. SAXICOLE (*bot*) (cf COXALES, COAXIALES)
SAXO. SAXON. -ONNE. SAYNÈTE sketch. SAYON *cost*.

SBIRE. SBRINZ *from*. SCABIEUX... *méd* (gale).

SCALAIRE *math CALERAIS* + *4.* SCALANT,E *math*
LANÇÂTES. SCALDE poète. SCALDIEN... (Escaut)
DÉCLINAS. SCALÈNE *math.* SCALP, SCALPER vt.
SCALPEL. SCANDIUM *mét.* SCANNER nm *méd.*
SCANSION *poé.* SCAPHITE *fos CHIPÂTES PASTICHE*
PISTACHE. SCARE *ich.* SCARIEUX... (*bot*). SCARIFIER
la peau (-AGE). SCAROLE salade *RÉCOLAS*
ORACLES; SCLÉROSA. SCAT *jazz.* SCATOL *CALOTS*
COSTAL ou SCATOLE *chim.*

SCÉLÉRAT,E *RECTALES.* SCÉNIQUE. SCEPTRE
RESPECT SPECTRE. SCHAPPE *text* (cf CHAPES).
SCHEIDER vt *mine DÉCHIRES.* SCHÈME *MÈCHES*
SCHÉOL au-delà *LOCHES.* SCHERZO,S *mus* (cf
ROCHEZ). SCHIEDAM (pr. ski) alcool. SCHISME.
SCHISTE (-EUX...). SCHLAGUE. SCHLAMM *mine.*
SCHLITTER du bois. SCHNAPS. SCHOONER nm *mar.*
SCHUPO policier. SCHORRE vasière. SCHUSS.

SCIABLE (cf SKIABLE). SCIÈNE *ich,* SCIÉNIDÉ
INDÉCISE. SCIEUR ; pas de « scieuse » ; cf ÉCUISSE.
SCILLE *bot* SCINDER vt (RE-). SCINQUE *rept,*
SCINCIDÉ. SCION *COINS* pousse. SCIOTTE scie.
SCIRPE *bot CRISPE* + *2.* SCISSURE *anat* (cf SCIEURS
SCIURES). SCIURIDÉ (écureuil) *SUICIDER.*

SCLÉRAL... (œil), SCLÉREUX... fibreux (cf EXCLURE),
SCLÉROSER (se) (cf COLÈRES), SCLÉROTE (*cham*).
SCOLEX du ténia. SCOLIE *gram.* SCOLIOSE. SCOLYTE
ins. SCONSE fourrure SCOOP exclusivité. SCOOTER
nm (cf CRÉOSOTE). SCORIE *CROISE,* SCORIACÉ,E
ÉCORÇAIS. SCORPÈNE *ich RECÉPONS.* SCOTCH,
SCOTCHER vt. *CROCHETS.* SCOTIE *arch COTISE.*
SCOTISME *philo.* SCOTOME *méd.* SCOUT,E

SCRABBLE (-EUR...). SCRAPER nm *tech.* SCRATCH
sp, SCRATCHER vt. SCRIBAN *mob.* SCRIPT,E *cin*
TRICEPS. SCROFULE *méd* (-EUX...). SCROTUM
bourses, SCROTAL... SCRUBBER nm *tech.* SCULL
rame. SCYTHE.

SÉANT,E *ENTASSE*. SÉBACÉ,E (SÉBUM) *BÉCASSE*.
SÉBASTE *ich*. SEBKHA marécage. SÉCABLE divisible
(IN-), SÉCANT,E *TANCÉES TENACES; CESSANT,E*.
SÉCHERIE (*ich*), SÉCHEUR... *RUCHÉES*, SECOUEUR
à blé *COUREUSE RECOUSUE SECOURUE*.
SÉCULIER,E. SECUNDO adv. SÉCURISER vt.

SÉDATIF... *DÉFAITS; ÉVIDÂTES* + 2. SÉDATION + 2.
SÉDUM *bot* ORPIN (cf SÉBUM). SÉFARDI,S ou M juif ou
SÉFARADE. **S**ÉGALA terre à seigle. SEGMENTER vt.
SÉGRAIS bois isolé *ÉGRISAS GRAISSE*. SÉGRÉGUÉ,E
ÉGRUGÉES SUGGÉRÉE. SEGUIA rigole *AIGUËS*.

SEICHE *moll CHIÉES*. SEIDE dévoué. SEILLE seau,
SEILLON *SELLIONS*. SEIME *éq* (sabot). SEIN**E** filet.
SEIN**G** *dr*. SÉISME, SÉISMAL... *LIMASSE SALÎMES
SISMALE*. SÉLACIEN *ich*. SELECT, S. SÉLÉNITE hab.
de la lune, SÉLÉNIUM *chim*. SEL**F**,S.

SEMER vt (PAR- RES- SUR- BES- nm), **S**EMAILLES pl
(cf ÉMAILLES MAILLÉES). SEMBLANT,S. SÉMÈME
ling. SÉMILLON cépage. SÉMINAL... SÉMIQUE *ling*.
SÉMIS. SEMONCER vt. SEMPLE *tissage*.

SEN *mon*. SÉNÉ *bot*. SÉNEÇON *bot ÉNONCES*.
SENESTRE (*moll*) *RESSENTE*. SÉNEVÉ v. SANVE,
SÉNÈVOL *chim SLOVÈNE* + 2 (cf CEVENOL). SENNE v.
SEINE, SENNEUR *mar*. SÉNONAIS,E de Sens.
SENORITA cigare. SENSÉ,E (-MENT), SENSEUR
détecteur, SENSUEL, cf CENSÉ,E (-MENT), etc.
SENSILLE *ins* poil. SENTINE *mar INTENSE TIENNES*.

SEOIR v imp, SIED SIÉE SIÉENT SEYAIT SEYAIENT
SIÉRA SIÉRONT SIERAIT SIÉRAIENT SEYANT,E. SEP
de charrue. SÉPALE (*bot*) *PELASSE*. **S**ÉPIA seiche,
SÉPIOLE *POILÉES SPOLIÉE*. SEPTAIN *poé INAPTES*
+ 2 *ÉPISSANT* + 2. SEPTAL... (SEPTUM) *PLATÉES* + 3.
SEPTANTE inv *helv et belg PATENTES PÉTANTES*.
SEPTIMO inv. SEPTIQUE. SEPTUM *anat*. SEPTUOR

mus *POSTURE* + 2. SEPTUPLER vt. SÉPULCRE.

SEQUIN *mon.* SÉQUOIA *arb.* SÉRAC *glaces.*
SÉRANCER vt *text.* SERAPEUM *nécrop. ÉPURÂMES.*
SÉRAPHIN *ange.* SERDEAU (sert l'eau). SÉREUX...
anat. **SER**FOUIR vt *agr* (-OUETTE). SERGETTE *étof.*

SERIAL,S *cin SÉRAIL LISÉRA ; LAISSER LISSERA*
SÉRICINE *chim.* SÉRIEL... *LISÈRE RELISE ; SELLERIE,*
SÉRIER vt. SERINER vt. SERINA ou SERINGAT *arb*
SÉRIQUE (SÉRUM), SÉROSITÉ *SIROTÉES.*

SERPETTE. SERPOLET. SERPULE *ver PLEURES*
PELURES. SERRA**N** *ich NARRES.* SERRISTE *agr.*
SERTAO,S (Brésil) *ESSORÂT ROTASSE.* SERTE,
SERTIR vt. SERVAL,S *chat VALSER.* SERVITE *rel*
VÉRISTE + 6.

SÉSAME *bot MASSÉE ; SEMASSE.* SESBANIA *arb* ou
SESBANIE *BASSINÉE.* SESSILE *adj bot.* **SES**TERCE
mon. SET. SÉTACÉ,E effilé (cf CÉTACÉ). SETIER unité
SERTIE STRIÉE. SETON *méd.* SETTER nm chien.
SÉVICES pl.

SEXAGE *agr* (-NAIRE, -SIME, -SIMAL...), SEXISME,
SEXISTE. SEXTANT *mar,* SEXTE *rel,* SEXTINE *poé,*
SEXTO *inv,* SEXTO**LET** *mus,* SEXTUOR, SEXTUPLER
vt. SEXUÉ,E (A- BI- BIS- UNI- HOMO- TRANS-), SEXY
,inv.

SFUMATO,S *peint MOUFTAS.* SHAH = CHAH.
SHAKER. SHAKO *coif.* SHAMA *ois.* SHAMISEN *jap mus.*
SHANTUNG *étof.* **S**HARPIE voilier. SHAVING *tech.*
SHED comble. SHÉOL v. SCHÉOL. SHÉRIF (cf
CHÉRIF). SHERRY = XÉRÈS = JEREZ ≠ CHERRY.
SHETLAND (cf « Stendhal »).

SHIFT équipe. SHILLING. SHIMMY (autos). SHINTO *rel*
jap SHIRTING tissu (cf INSIGHT) SHOGUN ou
SHOGOUN *jap* chef SHOG(O)UNAL... SHOOT *sp,*

SHOOTER (se). SHOPING ou SHOPPING. SHOW.
SHRAPNEL (L) obus. SHUNT *élec*, **S**HUNTER vt.

SIAL,S *géol*. SIALIS *ins*. SIAMANG singe *MAGNAIS MAGASIN*. SIBYLLE oracle, SIBYLLIN,E. SIC inv.
SICAIRE tueur *SCIERAI; CAISSIER*. SICCATIF... qui
sèche, SICCITÉ. SICLE unité.
SIDÉRAL... SIDÉRITE ou SIDÉROSE *mét*. SIEMENS
unité. SIERRA monts. SIEUR,S. SIFFLOTER vt. **SI**FILET
ois. **SI**GILLÉ,E (SCEAU). SIGISBÉE amoureux. SIGMA
inv, SIGMOÏDE *anat*. SIGNET, ruban. SIKH *rel*. SIKHARA
tour.

SIL argile. SILANE *chim*. SILÈNE *bot ENSILE + 3*. SILICE,
SILICATE, SILICEUX... SILICIUM *chim*, SILICONE,
SILICOSÉ,E *méd*. SILIQUE fruit, SILICULE *CUEILLIS
LUCILIES*. SILLET *mus* SUPPORT. SIL**O**, **S**ILOTAGE.
SILPHE *ins* (cf SYLPHE). SIL**T** sable. SILURE *ich*.
SILURIEN... *géol*.
SILVANER cépage. SILVES *poé* (cf SYLVE). SIL**Y** *mon
guinéenne*. SIMA,S *géol*. SIMAGRÉES *pl (cf REMISAGE
et RÉAGÎMES)*. SIMARRE robe *AMERRIS + 5*.
SIMARUBA *arb*. SIMBLEAU corde *AMEUBLIS
MEUBLAIS*. SIMIEN, -ENNE (singe). SIMILI, SIMILISER
vt *text*. SIMONIE trafic. SIMOUN vent. SIMPLET...,
SIMPLEXE *math*. SIMULIE *ins LUISÎMES*.

SINAPISÉ,E *méd*. SINCIPUT du crâne. SINGLE
chambre. SINISER vt (Chine), SINISANT,E. SINOPLE
hér vert. SINTER nm mâchefer. SINUSAL... *méd
ALUNISSE*. SIONISME, SIONISTE. SIOUX.

SIPHONNER vt, SIPHOÏDE *tech*. SIRDAR général angl.
(Indes). SIRE,S. SIRÉNIEN... *man*. SIRE**X** *ins*. SIRLI *ois*.
SIROCCO. SIROP, SIROTER vt, SIRUPEUX... SIRTAKI
danse.

SIS,E. SISAL,S agave. SISMAL... v. SÉISMAL,
SISMIQUE. SISSONE saut *SESSION* ou SISSONNE.
SISTRE *mus TRISSE + 3*. SISYMBRE *bot*. SITAR *mus*.

SITTELLE *ois STELLITE.* SIUM *bot.* ŚIVAÏSME v.
ÇIVAÏSME. SIXAIN *poé* = SIZAIN. SIXTE *mus.* SIZERIN
ois.

SKAI. SKATE (-BOARD). SKEET *tir.* **S**KETCH,S ou ES.
SKIER vi, SKIABLE. SKIFF *sp mar.* **S**KIP *benne.*
SKIPPER nm *mar.* SKUA *ois.* SKUNKS v. sconse.

SLALOMER vi (-EUR...). SLANG *argot.* SLAVISER vt
LIVRASSE ; SLAVISME, SLAVISTE *LESSIVAT,* SLAVON
lang. SLIKKE vasière. SLOOP. SLOUGHI lévrier.
SLOVAQUE. SLOVÈNE. SLOW.

SMALA(H). SMALTINE *chim ALIMENTS.* SMART,S.
SMASH *sp,* SMASHER vi. SMEGMA *anat GAMMES
GEMMAS.* SMICARD,E. SMILAX *bot.* SMILLER vt
marteler, **S**MILLAGE. SMOCKS fronces. SMOG brume.
SNACK. SNOBER vt.

SOCIAL... (A- DYS-). SOCQUE *chauss.* (cf OSQUE).
SODA, SODÉ,E, SODIQUE. SODIKU *jap méd.*
SODOMIE coït anal, SODOMISER vt, SODOMITE.
SŒURETTE. SOFFITE *arch.* SOFTWARE *inf.*
SOIFFARD,E. SOIGNANT, E. SOJA ou SOYA.

SOLARIUM. SOLDATE (-SQUE). SOLDEUR...
DESSOULE. SOLEÁ chant, pl -S ou SOLEARES (cf
AÉROSOLS). SOLÉAIRE muscle. SOLEN *moll.*
SOLERET de l'armure *TOLÉRÉS.* SOLFIER vt.

SOLIDAGO *bot.* SOLIN *const* (cf SOLEN). SOLIPÈDE *éq
DÉPOLIES DÉPLOIES.* SOLIVE, SOLIVEAU *SOULEVAI
ÉVOLUAIS.* SOLO, S ou -I. SOLOGNOT, E (Sologne).
SOLUTÉ *chim SOULTE.* SOLVANT,S *VOLANTS,*
SOLVATE *chim LOVÂTES* + 2 *; VOLTASSE.*

SOMA *biol,* SOMATION *TOMAISON,* SOMATISER vt,
SOMBRER**O**. SOMITE *zoo* (cf SOMMATION,
SOMMITE). SOMMABLE *math.* SOMMITAL... *géom.*
SONAR *ss-mar,* SONATINE *ÉTONNAIS.* SONDEUR...

SONGERIE *IGNORÉES ÉRIGEONS*. SON**E** unité de
SONIE, SONIQUE (SUB-, HYPER-, SUPER-) SONNER
vt (RÉ- TI- BLA- FOI- GRI- RAI-), SONNANT,E,
SONNEUR, SONO, SONORISER vt *ÉROSIONS
OSERIONS*.

SOPHISME *log (cf SA-)*, SOPHISTE. SOPHORA *arb.*
SOPRANO, S ou -I. **S**ORBE fruit du SORBIER ;
BROSSIER. SORBE**T**. SORBITOL *chim*. **S**ORE *bot.*
SORGHO *bot.* SORITE *log.* SORNETTE *TÉTERONS*.
SORORAT *anthro.*

SOTCH *géol.* SOTIE ou SOTTIE *théâ.* SOUAHÉLI,E *lang.*
SOUCHE**T** canard. SOUCHONG thé. SOUDABLE,
SOUDAGE, SOUDANT,E. SOUDARD. SOUDEUR...
SOUDURE SURDOUÉ. SOUDIER,E (soude). SOU**E**
porcherie.

SOUFFLE**T** (-ER vt) SOUFI *isl FOUIS*, SOUFISME (cf
FOUÎMES). SOUFRER vt, SOUFRAGE *FOUGERAS,*
SOUFREUR... SOUK, SOÛL ou SAOUL. SOULANE
adret. SAOÛLER ou SAOULER vt, SOÛLANT,E
SAOULENT, SOÛLARD,E, SOÛLAUD,E, SOÛLOT,E,
SOÛLERIE. SOULTE *dr.*

SOUPENT**E** *ÉPOUSENT*. SOUPER vi ou nm,
SOUPEUR... SOUQUER vt *mar.* SOURATE *isl* verset
ROUÂTES TOUERAS ; OSSATURE + 3. SOURCIER
CROISEUR COURSIER SECOURIR. SOURDRE inv
sauf SOURDENT *TONDEURS.* SOURDAIT
SOURDAIENT SOURIRE vi (pas de subj imp).

SOUTACHE galon. SOUTIER *mar.* **S**OUTRA morale.
SOUTRAGE *dr.* SOVIET,S. SOVKHOZE. SOYA = SOJA.

SPADICE (*bot*). SPAHI *éq mil.* SPALAX rongeur (cf
ALPAX) SPALTER nm, SPARDECK pont. **S**PARIDÉ *ich.*
SPART ou **S**PARTE alfa, (-AKISME, -AKISTE). **S**PAT
(angle). SPAT**H** *min* (-IQUE). SPATH**E** *bot.* SPATIAL...
APLATIS. SPATULÉ,E.

SPEAKER, -INE. SPECTRAL... SPÉCULUM *chir.*
SPEECH, S ou ES *PÊCHES.* SPEISS *min PISSES.*
SPENCER *cost.* SPÉOS temple. SPERGULE *bot.*
SPHACÈLE *méd* (nécrose) (cf CHAPELLES).
SPHAIGNE mousse (cf SPHINGE). SPHÈRE (OO- BIO-
EXO-). SPHEX *ins.* SPHINX *pap,* SPHINGE. SPHYRÈNE
ich.

SPIC = ASPIC. SPICULE *zoo.* SPIDER n. *véhi.* SPIEGEL
fonte (cf ESPIÈGLE). SPIN *phys.* SPINAL... *anat
ALPINES.* SPINELLE *min.* SPIRACLE *zoo.* SPIRAL,
-AUX *horl,* SPIRALÉ,E, SPIRÉE *bot,* SPIRIFER nm *fos,*
SPIRILLE *biol.* SPIRITE. **SPIR**ORBE ver SPITANT,E *belg*
vif *PISTANT; PATIENTS PINTÂTES.*

SPLEEN. SPONDÉE *métr.* SPONDIAS *arb* SPONDYLE
zoo. SPONSOR *sp.* **S**PORE (*bot*), **SP**ORANGE.
SPORT**ULE** don *POSTULER.* SPORULER vi *bot.* **S**POT.
SPRAT *ich.* SPRINTER vi ou nm *PRISSENT.* SPRUE
méd PURES. SPUMEUX... écumeux.

SQUALE. SQUAME *méd* (peau), SQUAMATE *zoo,*
SQUAMEUX..., SQUAMULE écaille. SQUARE.
SQUASH,S *sp.* SQUATINA requin. SQUAT, SQUATTER
nm ou vt (-RISER vt). SQUAW. SQUIRE(E-) SQUIRRE
méd (-EUX...) ou SQUIRRHE.

STACCATO,S *mus TOCCATAS ACCOSTAT.* STADIA
mire. STAFF *const,* STAFFER vt, STAFFEUR.
STAKNING ski. STALAG. **S**TALLE. STAMINÉ,E,
STAMINAL... *TALISMAN.* **S**TANCE poé. STANDING.
STANNEUX (étain), **S**TANNIQUE.

STARETS ns *STRATES TRESSÂT* ou STARIETS moine
TSARISTE + 6. STARIES pl *mar* délai. STAR, STARISER
vt. STARKING pomme. STARLETTE. STAROSTE chef
de mir. STARTER nm. STASE *méd.* STATÈRE unité.
STATICE *bot CITÂTES TACITES.* STATIF... *ling
ÉVITATES,* STATISME. STATOR ≠ ROTOR. STATUER

vi. STATUFIER vt. STAYER nm *sp.*

STEAK. STEAMER nm *mar RÉTAMES TRAMÉES.*
STÉARATE *chim,* STÉARINE, STÉATOME *méd,*
STÉATOSE. STEEPLE *sp.* **S**TÈLE. STELLAGE bourse.
STELLITE alliage. STEM ou STEMM *ski.* STEMMATE
ins œil.

STENCIL *CLIENTS ; CLISSENT.* STÉNO (-TYPE,
-TYPIE), STÉNOPÉ *photo.* STÉNOSE *méd.* STENTOR
zoo SORTENT. STEPPAGE *méd* (marche). STÉRER du
bois. STÉRILE**T**. STÉRIQUE *chim.* STERLET *ich*
LETTRES. STERLING inv. *TRINGLES.* STERNE ois.
STERNUM, STERNAL... *ALTERNES* + 2. STÉROL *chim,*
STÉROÏDE (A-). STEWARD.

STHÈNE unité (DI-). STIBIÉ,E (antimoine), STIBINE.
STICK. STIGMA *biol,* STIGMATE (A-). STILB unité.
STILTON *from.* STIMULUS, -LI *physio.* STIPE (*bot*)

STOÏCIEN... STOCKER nm (*loco.*) STOKES unité.
STOLON (*bot*). STOMACAL... *COLMATAS.* **S**TOMATE
(*bot*). STOMOXE mouche. **S**TOP,S, STOPPAGE,
STOPPEUR... *SUPPORTE.* STORAX *arb.* STOUPA,S *rel*
dôme *POUTSA.* **S**TOUT bière *TOUTS.*

STRADIOT *hist mil* (E-). STRAS ou STRASS verre.
STRATE couche, STRATUS nuage *TRUSTAS.* STRESS,
STRESSER vt. STRETTE *mus.* STRIDOR *méd.*
STRIDULER vi *ins* (-EUX... *méd*). **S**TRIER vt. STRIGE
vampire, STRIGIDÉ *ois.* STRIGILE racloir. STRIPAGE
ato, STRIPPER nm *méd.* STRIURE *TIREURS TRIEURS.*

STROBILE fruit *TRILOBES.* STROMA *anat.* **S**TROMBE
mol. STRONGLE ver. STUC, STUCAGE, STUQUER vt.
STUDIO *DISSOUT,* STUDETTE. STUKA *av.* STUPA inv
v. STOUPA. STURNIDÉ *ois* (étourneau).

STYLER vt. STYLE**T**. STYLISER vt, STYLISME,
STYLISTE. STYLITE ermite. STYLO, STYLOÏDE *anat.*

STYRAX v. STORAX. STYRÈNE *chim* (POLY-).

SUAGE. SUANT,E *USANT,E.* **SUB**AIGU,E.
SUBALPIN,E. **SUB**ATOMIQUE. SUBER nm (bot),
SUBÉREUX..., SUBÉRINE *BURINÉES.* SUBIT**O** inv.
SUBLIMER vt. SUBODORER vt. **SU**BORNER vt.
SUBROGER vt *BOUGRES GOBEURS.* SUBSTRAT
base. SUBULÉ,E (cf TUBULÉ,E). **SUB**VENU et
SUCCÉDÉ, p.p. inv.

SUCCIN ambre (-IQUE). SUCCIN**CT,E.** SUCCION.
SUCCUBE démon fém. SUCEMENT, SUCEUR...,
SUÇOIR, SUÇON, SUÇOTER vt *COUTRES SECOURT*
+ 2. SUCRAGE, SUCRANT,E *censurat* + 2. SUCRAS**E.**
SUCRINE laitue.

SUD inv, SUDISTE *SÉDUITS SUSDITE.* SUDATION,
SUDORAL... . SUÉDÉ,E *étof,* SUÉDINE, SUÉDOIS,E ;
ODIEUSES. SUFFÈTE *mag* (Carthage). **SUF**FIXER vt,
SUFFIXAL... (-ATION). SUFFOQUER vt. SUFI v. SOUFI.

SUIDÉ porc. SUIFFER vt *SUFFIRE,* SUIFFEUX... SUINT,
SUINTER vi. SUITÉ**E** *éq.* SUIVEUR, SUIVISME,
SUIVISTE conformiste. SUJÉTION. SULFATER vt,
SULFITE *FISTULE,* SULFONÉ,E *FEULONS* ;
FUSELONS, SULFURER vt. SULKY,S *véhi.*
SULTANE *SALUENT,* SULTANAT.

SUMAC *arb.* SUMÉRIEN *lang.* SUMMUM,S. SUMO *jap*
lutte. SUNLIGHT *cin.* SUNNA *isl* tradition, SUNNISME,
SUNNITE *NUISENT USINENT ; UNISSENT.* SUPER,S.
SUPÈR**E** (*bot*). SUPERFIN,E = SURFIN,E.
SUPERMAN,S ou -MEN. SUPIN *ling.* SUPPLÉER vt.
SUPPÔT. SUPPUTER vt.
SUPRA inv ≠ INFRA, SUPREMUM *math.*

SURAH *étof.* SURAL... (mollet). **SUR**AIGU,E
SURANNÉ,E. SURATE v. SOURATE. **SUR**BAU,X *mar.*
SURBOUM. **SUR**CHOIX. SURCOT robe *COURTS.*
SURCUIT *tech.* **SUR**DOS *éq* (-AGE). **SUR**DOUÉ,E.

SURÉLEVER vt *ÉLEVEURS RÉVULSÉE.* SURET,
SURETTE *TESTEUR TRUSTÉE.* SURFACER vt *tech
FARCEURS.* **SUR**FAIRE vt *FISSURÂT.* **SUR**FAIX *éq.*
SURF, SURF**EUR**... *FUREURS.* **SUR**FIL, **SUR**FILER vt.
SURFIN,E

SURGEON rejeton *SONGEUR.* SURICATE mangouste.
SURIN couteau, **S**URINER vt ou **CHO**URINER. SURIR vi.
SURJALÉE *mar.* **SUR**JET, **SUR**JETER. **SUR**LIURE *mar.*
SURLONGE bœuf *LUGERONS.* **SUR**LOYER nm.

SURMOI inv *psy.* **SUR**MOULER vt. **SUR**MULET *ich.*
SURMULOT *rat.* **SUR**OFFRE. SUROÎT,S vent *SOURIT.*
SUROS *éq vét.* **SUR**PAYER vt. **SUR**PLACE. **SUR**PRIME
PRIMEURS.

SURRÉEL *litt LEURRES.* **SUR**SEMER vt *agr.*
SURSEOIR vi *SOURIRES,* **SUR**SOIS etc *ROUSSIS,*
SURSOYONS etc., **SUR**SOIENT, SURSIS etc.,
SURSEOIRAI(S) etc., **SUR**SOIE, SURSISSE etc,
SURSIS p.p. inv. **SUR**TAUX. **SUR**TAXER vt.
SURTOUT,S *cost.*

SURVENIR vi (-NU,E,S). **SUR**VENTE *ENTREVUS
VENTRUES.* **SUR**VIRER vi. **SUS**DIT,E. **SUS**NOMMÉ,E.
SUSPENS,E. **SUS**PENTE (nacelle). SUSURRER vt.
SUSVISÉ,E. SUTRA v. SOUTRA. SUTURAL...
SVASTIKA croix gammée. SWAHILI,E v. SOUAHÉLI,E.
SWAP échange. SWEATER nm. (cf WATERS).
SWING, SWINGUER vi.

SYBARITE jouisseur. SYCOMORE *arb.* SYCOSIS *méd*
(peau). SYÉNITE roche. SYLLABUS *rel.* SYLLEPSE *ling.*
SYLPHE génie, SYLPHIDE. SYLVAIN génie (bois),
SYLVE (-STRE). SYMBIOSE union, SYMBIOTE.
SYMPA *inv.* **SYM**PHYSE articulation.

SYNAPSE (neurones). SYNCOPÉ,E, SYNCOPAL,E.
SYNDERME skaï. SYNDIC. SYNÉCHIE (pr. k) *méd.*

SYNÉRÈSE *chim.* SYNERGIE *physio.* SYNODE,
SYNODAL... SYNOPSIS *ciné.* SYNOVIE, SYNOVIAL...,
SYNOVITE. SYNTAGME *ling.*
SYNTONE *psy,* SYNTONIE.

SYRIAQUE *lang.* SYRINX (*ois*). SYRPHE mouche,
SYRPHIDE. SYSTOLE *méd* ≠ DIASTOLE. SYZYGIE *astr.*
SZLACHTA (pr. kt) noble polonais.

T

Pensez aux mots en -ET, le T pouvant jouer le rôle de rajout : JOLIET, TRINQUET.
   Les adjectifs et les noms verbaux en -ANT sont répertoriés page 293.

TABARD cost BATARD + 2. TABASSER vt. TABELLE helv liste. TABÈS syphilis (-BÉTIQUE). TABLAR helv rayon. TABLÉE. TABLOÏD (journal). TABOR mil. TABORITE hussite BOTTERAI. TABOU,S. TABULÉ foss.

TAC inv. TACAUD ich. TACCA bot. TACET,S mus. TACHERON. TACHETER vt, je TACHETTE. TACHINA (pr. k) CHATAIN + 2. TACHISME art CHEMISÂT, TACHISTE. TACHYON. (pr. k) ato. TACLE sp. TACON ich. TACONEOS flamenco. TACTILE, TACTISME biol.

TADJIK lang. TADORNE canard TORNADE ÉRODANT. TAEL mon. TAENIA ou TENIA ver. TAFFETAS. TAFIA alcool (RA-). TAGAL,S lang. TAGETES œillet. TAIAUT ! ou TAYAUT ! TAIGA (bot). TAILLAGE, TAILLANT nm, TAILLOIR à viande. TAIN mét. TAISEUX... belg. TAJINE (mouton).

TALETH, TALLETH, TALITH ou TALLITH voile juif. TALION inv LAITON. TALISMAN. TALITRE crust. TALLER vi agr, TALLAGE. TALOCHER vt. TALONNER vt (É- DÉ-). TALPACK coif. TALQUER vt. TALUTÉ,E (mur) ALUETTE ; LUTÂTES. TALWEG ou THALWEG de vallée.

TAMANDUA. TAMANOIR RAMONAIT. TAMARIN arb + 4 ou TAMARIS TRAMAIS MATIRAS ou TAMARIX. TAMIER arb. TAMIL ou TAMOUL lang. TAMISER vt, TAMISAGE AGITÂMES (cf TANISAGE), TAMISEUR MESURAIT + 3. TAMPICO agave COMPTAI COMPATI.

TANAGRA statuette TANGARA. TANAISIE bot. TANCER

vt. TANDIS. TANGAGE *GAGEANT; GAGNÂTES.*
TANGARA *ois.* TANGENCE *AGENCENT ENCAGENT.*
TANGON *mar.* TANIN ou TANNIN, TANISER ou
TANNISER *ENTRAINS INSÉRANT INTERNAS*
RÉSINANT SERINANT, TANISAGE.

TANK. TANKA inv icône. TANKER nm. TANKISTE.
TANNEUR, TANNANT,E, TANNERIE, TANNIQUE (S-).
TANREC *mam* ou TENREC. TANTALE *mét.* TANTIÈME.
TANTINE *INTENTA; INSTANTE* + 3. TANTINET inv.
TAO *rel,* TAOÏSME, TAOÏSTE.

TAPANT,E,S. TAPECUL *véhi,* TAPEMENT *EMPATENT*
ÉTAMPENT, TAPEUR... TAPETTE. TAPIN inv, TAPINER
vi, TAPINOIS *POTINAIS POINTAIS.* TAPIOCA *CAPOTAI.*
TAPIR nm ou v pr. TAPON bouchon. TAPURE (mét).
TAQUER vt *arts graph.* TAQUET. TAQUOIR.

TARAMA mets. TARER vt peser, TARAGE. TARARE
(blé). TARASQUE monstre (cf M-). TARATATA! TARAUD
out, TARAUDER vt. TARBOUCH(E) *coif.* TARDIVETÉ
agr. TARENTIN,E *RATINENT* + 2. TARET *moll.*
TARGE bouclier, TARGETTE. TARGUI,E. TARGUM *rel.*

TARIÈRE vrille. TARIFER vt. TARIN *ois.* TARO *bot.*
TAROT, TAROTÉ,E. TARPAN *éq.* TARPON *ich.* TARSE
os, TARSIEN... TARTAN *sp TRANSAT.* TARTANE *mar*
NATTERA. TARTARE, S. TARTRÉ,E, TARTRATE sel
ATTERRÂT, TARTREUX... TARTUFE *FEUTRÂT* + 2.

TASSEAU cale. TASSETTE d'armure. TASSILI (grès)
LISSAIT LISTAIS. TATANE. TATAMI *sp* tapis *AMATIT*
MATAIT. TATAR,E (URSS). TATEUR *agr.* TATOU *mam.*
TATOUEUR *TOURTEAU.*

TAU. TAUD *mar.* TAULE, TAULARD,E *ADULTÉRA,*
TAULIER,E : v. TÔLE etc. TAUPÉ,E (feutre), TAUPIÈRE,
TAUPIN *ins PUTAIN; PUISANT,* TAUPINÉE. TAURE,
TAURIN,E *RUAIENT URANITE; SURINÂT.* TAUZIN
chêne.

TAVELER vt moucheter, je TAVELLE, TAVELURE.
TAVILLON *helv* planche. TAXACÉE *bot*. TAXABLE.
TAXI. TAXIE *biol* (A-). TAXIARQUE chef. TAXODIUM
cyprès. TAYAUT ! ou TAIAUT !...

TCHADIEN... *DÉNICHÂT CHIADENT* TCHADOR voile.
TCHAN ou **C**HAN ou ZEN. TECK ou TEK. TECKEL.
TECTITE verre. TECTRICE (plumes). TEE *golf*. TEFLON
LOFENT. TÉGUMENT peau. TEILLER vt *text* écorcer
ÉTRILLE TREILLE, TEILLAGE *LÉGALITÉ*, TEILLEUR
TULLERIE ou TILLER.

TÉLAMON statue. TÉLÉFILM. TÉLÉSKI. TÉLÉTYPE.
TÉLE**X**, TÉLEXER vt (-ISTE). TEL**L** colline artificielle.
TELLIÈRE (papier) *ÉTRILLÉE*. TELLURE *chim*
TRUELLE (-EUX...). TÉLOUGOU ou TELUGU *lang*.
TELSON (*zoo*). TEMENOS (temple) *MONTÉES*.
TEMPO. TEMPORAL... TEMPOREL... (A-)

TENABLE *BÊLANTE*. TENAILLER vt *ENTAILLER*.
TENANT,E, S. TENDELLE collet. TENDE**R** nm.
TENDEUR... *ÉTENDUES DÉTENUES* (DÉ- EN- EX-)
TENDRETÉ *ENDETTER*. TÉNÈBRES pl (cf BÉÈRENT).
TÉNESME *méd*. TENEUR... (CON- SOU- MAIN-)

TÉNIA ou TAENIA, TÉNICIDE, TÉNIFUGE.
TENNISMAN,S ou -MEN. TENON ≠ MORTAISE,
TÉNONNER vt *ENTONNER*. TÉNORINO *NOIERONT*,
TÉNORISER vi (-ANT,S). TENREC v. TANREC.
TENSEUR (muscle) (EX-). TENSON *poé*. **T**ENTER vt
(AT- IN- PA- CON- SUS-).
TENUITÉ. TENURE *féo*. TENUTO inv *mus*.

TEOCALI pyramide ou TEOCALLI *COLLETAI*
LOCALITÉ. TÉORBE ou THÉORBE luth. TÉPALE
(SÉPALE + PÉTALE). TÉPHRITE roche (cf N-). TÉQUILA.
TER inv. TÉRASPIC ibéris. **T**ERBIUM *mét* (YT-)
TERCER, TERSER, TIERCER vt *agr*. TERCE**T** *poé*
TERFESSE ou TERFÈZE truffe. TERGAL,S. TERGITE

(*zoo*).

TERNAIRE *RENTRAIE* TERPÈNE *PÉNÈTRE REPENTE* ou TERPINE *chim PEINTRE+ 2.* TERRAGE *féo REGRÉAT RÉGATER.* TERRI ou TERRIL mine. TERSER vt v. TERCER. TERTIO inv *ÉTROIT.* TÉRYLÈNE *text.* TERZETTO,S *mus.*

TESLA unité. TESSÈRE jeton. TESSON. TESTABLE, TESTEUR. TESTACÉ,E (*moll*) *CASSETTE.* TESTON *mon.* TÊT *chim.* TÉTANOS *NOTÂTES,* TÉTANIE, TÉTANISER vt. TÊTEAU (*bot*). TÊTIÈRE *éq.* TÉTIN, TÉTON, TETTE (*zoo*). TÉTRADE (*bot*) *DÉSERTÂT.* TÉTRAS *ois* (-TYLE). TÉTRODE *élec.* TÉTRODON *ich.* TEUTON, -ONNE (-ONIQUE). TEX *text* unité. TEXAN,E.

THAI,E peuple. THALAMUS *anat* (HYPO-). THALER *mon.* THALLE (*bot*), THALLIUM *mét.* THALWEG v. TALWEG. THANATOS pulsion de mort.

THÉATIN *rel.* THÉBAÏDE solitude, THÉBAIN,E. THÉIER,E *HÉRITE; HÉSITER,* THÉINE (DÉ-). THÉISME (A-), THÉISTE (A-) (Dieu). THÈME (ANA- APO- ÉRY-ÉNAN- EXAN-). THÉNAR *anat HANTER; HERSANT.*

THÉORBE v. TÉORBE. THÉORISER vt. THÉRAPIE (CRYO-) THERMES, THERMIE, THERMOS. THÉSARD,E *scol.* THÈSE (PRO- SYN- ANTI- ÉPEN-HYPO- MÉTA- PROS-). THÉTA inv. THÉTIQUE *philo.* THÉURGIE prodiges.

THIAMINE vit B 1, THIAZOLE *chim.* THIBAUDE pour moquettes *HABITUDE.* THIOL, THIOFÈNE *chim.* THLASPI *bot.*

THOLOS *arch.* THOMISE araignée. THOMISME *philo,* THOMISTE. THON (PY- ZY- BER- MARA-), THONAIRE filet, THONIER *THORINE; HÉRITONS,* THONINE *ich HONNÎTES.* THORAX (PRO- MÉTA- MÉSO- HYDRO-). THORIUM *mét,* THORINE, THORITE, THORON.

THRÈNE plainte *HERSENT*. THRIDACE suc *DÉCHIRÂT*.
THRILLER nm (à suspense). THRIPS *ins*. THROMBUS
caillot.

THUG Hindou xénophobe. THULIUM *mét*. **T**HUNE 5 F (cf
TUNE). THUYA *arb*. THYIADE bacchante. THYM,
THYMIE, humeur, THYMINE *gén*, THYMIQUE *méd*,
THYMOL *chim*, THYMUS glande. THYROÏDE *anat*.
THYRSE bâton.

TIBÉTAIN,E. TIBIAL... TICAL,S *mon*. TIÉDIR vt,
TIÉDASSE *DIÉSÂTES ÉDITASSE*, TIÉDEUR *ÉRUDITE
ÉTUDIER ÉDITEUR*. TIENTO *mus TENTIONS*.
TIERCER vt v. TERCER. **T**IF. TIGELLE *bot*. TIGRÉ,E,
TIGRIDIE *bot RIGIDITÉ*, TIGLON hybride *LINGOT* ou
TIGRON.

TILBURY *véhi*. TILDE *esp* accent. TILIACÉE *arb* (cf
LAÏCITÉ). TILLAC pont *CILLÂT*. TILLER vt v. TEILLER
(OU- PÉ- TI- VÉ- BOI- DIS- FRÉ- INS- SAU- TOR-),
TILLAGE. TILT,S. **T**IN *mar*. TINAMOU *ois*. TINCAL,S
chim. TINETTE baquet. TINTER vt, TINTOUIN.

TIPULE moustique *TULIPE; STIPULE*. TIQUETÉ,E
tacheté (É-). TIQUEUR... (tic). TIRELIRE. TIRETTE.
TISONNER vt. TISSERIN *ois INSISTER SINISTRE*.
TISSEUR... *RÉUSSIT SURÎTES; SURSÎTES*.

TITI. TITISME (Tito), TITISTE. TITRER vt, TITRAGE,
TITREUSE arts graph *RESTITUE TRUITÉES*; pas de
«titreur» cf TRITURE. **T**JALE = MERZLOTA. TMÈSE
(*lors* même *que*). TOAST.

TOBOGGAN. TOCARD,E (toc) *DÉCORÂT; CORDÂTES*.
TOQUARD *éq*. TOCCATA,S ou -TE *ACCOTÂT*. TOCSIN.
TOGOLAIS, E. TOILAGE, TOILERIE.
TOILETTER vt (-AGE). TOKAMAK. ou TOKOMAK *ato*.
TOKAY, TOKAI, ou TOKAJ vin.

TÔLARD,E, TÔLIER,E, v. TAULE etc. TÔLÉE (neige).

TOLET out. TOLITE expl LITOTE. TOLLÉ,S.
TOLU baume, TOLUÈNE chim, TOLUOL.

TOMAHAWK. **TO**MAISON. TOMBA**C** alliage COMBAT.
TOMBALE fém. TOMBELLE archéo. TOMBEUR.
TOMBOLO de sable. TOMME from. TOMETTE ou
TOMMETTE brique. TOMMY,S ou -IES mil SOMMITÉ.

TONAL,E,S (cf ATONAL,E, ATONAUX), TONALITÉ (A-)
ÉTOILANT + 3. TONDAGE, TONDEUR... TONICITÉ
(cf C-). TONIE (son) (cf SONIE) (A-), TONIFIER vt
NOTIFIER, TONIFIANT,E, TONIQUE (A- ; cf NOÉTIQUE)
TONITRUER vi.

TONKA fève,S (cf TANKA inv). TONLIEU féo impôt.
TONNELET. TONNELLE. TONSURER vt, TONTE.
TONTINE paillon. TONTISSE bourre TESTIONS.
TONTON. TONTURE tonte OUTRENT.

TOP,S. TOPER vi OPTER vi (cf POTÉE). TOPAZE.
TOPETTE fiole. TOPHUS méd. TOPIAIRE (jard. à la Fr.).
TOPIQUE phar. TOP**O**, TOPONYME nom de lieu.
TOQUER (se), TOQUADE.
TOQUANTE montre ou TOCANTE CONTÂTES + 2.

TORANA arc. TORCHÈR**E** vase. TORCHIS.
TORCHONNER vt bâcler. TORCOL ois. TORDAGE
(RE-), TORDEUSE chenille REDOUTES + 2, TORDOIR
DORTOIR. **T**ORE arch. TORÉER vi, TORÉADOR,
TORERO. TORGNOLE LOGERONT.

TORII jap portique. TORIL (taur). TORIQUE (tore),
TOROÏDAL... DORLOTAI. TORON fils. TORPÉDO véhi.
TORPIDE (torpeur). TORQUE collier. TORR unité.
TORRÉFIER vt. **T**ORS,E, TORSADER vt, TORSEUR
math RETOURS ROTURES ; TROUSSER. TORTIL hér.
TORVE (œil). TORY,S ou -IES conservateur.
(LAVA-), TORYS**ME**.

TOSCAN,E. TOSSER vi mar (cf OSSÈTE). TOTEM

(-IQUE). TOTO pou. TOTON toupie. TOUER vt *mar* haler,
TOUAGE. TOUAREG. TOUBIB. TOUCAN *ois.*
TOUCHAU ou TOUCHEAU (*mét*). TOUCHEUR de
bœufs. TOUFFEUR chaleur. **T**OUILLER vt *OUTILLER*
TROUILLE (PA- PÉ- CHA- DÉPA-).

TOUNDRA *géog.* TOUPILLER du bois (É-). TOUQUE
récipient. TOURBEUX... TOUR**D** *ich.* TOURDE grive.
TOURET *out.* TOURIE bouteille. TOURIE**R**,E *rel*
ROUTIER,E. TOURIN soupe *TURION ; TOURNIS..*

TOURNAGE *cin.* TOURON nougat. TOUSELLE blé.
TOUSSOTER vi. TOUT,S. TOUTIM,S. TOUTOU.
TOXÉMIE, TOXICITÉ, TOXICOSE (bébés), TOXINE.

TRABE hampe. TRABOULE (Lyon). TRAÇANT,E,
TRAÇAGE. TRACERET *RETERÇÂT RÉTRACTE,*
TRACEUR *RÉCURÂT RECRUTA,* TRACEUSE.
TRACHÉAL... *HARCELÂT RELÂCHÂT,* TRACHÉE**N**...
RECHANTE ENTACHER. TRACHOME, TRACHYTE
roche. TRAÇOIR = TRACERET *CROÎTRA.* TRACTER
vt (RÉ-), TRACTIF..., TRACTUS *anat SCRUTÂT.*

TRAILLE bac *TILLERA + 2.* TRAÎNAGE. TRAÎNARD,E,
TRAÎNEUR... TRAINGLOT ou TRINGLOT *mil.*
TRAINING. **T**RAIRE (pas de pas. s. ni de subj. imp. ; subj :
TRAIE etc. (ABS- DIS- EXT- SOUS-). TRALALA,S,
TRAM, TRAMINOT *MONTRAIT.* TRAMAI**L** ou TRÉMAIL
filet. TRAM**P** *mar,* TRAMPING.

TRANCHE**T** *out CHÂTRENT.* TRANSAT. TRANSEPT.
TRANSFO *FARTONS.* TRANSIR vt. TRANSITER vt.
TRANSMUER vt *ato REMUANTS + 3* ou **TRANS**MUTER.

TRAQUE**T** *ois.* TRAQUEUR... Pas de « traquage » ; cf
QUARTAGE. TRAUMA *psy.* TRAVAIL,S ou -AUX.
TRAVELO *REVOLÂT + 2.* TRAVIOLE inv.
TRAYEUR..., **T**RAYON.

TRÉBUCHE**T** piège. TRÉCHEUR *hér RECHUTER.*

TRÉFILER vt. **TRÉ**FONDS. TREILLIS. TREKKING
randonnée. TRÉMAIL v. TRAMAIL. TRÉMATER vi *mar.*
TREMBLAI**E** *arb,* TREMBLÉE adj, TREMBLEUR...
TRÉMELLE *cham.* TRÉMIE à blé. TRÉMIÈRE.
TRÉMOLO. TREMPEUR *ouv PERMUTER.*

TREND *écon.* TRÉPAN *chir,* TRÉPANER vt. TRÉPAN**G**
zoo ou TRIPANG. TRÉPIDER vi *REPERDIT.* TRÉPIED.
TRESSAGE. TRÉVIRER vt *mar.*

TRIACIDE. TRIADE. TRIAL,S *moto.* TRIBAL,E,S, ou
-AUX. **TRI**BORDAIS *mar* (cf BAB-). TRIBUNAT
BRUITANT BITURANT. TRICEPS. TRICHINÉ,E (pr. k)
méd ENRICHIT (-EUX...), TRICHITE *min,* **TRI**CHOME
méd (cf **TRI**CHROME), ou TRICHOMA *CHROMAIT.*
TRICK levée. TRICONE trépan. TRICTRAC jeu.

TRIDACNE *moll.* TRIDENTÉ,E *DÉTIRENT RETENDIT*
(S-). TRIÈDRE *géom DÉTIRER ; DESTRIER.*
TRIENNAL... TRIÈR**E** *mar.* TRIEUR... TRIFIDE (*bot*),
TRIFOLIÉ,E. TRIGLE *ich.* TRIGONE *géom GÎTERONS.*

TRILLER vi. TRILLION. **TRI**LOBÉ,E. TRIMARAN *mar*
ARRIMANT. TRIMARD route. (-EUR). TRIMBALER vt
TREMBLAI, ou **TRIM**BALLER. **TRI**MÈRE *bot MÉRITER*
TRIRÈME. **TRI**MÉTAL, -AUX (cf BI-). **TRI**MÈTRE *poé.*
TRIMMER nm *pêche.*

TRINERVÉ,E *bot VIRÈRENT + 2.* TRINGLOT v.
TRAINGLOT. **TRI**NOME *math MOIRENT OMIRENT.*
TRINQUE**T** *sp* (-ETTE *mar* -QUART *mar,* -QUEBALLE
véhi). TRIODE *élec DROITE.* TRIOLET *poé.*
TRIONYX tortue.

TRI**P** drogue. **TRI**PAILLE. **TRI**PALE *av PARTIEL + 2* (cf
BI-). TRIPANG v. TRÉPANG. **TRI**PARTI,E ou -TITE (cf
BI-). TRIPETTE inv. TRIPHASÉ,E (cf BI- DI-). TRIPIER,E,
TRIPERIE. TRIPLACE. TRIPLAN *av.* TRIPLE**T** *phot.*
TRIPLE**X** verre. TRIPLURE *étof.* TRIPODE *mar.* TRIPOLI
géol.

TRIPOUS ou TRIPOUX plat.

TRIQUEBALLE véhi. TRIQUET battoir (-RE). TRIRÈME
v. TRIÈRE. TRISCÈLE ou TRISKÈLE déco. TRISMUS ou
TRISME méd. TRISOC charrue. TRISOMIE biol
MIROITES. TRISSER vt. TRITIUM ato.
TRIUMVIR mag (cf DUU-).

TROCART chir. TROCHE moll. TROCHÉE poé.
TROCHIN de l'humérus. TROCHLÉE anat. TROCHURE
(cerf). TROÈNE OSÈRENT ENTORSE. TROÏKA trio.
TROLL gnome. TROLLE vén. TROLLEY (-BUS).
TROMBINE. TROMMEL crible.
TROMPETER vt, je TROMPETTE.

TRONCHET (bois) TORCHENT (cf TRANCHET). TROPE
styl (ES- AMÉ- ISO-), TROPISME biol ROMPÎTES + 2.
TROQUET. TROTTER (se), TROTTING éq, TROTTINER
vi. TROUFION FOUIRONT. TROUVÈRE poète.
TROYEN...

TRUANDER vt ENDURÂT. TRUBLION. TRUCAGE.
TRUCIDER vt CRUDITÉ. TRUELLÉE. TRUFFER vt,
TRUFFIER,E. TRUISME évidence MURÎTES. TRUITÉ,E.
TRULLO,S ou -I arch. TRUMEAU pan. TRUQUAGE,
TRUQUEUR... TRUSQUIN out, TRUSQUINER vt.
TRUST, TRUSTER vt, TRUSTEUR. TRUSTIS garde
franque. TRYPSINE enzyme.

TSAR ou TZAR ou CZAR, TSARINE (-RÉVITCH).
TSARISME MARISTES STRIÂMES TRIMASSE,
TSARISTE RETISSÂT + 5. TSIGANE.
TSUNAMI raz MUTINAS MINUTAS.

TUANT,E. TUB. TUBER vt (EN-), TUBAGE, TUBAIRE
ouïe ABRUTIE + 4. TUBARD,E. TUBÉRALE cham,
TUBÉREUX..., TUBÉRISÉ ÉBRUITES. TUBICOLE zoo,
TUBIFEX, TUBIPORE. TUBISTE ouv TITUBES.
TUBULÉ,E (cf SUBULÉ,E), TUBULEUX...

TUDESQUE teuton (cf ÉDUQUES). TUDIEU ! TUER vt

(SI- STA- ÉVER- FLUC- HABI- PONC- ACCEN- DESTI-
EFFEC- INSTI- PERPÉ- RESTI-), TUEUSE. TUF roche,
TUFEAU ou TUFFEAU. TUILEAU fragment,
TUILIER,E *TUILERIE; RELUISIT UTILISER.*

TULIPIER *arb* (cf PLEURITE). TULLE, TULLIER,E ;
TULLERIE ; ILLUSTRE. TULLISTE. TUMEUR,
TUMORAL... (cf H-). TUMULUS (cf C-). TUNAGE
TANGUE ou TUNE *tech.* TUNER nm *mus.* TUNICIER
zoo. TUNISOIS,E *SITUIONS.* TUPAJA ou TUPAÏA *mam.*
TUPI *lang.* TUQUE *can coif.*

TURBIN, TURBINER vi *BRUIRENT* (-ÉE). TURBOTIN.
TURCIQUE *anat.* TURCO *mil.* TURDIDÉ *ois.* TURF,
TURFISTE. TURION bourgeon. TURKMÈNE *géog.*
TURLUTTE *pêche.* TURNE. TURNEP navet. TURQUIN
bleu. TUSSOR *étof.* TUTEURER vt *agr.* TUTHIE ou
TUTIE *chim.* TUTTI,S *mus.* TUYAUTER vt (-AGE).
TWEED. TWEEN *chim.* TWIST.

TYMPANAL, AUX, TYMPANON *mus.* TYPER vt,
TYPESSE. TYPHACÉE *bot.* TYPHIQUE, TYPHOÏDE.
TYPHON. TYPHOSE *méd,* TYPHUS. TYPO, TYPOTE.
TYPON. TYROLIEN... TYROSINE acide.
TZAR (-EVITCH), TZARINE. TZIGANE.

U

Penser à séparer le U du O : MODULER, COAGULER, INOCULER, UFOLOGIE, VACUOLE, URODÈLE.
   Mots en UU : DUUMVIR, NOUURE.
   Avec beaucoup de voyelles et un joker, pensez aux mots en (Q)UE, EU(X) *et* (G)UE.

UBAC géog ≠ ADRET. UBIQUITÉ. UBUESQUE.
UFOLOGIE (ovnis). UHLAN. UKASE ou OUKASE édit.
ULCÉREUX... (cf EXCLURE). ULÉMA ou OULÉMA *dr isl.*
ULLUQUE *bot.* ULMACÉE *arb MACULÉE,* ULMAIRE *bot.*
ULNAIRE *anat. LUNAIRE LAINEUR.* ULTIMO inv.
ULTRA,S, ULTRASON. ULULER vi (H-). ULVE algue.

UNAU,S *mam.* UNCINÉ,E *bot* crochu. UNGUÉAL...
(ongle) *ENGUEULA,* UNGUIS os. UNIATE *rel SUAIENT
USAIENT.* UNIAXE *min.* UNICITÉ, **UNI**MENT adv.
UNIÈME,S *MENUISE.* **UNI**OVULÉ,E *bot.* UNIPARE
(1 enfant) *PUNAISER.* **UNI**SEXE, **UNI**SEXUÉ,E,
UNISEXUEL... UNITIF... *ENSUIVIT.* **UNI**VALVE *fruit.*
UNIVOQUE ≠ ÉQUIVOQUE. UNTEL inv, **UNE**TELLE inv.

UPAS *arb.* UPÉRISER du lait. UPPERCUT *boxe.*
UPSILON inv *PULSION.* URAÈTE *ois AUSTÈRE
SATURÉE.* URAEUS cobra *SUREAU.* URANE *chim,*
URANATE, URANEUX m. URANIE *pap.* URANIQUE
chim. URANISME inversion. URANITE *chim,* URANYLE.
URATE.

URBANITÉ. URDU v. OURDOU. URE aurochs. URÉE,
URÉIDE. URÉMIE, URÉMIQUE, URÉTÈRE *TERREUSE,*
URÉTÉRAL... *URÉTRALE,* URÈTRE, URÉTRAL...
LEURRÂT, URÉTRITE *TRITURÉE.* URGER vi (3ᵐᵉˢ pers
seul.) URICÉMIE *méd,* URINER vt (B- S- CHO-),
URINAL, -AUX, URINOIR, URIQUE (A- P- DYS-).

URODÈLE zoo *DÉROULE LOURDÉE.* UROLOGIE (cf

UFO-), UROLOGUE. UROPODE (*crust*). URSIDÉ ours *DISEUR RÉSIDU*. URSULINE *rel.* URTICALE *bot* *ARTICULÉ*, URTICANT,E (zoo). URUBU vautour. **U**RUS v. URE.

USAGER m ; pas d'« usagère » ; cf GERSEAU ou *ARGUÉES*. USANCE *fin.* USANT,E. USINER vt, USINAGE, USINIER,E. USNÉE lichen. USUFRUIT, **U**SUS *dr.*

UT inv. UTÉRIN,E, **U**TOPIQUE, **UTO**PISTE. UTRICULE *anat.* **U**VAL..., UVÉE (œil), UVÉITE *méd.* UVULE luette, UVULAIRE. UZBEK v. **O**UZBEK.

V

Mots terminés par un V : LEV (*pluriel* LEVS *ou* LEVA) *et* LEITMOTIV (pl LEITMOTIVS *ou* LEITMOTIVE).

VACCIN, VACCINAL... VACHARD,E, VACHER,E *VARECH,* VACHERIN, VACHETTE. VACUITÉ, VACUOLE *anat,* VACUOME *COUVÂMES.* VAGAL... (nerf). VAGINAL..., VAGINITE. VAGUER vi errer.

VAHINÉ *ENVAHI.* VAIGRE bordage *VIAGER + 4.* VAIGRAGE. VAINCRE vt, je VAINCS, il VAINC, je VAINQUIS etc. VAIR fourrure. VAIRON *ich AVIRON; VARIONS.* VAISYA inv (caste).

VAL,S ou -AUX. VALAISAN, -ANNE *helv.* VALAQUE *géog.* VALENCAY *from.* VALENT inv (BI- DI- TRI- UNI- AMBI- EQUI- MONO- POLY- ts var g. et n.). VALENCE *chim* (BI- CO-). VALGUS, fém VALGA inv *méd.* VALINE acide. VALLEUSE vallée, VALLONNÉ,E. VALSER vt, VALSEUR... *REVULSA + 4.* VALVE (cf VO-VU-) (BI- UNI-), VALVÉ,E, VALVAIRE (cf VO- VU), VALVULE.

VAMPER vt. VAN panier. VANADIUM *mét.* VANDA fleur. VANDOISE *ich ÉVADIONS.* VANESSE *pap ENVASES.* VANILLÉ,E, VANILLON. VANISÉ,E *text AVINÉES VÉSANIE.* VANNAGE, VANNEUR... *VANNURE,* VANNIER *INNERVA,* VANNERIE. VANNEAU *ois.* VANNELLE (sas) ou VANTELLE. VANTAIL, -AUX battant (cf VE-).

VAPES *PAVES.* VAR unité. VARAIGNE sas *ENGRAVAI.* VARAN *rept.* VARANGUE *mar.* VARAPPER vi escalader. VARHEURE. VARIANCE *math* (IN-). VARIOLÉ,E (-EUX...). VARLET jeune noble. VARLOPER vt raboter. VAROIS,E *AVOIRS SAVOIR; OVAIRES.* VARRON larve. VARUS, *fém* VARA inv cagneux.

VARVE *géol.*

VASELINER vt. VASIÈRE *ASSERVIE*. VASISTAS.
VASQUE de fontaine. VATICANE.
VATICINER vi *INACTIVE.*
VAUDOIS,E *helv DÉVOUAIS*. VAUDOU,S culte.

VEAU (BI- CA- CU- NI- CER- CLA- NOU- BALI- CANI-
ÉCHE- GODI- HÂTI- SOLI-), VEDIKĀ inv balustrade,
VÉDIQUE, VÉDISME *rel.* VÉHICULER vt. VEINER vt
déco, VEINETTE *out*, VEINEUX..., VEINULE, VEINURE.

VÊLER vi (CU- JA- NI- RE- TA- GRI- DÉNI- ÉCHE-
ENJA-), VÊLAGE ou VÊLEMENT. VÉLAIRE *ling.* VÉLANI
chêne. VÉLAR *bot* sisymbre. VÉLARIUM toile. VELCHE
ou WELCHE métèque. VELD *géog.* VÊLEUSE. VÉLIE
punaise. VELIN. VÉLIQUE *mar.* VÉLITE *mil.* VÉLIVOLE
planeur. VELLÉITÉ. VELOUTER vt.
VELTE jauge à vin (S-) VELUM voile.

VENAISON. VENDABLE. VENDÉEN. VENDETTA.
DÉVÊTANT. VENELLE ruelle. VÉNÉRIEN... *INNERVÉE
REVIENNE.* VENEUR *chasse.* VENGERON *helv* gardon.
VÉNITIEN...

VENTAGE (van) *VENGEÂT*. VENTAIL, -AUX de visière,
VENTER v imp, VENTÉ,E (pas de part. prés.),
VENTEUX..., VENTIS *arb*, VENTÔSE inv. VENTRAL...
VENTRÉE. VENTURI tube *SURVIENT*. VÉNUSIEN...

VÊPRES pl. **VÉ**RAISON (fruit). VÉRANDA. VÉRATRE
bot RÉVÉRÂT. VERBEUX..., VERBIAGE. VERDELET...,
VERDET *mét*, VERDIER *ois*, VERDIR vt (RE-),
VERDOYER vi. VERGÉ,E *papier*, VERGENCE *opt* (cf
CONVERGE). VERGETÉ,E (peau), VERGETTE,
VERGEURE. **VER**GLACER v imp, VERGLACÉ,E (pas de
part. prés.). VERGNE aune *VENGER*.
VERGOGNE inv honte.

VÉRIFIEUR... VÉRIN *tech*. VÉRISME *litt MIÈVRES*

REVÎMES ; SERVÎMES, VÉRISTE. VERJUS suc,
VERJUTÉ,E acide. VERLAN « laisse béton ! » VERMÉE
pêche, VERMET *moll*, VERMILLER vi fouger.
VERMINEUX... VERMIS (cervelet). **VER**MOULER (se).
VERMOUTH.

VERNAL... printanier. VERNIER *tech* ÉNIVRER + 2.
VERNIR vt (DÉ- RE-), VERNISSER un pot. VÉROLÉ,E.
VERRANNE fibre de verre. VERRA**T**.
VERRÉ,E, VERRIER,E.

Plus de « verseau » ; cf VAREUSE ÉVASURE.
VERSEUR... VERSION *VIORNES RENVOIS* (A- DI- IN-
RÉ- CON- PER- SUB-) VERS**O**,S. VERSOIR (DÉ- RE-).
VERSTE 1067 m. VERSUS ou VS par opposition à.
VERTE**X** (cf VO-). VERTIGO *éq*. VERVE**T** singe.
VERVEUX filet.

VÉSANIE folie. VESCE *bot*. VÉSICAL... *anat LASCIVE*.
VÉSICANT,E (peau), VESOU suc. VESPÉRAL...
PRÉVALES PRÉLEVAS. VESPIDÉ guêpe. **V**ESSE pet
silencieux. VESSIGON éq tumeur *VOSGIENS*.
VESTALE *TAVELÉS* + 2.

VÉTILLER vi (cf VELLÉITÉ). VÊTIR vt, je VÊTS etc.
VÉTIVER nm *bot*. VET**O** inv. VÊTURE. VÉTUSTE.
VEULERIE. VEXATEUR, -TRICE. VEXILLE étendard.

VIA inv. VIANDER (se). VIBRER vt (PER-), VIBRAGE,
VIBRAT**O**,S, VIBREUR, VIBRION bacille, VIBRISSE poil
du nez. VICARIAL..., VICARIAT. VICENNAL... (20 ans).
VICHY (-SSOIS,E). VICIABLE. VICINAL... VICOMTAL...
VICTORIA *véhi*.

VIDAGE. VIDAME. VIDÉ**O**,S, VIDÉO**TEX**. VIDEUR...
VIDURE. VIDICON *T.V.* VIDIMUS *dr*. VIDOIR (É-, DÉ-),
VIDURE. VIDUITÉ *dr*. VIEIL inv. VIÈLE *mus*, VIELLER vi,
VIELLEUR ou VIELLEUX... VIENNOIS,E *ENVIIONS* + 2.

VIGNEAU *NAVIGUE* ou VIGNOT bigorneau. VIGOGNE

lama. VIGUIER *mag*, VIGUERIE. VIHĀRA inv monastère
(cf HAVRAIS). VIKING. VILAYET province turque.
VILEMENT adv. VILENIE. VILLEUX... poilu *VISUELLE*.

VIMĀNA inv *rel* tour. VINER vt alcooliser, VINAGE,
VINAIGRER vt, VINEUX... *ENSUIVE*. VINDICTE inv.
VINICOLE (cf VIT-), VINIFÈRE, VINIFIER vt, VINIQUE,
VINOSITÉ *ÉVITIONS*. VINYLE.

VIOLACER (se), VIOLAT,S, VIOLÂTRE. VIOLENTER vt.
VIOLETER vt, je VIOLETTE. VIOLEUR... *VOILURE*.
VIOLIER *bot VOILIER,* VIOLINE couleur. VIOLISTE *mus*.
VIORNE *arb RENVOI.*
VIPÉREAU ou VIPÉRIAU, VIPÉRIDÉ, VIPÉRIN,E.

VIRAGO mégère. VIRAL... VIRELAI *poé RIVALISE.*
VIRETON flèche *RIVETONS.* VIREUR... (SUR-).
VIREUX. VIRGINAL,E,S ou -AUX. VIRGULER vt.
VIRILISER vt. VIROLER vt *tech*, VIROLAGE *VOLIGERA*.
VIROSE *méd REVOIS,* VIRURE.

VISCACHE rongeur. VISCOSE *text*. VISEUR *SURVIE*.
VISIONNER vt. VISSERIE *VISIÈRES*. VITELLUS *zoo*
(ovule), VITELLIN,E. VITILIGO *méd* (peau). VITRAI**N**
(charbon), VITRER vt, VITRERIE, VITREUX...,
VITRIFIER vt, VITRIOLER vt. VITUPÉRER vt.

VIVABLE, VIVARIUM *zoo*, VIVEUR... *SURVIVE*,
VIVIDITÉ *psy*, VIVIFIER vt (RE-), VIVIPARE *mam,*
VIVOIR *can* living, VIVOTER vi *VOTIVE*. VIVRÉ,E *hér*.
VIVRIER,E. VIZIR, VIZIRAT. VLAN !

. VOCABLE (É- RÉ-). VOCALISER vt *ling*.
VOCERO,S ou -I chant fun. **VO**CODEUR *inf*. VODKA.
VOGOULE langue. VOÏVODE ou VOÏEVODE *mag,*
VOÏVODIE ou VOÏEVODIE. VOILAGE, VOILERIE. VOIR
vt (RE- PRÉ- ENTRE-). VOIRE inv (I-). VOISÉ,E *ling*.
VOISINER vi *RÉVISION* (A-).

VOLAILLE**R** nm (-EUR). VOLAPUK *lang artif*.

VOLATIL,E. VOLCANI**SER** vt. VOLER vt (EN- RE-vi
CON-vi SUR-). VOLERIE *chasse* VIROLÉE VOLIÈRE,
VOLETER vi, je VOLETTE. VOLIGER vt *const.* VOLIS
arb. VOLITIF..., VOLITION. VOLLEY (-EUR...).
VOLTAIRE fauteuil. VOLTER vi *éq* (RÉ- SUR-). VOLVE
(*cham*), VOLVAIRE. VOLVOX *zoo.* VOLVULUS *méd.*

VOMER os. VOMIR vt, VOMIQUE (-QUIER), VOMITIF...
VORTEX tourbillon. VOSGIEN... VOTANT,E, VOTATION
helv. VOTIF... *rel.* VOUCHER nm bon. VOUGE arme.
VOULOIR nm inv. VOUSSOIR *arch*, VOUSSURE,
VOUTAI**N** *arch.* VOUVRAY vin. VOYER,S (agent).
VOYEUR (POUR- ; -ISME).

VRAC,S, VRAQUIER *mar.* VRENELI *helv* 10 F or.
VRILLER vt, VRILLAGE. VROMBIR vi.
VULCAIN *pap.* (cf NAVICULE). VULPIN *bot.*
VULVE, VULVAIRE, VULVITE *méd.* VUMÈTRE *élec.*

La liste ci-dessous est exhaustive.
Verbes comprenant un W : CRAWLER vi SWINGUER vi
REWRITER WARRANTER.
    Avec un W et un joker, pensez à faire de celui-ci un K
(cf KAWA, KAWI, KIWI, KWAS).
    Mots en 2 et 3 lettres : WU WON.
    Mots en 4 lettres : WATT WHIG WURM IWAN KAWA
KAWI KIWI KWAS SHOW SLOW SWAP YAWL

WAGAGE limon. WAGON, WAGONNET (-IER).
WALKMAN,S. WALLABY,S ou -IES kangourou.
WALLON, -ONNE (-ONISME). WAPITI cerf. WARRANT
titre, WARRANTER vt (-AGE). WATERS.
WATT (-HEURE, -MÈTRE), WATTMAN,S ou -MEN.

WEBER (flux). WEHNELT élect. WELCHE ou VELCHE.
WELTER boxe. WERGELD valeur d'un homme.
WESTERN. WHARF. WHIG libéral. WHIPCORD étof.
WHISKY,S ou -IES. WHIST.

WIGWAM. WILAYA ou WILLAYA prov. alg. WILLIAMS
poire. WINCH mar treuil (-ESTER). WINDSURF.
WISHBONE vergue. WISIGOTH,E (-THIQUE). WITLOOF
chicorée. WOLFRAM *mét.* WOMBAT marsupial. WON
mon. WORMIEN (os). WU,S dialecte.
WURM ère, WURMIEN...

BOWETTE *mine.* BOWLING. BROWNIEN adj m.
BROWNING. BUNGALOW. CLOWN (-ERIE, -ESQUE).
COWPER *tech.* CRAWL, CRAWLER vi, CRAWLEUR...
DÉWATTÉ,E. DRAWBACK.

HAWAIIEN... HARDWARE *inf.* IWAN *arch.* KAWA *arb.*
KAWI *ling.* KIWI. KILOWATT. KWAS ou KVAS *boiss.*
LANDWEHR *mil.* MAXWELL. NEWTON. OUTLAW.
ROWING. REWRITER vt ou nm.

SANDOW. SANDWICH,S ou ES. SHOW. SLOW.
SOFTWARE *inf.* SQUAW. STEWARD. SWAHILI,E.
SWAP *com.* SWEATER. SWING, SWINGUER vi.

TALWEG ou THALWEG. TOMAHAWK. TRAMWAY.
TWEED. TWEEN *chim.* TWEETER nm (son). TWIST.
YAWL *mar.* ZAWIYA *rel.*

X

Mots en 2 et 3 lettres : XI AXE AXA AUX BOX DIX EUX
FOX LUX OXO (*inv*) SIX TEX.
4 lettres : APEX AULX AXER (-AS etc) AXIS BAUX BOXA
BOXE CEUX DEUX DOUX EAUX EXIL EXIT (inv) FAIX
FAUX FIXA FIXE FLUX FOXE HOUX INOX IXIA JEUX
LUXA LUXE LYNX MAUX MIXA MIXE MOXA NIXE NOIX
ONYX ORYX PAIX POIX POUX PRIX RIXE ROUX SAXE
SAXO SEXE SEXY (inv) TAUX TAXA TAXE TAXI TOUX
VAUX VEUX VOIX VEXA VEXE YEUX.

XANTHOME tumeur. XÉNON gaz. **X**ÉRÈS ou JEREZ ou
SHERRY. XÉRUS rongeur. XI ou KSI inv. XI**ANG** *lang.*
XIMÉNIA *bot* (cf MEXICAIN). XIPHO *ich*, XIPHOÏDE *anat*
(cf SIPHOÏDE). XYLÈME bois, XYLÈNE chim, XYLIDINE,
XYLOCOPE *ins*, XYLOL. XYSTE galerie.

ABSIDAUX (-AL,E). ABYSSAUX (-AL,E). ACÉTEUX...
EXÉCUTA. ADDAX mam. ADEXTRÉ,E *hér DÉTAXER
EXTRADÉ.* AFFIXÉ,E, AFFIXAL,E. **A**FOCAUX (-AL,E).
AGALAXIE *méd.* AIDEAU,X *IDÉAUX.* AIEUX ou AIEULS.
AIXOIS,E. **A**LEXIE *méd.* ALLEU,X.
ALPAX *mét* (cf SPALAX).

AMENSAUX (-AL,E) (*bot*). **A**MORAUX (-AL,E).
ANATEXIE *géol.* ANAUX (-AL,E). ANNAUX (-AL,E).
ANNEAU,X. ANGINEUX... ANNEXITE *méd* (cf
ANXIÉTÉ). ANOMAUX (-AL,E,A). ANOREXIE *méd*
ÉXONÉRAI, ANOXÉMIE, ANOXIE. **ANTÉ**FIXE *arch.*
ANTHRAX.

APEX *astr.* APHTEUX... APICAUX (-AL,E). APOMIXIE
bot. APPARAUX pl *mar.* APPEAU,X. **A**PRAXIE *méd.*
APTÉRYX *ois.* **A**PYREXIE *méd.* **A**QUEUX...
ARGILEUX... *GLAIREUX.* ARSENAUX (-AL).

ASEXUÉ,E. **A**SOCIAUX (-AL,E). ASPHYXIE. ASSEAU,X
(C- T-). ASTRAUX (-AL,E) *SURTAXA.* ATARAXIE *philo.*
ATAXIE *méd,* ATAXIQUE. ATONAUX (-AL,E)
(cf TONALS). ATRIAU,X mets. AUGURAUX (-AL,E).
AULX ou AILS. AURORAUX (-AL,E). AUSTRAUX
(-AL,E, -ALS). AUXINE *UNIAXE; SANIEUX.*

AXÉNIQUE *méd.* AXER vt (T- DÉS- DÉT- MAL- REL-
SURT-), AXIAL... (CO-), AXILE *bot,* AXIS (cou). AXIOME.
AXOLOTL larve. AXONE *anat.* AXONGE graisse.
AZOTEUX masc.

BARBEAU,X. BARDEAU,X *menui.* **B**ANAUX (-AL,E, -
ALS). BASAUX (-AL,E). BATHYAUX (-AL,E) *géog.*
BAU,X (GLO- TRI- VER-). BAUXITE *BESTIAUX.*
BAVEUX... BESTIAUX (-AL,E).

BIAURAUX (-AL,E). **BI**AXE. **BI**FOCAUX (-AL,E).
BIGLEUX... BILEUX..., **BI**LIEUX,.. BIMÉTAUX (-AL).
BIOXYDE. BISSEXTE. **BI**SEXUÉ,E ou **BIS**SEXUÉ,E,
BISEXUEL... ou **BIS**SEXUEL... BIVEAU,X.

BOMBYX. BORAX *chim*. **B**LOCAUX pl. BOCAUX (-AL).
BORA**X** *chim*. BORDEAUX. BORÉAUX (-AL,E, -ALS).
BOUCAU,X *mar*. BOURBEUX... BOUSEUX.
BOX. BOXER nm ou vt. BOYAU,X.

BRUINEUX... BUCCAUX (-AL,E). BULBEUX...
BULLEUX... BURGAU,X nacre. BUTYREUX...
BUXACÉE *bot*.

CABLEAU,X. CACHEXIE *méd*. CAECAUX (-AL,E) *anat*.
CAHOTEUX... CAÏEU,X ou CAYEU,X *bot*. **C**ALLEUX...
CAMAÏEU,X ou S. CAMBIAUX (-AL,E). CAPTIEUX...
CAPITEUX... CAREX *bot*. CARNEAU,X (four).
CARPEAU,X. CASÉEUX... (*from*) *EXAUCES*.
CASSEAU,X *typo*. CAUDAUX (-AL,E) *anat*.

CEDE**X**. CENDREUX... CERNEAU,X. CHANTEAU,X
(*mus*). CHENAUX (-AL). CHÊNEAU,X. CHAUX (DÉ-
MARÉ- SÉNÉ-). CHLOREUX... CHORAUX (-AL,E, -ALS).
CHROMEUX... CISEAU,X *EXCUSAI*. CLAVEAU,X *arch*.
CLIMAX *bot*. CLOACAUX (-AL,E). CLOSEAU,X.

COAXIAL... CODE**X** *phar*. **CO**EXISTER vi.
COMATEUX... COMPLEXER vt. COMTAUX (-AL,E).
CONTUMAX *dr*. **C**ORAUX (-AIL). CORONAUX (-AL,E)
astr. CORTEX. COSTAUX (-AL,E). COTIDAUX (-AL,E)
(marées). COURROUX. COXAL... *anat*, COXALGIE.

CRAYEUX... CROUTEUX... CRUCIFIX. **C**RURAUX
(-AL,E) *anat*. CUBITAUX (-AL,E) *anat*. CUIVREUX...
CULE**X** *ins EXCLU*. CURIAUX (-AL,E). **CU**VEAU,X.

DARTREUX... DEBYE *unité*. **DÉ**CANAUX (-AL,E).
DÉCHAUX *rel*. DEMODE**X** *zoo*. DENTAUX (-AL,E) (cf
EXSUDANT). **DÉS**AXER vt. **DÉ**TAXER vt.
DÉSOXYDER vt. DEXTRINE *bot*, DEXTROSE *chim*.

DIEU,X (A- O- PÉ- RA- STU- INSI- MÉLO-).
DIGITAUX (-AL,E). **DI**OXYDE. DISCAUX (-AL,E).

DIURNAUX (-AL). DIXIE (-LAND). DIXIÈME. DONA**X** *moll.*
DORSAUX (-AL,E). DOTAUX (-AL,E). DOUX (RE-SAIN-).
DUAUX (-AL,E). DUCAUX (-AL,E). DUPLEX, DUPLEXER vt (-AGE). DURAUX (-AL,E) *anat* (ÉPI-). DUVETEUX... **DYS**LEXIE.

ÉCUMEUX... ÉLIXIR. ÉLUVIAUX (-AL,E).
ÉMAUX (-AIL, -AILS). ENFEU, X ou S. **ÉP**ITAXIE *ato.*
ÉPOXYDE *chim.* ÉQUINOXE. ESTIVAUX (-AL,E).
ÉTAU,X.
EUTEXIE inv *mét.*

EXACTEUR, EXACTION. **EX**ARQUE, EXARCHAT.
EXCAVER vt. **EX**CÉDANT,E, EXCÉDENT,S.
EXCENTRER vt. EXCIPER vi. EXCISER vt. EXCISION.
EXCITER vt (DÉS-). EXCORIER vt.
EXCRÉTER vt *méd.*

EXEAT inv. EXÉCRER vt. EXÈDRE salle. EXÉGÈSE, EXÉGÈTE. EXÉRÈSE *chir.* EXERGUE nm. EXFOLIER vt *géol.* **EX**HALER vt (cf EXALTER). EXHAURE mine. **EX**HAUSSER vt. EXHÉRÉDER vt *dr.* EXIGEANT,E, EXIGENCE, EXIGIBLE. **EX**INSCRIT. EXIT inv (cf SIXTE).

EXOCET *ich.* EXOCRINE *anat.* EXOGAME *anthro,* EXOGAMIE. EXOGÈNE *bot* (H-). EXONDÉ,E *géol.* EXORBITÉ,E. EXORDE *litt.* **EX**OSMOSE *phys.* EXOSTOSE de l'os. EXOTISME *TOXÉMIES.*

EXPANSÉ,E *const.* EXPIABLE. EXPIRER vt.
EXPIRANT,E. EXPLÉTIF... EXPLOSEUR.
EXPOSANT,E. EXPRESS,E. EXPULSIF... EXSANGUE.
EXSUDER vt *méd,* EXSUDAT.

EXTENSIF... EXTIRPER vt. EXTORQUEUR. EXTRA inv.
EXTRADER vt. EXTRADOS *arch* ≠ INTRADOS.
EXTRAIRE (se conj c. TRAIRE). EXTRAVASER (s') *anat.*
EXTRAVERTI,E. EXTRÉMAL... *math,* EXTREMUM.

EXTROSE *bot* ≠ INTRORSE. EXTRUSIF... *géol.*
EXUTOIRE. EXUVIE *zoo* (cf VIEUX).

FABLIAU,X. FACTIEUX... FAIX (SUR- PORTE-).
FANGEUX... FARINEUX... FASTUEUX... FAUCHEUX...
FAUX. FÉAUX (-AL,E) (TU- TUF-). FÉCAUX (-AL,E).
FÉMORAUX (-AL,E). FÉODAUX (-AL,E). FÉRIAUX
(-AL,E). FERMAUX (-AIL). FERREUX masc.
FEU,X (SUIF-).

FIBREUX... FILIAUX (-AL,E). FIELLEUX...
FINAUX (-AL,E, -ALS). FISCAUX (-AL,E). FIXE (AF- IN-
PRÉ- SUF- ANTE-), FIXAGE, FIXATEUR, FIXATIF...,
FIXATRICE, FIXER vt (PRÉ- SUF-), FIXING (or),
FIXISME, FIXITÉ *FIXISTE.*

FLACHE**UX**... (*arb*). FLEXION (DÉ- IN- RÉ-),
FLEXUEUX..., FLEXURE. FLORAUX (-AL,E). FLUVIAUX
(-AL,E). **F**LUX (AF- IN- RE-), FLUXION.

FOCAUX (-AL,E) (A- BI-). FOETAUX (-AL,E). FOIREUX...
FONGUEUX... FOUGUEUX... FOX, FOXÉ,E (vin).
FRACTAUX (-AL,E) *phys.* FREUX *ois.*
FRONTAUX (-AL,E), FRONTEAU,X. FRUGAUX (-AL,E).
FURAX.

GALAXIE (A-). GEMMAUX (-AIL). GÉNIAUX (-AL,E).
GÉNITAUX (-AL,E). GENOU,X. **GÉO**TAXIE *zoo.*
GERSEAU,X. GERZEAU,X. GIBOYEUX... GIVREUX...
GLACIAUX (-AL,E, -ALS). GLAIREUX... GLAISEUX...
GLIAUX (-AL,E) *anat.* GLOBAUX (-AL,E).
GLOTTAUX (-AL,E). GLUAU,X piège.

GOITREUX... GOMMEUX... GOUTTEUX... GRAU,X
chenal. GRÊLEUX... GRÉSEUX... GRIPPAUX (-AL,E).
GRUAU,X. GUEUX... (RU- FON- FOU-). GUIDEAU,X.
GYPSEUX...

HADAUX (-AL,E) (mer). HAPAX *ling.* HÉBREU,X
HERBEUX... HÉLIX *anat.* HERNIEUX... HÉXAÈDRE

math EXHÉRÉDA, HEXAGONE, HEXAPODE *ins,*
HEXOGÈNE *expl,* HEXOSE *chim.*

HIATAUX (-AL,E) *méd.* HIBOU,X. HIÉMAUX (-AL,E)
EXHUMAI. HOUSEAUX pl *(éq).* HOUX, HOYAU,X.
HUILEUX... HUMÉRAUX (-AL,E). HUMORAUX (-AL,E).

IDÉAUX (-AL,E, -ALS). ILÉAUX (-AL,E) *anat.* IMPLEXE
(S-). INDEX, INDEXER vt, INDEXAGE. INEXACT,E.
INEXAUCÉ,E. INÉXÉCUTÉ,E. INEXERCÉ,E.
INEXPERT,E. INEXPIÉ,E, INEXPLOITÉ,E.
INEXPLORÉ,E. INEXPRIMÉ,E. INFIXE *ling.*
INITIAUX (-AL,E). INOX *NOIX.* IXIA *bot.* IXODE tique.

JUGAUX (-AL,E). LABIAUX (-AL,E). LACUNEUX...
LAINEUX... LAITEUX... *EXULTAI LITEAUX.*
LAMINEUX... LARYNX (-NGÉ,E). LASTEX ou LATEX.
LAXATIF..., LAXISME, LAXITÉ *LAXISTE.*
LÉTAUX (-AL,E) *EXULTA.*
LEXÈME *ling,* LEXICAL..., LEXIE (A- DYS-).

LIEU,X (BI- MI- OUB- TON-) ou S. LIÉGEUX...
LIGNEUX... LILIAUX (-AL,E). LIMINAUX (-AL,E).
LIMONEUX... LINÉAUX (-AL,E). LINGUAUX (-AL,E)
(SUB-). LINTEAU,X. LISTEAU,X. LITEAU,X.

LOBULEUX..., LOCULEUX... LUMINEUX... (A-).
LUSTRAUX (-AL,E). LUTÉAUX (-AL,E) *anat.* LUX (F-),
LUXMÈTRE (F-). LUXER vt, LUXATION. LYNX.

MACAREUX ois. MAJORAUX (-AL). MALAXER vt,
MALAXAGE, MALAXEUR. MANCEAU,X.
MARIAUX (-AL,E, -ALS). MARITAUX (-AL,E)
MARTIAUX. MARNEUX... MARXIEN..., MARXISME,
MARXISTE. MATHEUX... *EXHUMÂT.* MAXILLE *(ins).*
MAXIMA inv, MAXIMAL... (-ALISER vt), MAXIMUM,S,
MAXIMISER vt. MAXWELL unité.

MÉCHEUX... MERDEUX... MINIMAUX (-AL,E).
MIREPOIX. MITRAUX (-AL,E). MIXER nm et vt, MIXAGE,

MIXEUR, MIXTE, MIXITÉ, MIXTURE,
MIXTION (AD- DÉ- IM-).

MODAUX (-AL,E). MOELLEUX... MONACAUX (-AL,E).
MONTUEUX... MOTTEUX masc (*ois*). MOXA *méd.*
MUQUEUX... MURAUX (-AL,E). MURE**X** *moll* RUME**X**.
MYXINE *zoo.*

NARTHEX. NASAUX (-AL,E), NASEAU,X. NAUSÉEUX...
NÉVRAXE *anat.* NITRE**UX**... **NI**VAUX (-AL,E).
NIVEAU,X. NIXE nymphe. NOBLIAU,X.
NODAUX (-AL,E), NODULEUX... *ONDULEUX*... NOIX.
NOMINAUX (-AL,E). NUCAUX (-AL,E) *anat.* NUMÉRAUX
(-AL,E). NYMPHAUX (-AL,E, -ALS).

OCREUX... OCTAUX... (-AL,E) *math.*
OESTRAUX (-AL,E). OFFICIAUX (-AL). OGIVAUX
(-AL,E). OMBREUX... ONCIAUX (-AL,E). ONYX,
ONYXIS. **OPO**PANAX. OPTIMAUX (-AL,E).

ORAUX (-AL,E) (C- M- AM- CH- FL- AUR- FÉM- HUM-
IMM- SUD- TUM-). ORBITAUX (-AL,E).
ORDINAUX (-AL,E). ORIGNAUX (-AL) *zoo.* ORIPEAU,X.
ORYX *mam.* OUBLIEUX... OUVREAU,X. OVOÏDAUX
(-AL,E).

OXACIDE. OXALATE, OXALIDE ou OXALIS *bot.*
OXALIQUE *chim.* OXFORD *étof.* OXIME *chim.* OXO inv
chim, OXONIUM. OXYDER vt, OXYDABLE,
OXYDANT,E, OXYDAS**E**. OXYGÉNER vt, OXYLITHE
OXYTON *ling* (PAR- ; -TONNE *chim*).
OXYURE ver, OXYUROSE *méd.*

PAILLEUX... PAISSEAU,X *agr.* PALATAUX (-AL, E).
PALLÉAUX (-AL,E). PANAX bot (OPO-).
PAPAUX (-AL,E). PAPULE**UX**...PARATAXE. PASCAUX
(-AL, E, -ALS).

PEAU, X (AP- CO- PI- CAR- CHA- DRA- ORI- RAM-
TROU-). **PÉ**DIEUX... PÉNAUX (-AL,E). PERDRIX.

PEROXYDER vt. PESTEUX... PÉTEUX... PÉTREUX...
PEU,X (RA- ADI- POM- PUL- POLY- SIRU-). PHÉNIX ou
PHOENIX. PHLOX *bot.*

PINEAU, X (-ÉAL,E). PILEUX... PISSEUX...
PLAGAUX (-AL,E) *mus.* PLÂTREUX... PLEURAUX
(-AL,E). PLURAUX (-AL,E). PLEXUS. PLUMEAU, X,
PLUMEUX... PLUVIAUX (-AL,E), PLUVIEUX...

POIX (MIRE-). PONCEAU,X. PONCEUX... POPULEUX...
PRAXIE *psy* (A-), PRAXIS. **PRÉ**EXISTER vi. PRÉFIX *dr,*
PRÉFIXER vt, PRÉFIXAL... (-ATION). PREUX (LÉ-).
PRIX. PROLIXE. PULPEUX... PUREAU,X (tuile).

QUINTAUX (-AL), QUINTEUX... RABOTEUX...
RACINAUX (-AL) *menui.* RADIAUX (-AL,E), **R**ADIEUX...
RAMEUX... RAMPEAU,X. **R**ÂPEUX... RÉAUX (-AL,E)
royal. RECTAUX (-AL,E).

REDOX chim. REDOUX. RÉEXAMEN, RÉEXAMINER vt.
REFLEX photo, RÉFLEXIF... REFLUX. RELAX,
RELAXER vt, RELAXANT,E (MYO-). RÉVERSAUX
(-AL,E) *dr.* REXISME, **R**EXISTE *belg.*

RINCEAU,X *arch.* RIXDALE *mon.* RONCEUX...
RONDEAU,X. ROSTRAUX (-AL,E). **ROU**VIEUX *ég* gale.
RUDÉRAUX (-AL,E) *bot* RUMEX *bot.* SABLEUX...
SAINDOUX. SANIEUX... *méd.* SANTAUX (-AL, -ALS).
SARRAU,X ou S.

SAXE porcelaine. SAXHORN *mus.* SAXICOLE *bot.*
SAXO. SAXON, -ONNE. SCABIEUX... *méd.*
SCARIEUX... *bot.* SCLÉRAUX (-AL,E) (œil),
SCLÉREUX... (cf EXCLURE). SCEAU,X (FAI-), SCOLEX
(ténia). SCROTAUX (-AL,E).

SÉISMAUX (-AL,E) ou SISMAUX (-AL,E).
SÉMINAUX (-AL,E). SERDEAU,X *EXSUDERA.*
SÉREUX... *méd.* SEXE (UNI-), SEXAGE *agr,* SEXISME,
SEXISTE, SEXY inv. SEXTANT, SEXTE (BIS-),

SEXTINE *poé*, SEXTO inv, SEXTOLET *mus*, SEXTUOR
mus, SEXTUPLER vt. SEXUÉ,E (A- BI- BIS- UNI-),
SEXUE**L**... (BI- BIS- UNI- HOMO- TRANS-), SEXY inv.

SIDÉRA**UX** (-AL,E). SILEX *EXILS*, SILICEUX.
SIMPLEXE *math*. SINUSAUX (-AL,E). SIOUX. SIRE**X** ins.
SYRINX (*ois*). SIX, SIXAIN, SIXIÈME, SIXTE.
SMILAX *bot.*

SOIXANTE inv. SPACIEUX... *SPÉCIAUX*. SPALAX *mam.*
SPATIAUX (-AL,E). SPÉCIEUX... SPHEX *ins.* SPINAUX
(-AL,E). SPIRAUX (-AL,E) *math*. SPUMEUX...
STERNAUX (-AL,E). STANNEUX *masc* (étain).
STOMOXE *ins*. STORAX ou STYRAX *arb*.

SUBÉREUX... (liège). SUDORAUX (-AL,E). SUFFIXER
vt, SUFFIXA**L**... SUIF**FEUX**... **SUR**BAU,**X** *mar.*
SURCHOIX. SUREAU, X. **SUR**FAIX. **SUR**TAUX.
SURTAXER vt. SUTURAUX (-AL,E).

TAMARIX *arb.* TARTREUX... **T**ASSEAU,X. TAXER vt
(DÉ- SUR-), TAXE (SYN- PARA-), TAXABLE. TAXA**CÉE**
bot. TAXI. TAXIE *biol* (A- ÉPI- GÉO-). TAXODIUM *arb.*

TEIGNEUX... TÉLEX. TÉLEXER vt (-ISTE). TEX.
TEXAN, E. TEXTUEL..., TEXTURE. THERMAUX (-AL,E).
THORAX. TIBIAUX (-AL,E). TOUCHA**U**,X ou
TOU**C**HEAU,X (*or*). TOURBEUX... TOUX.
TOXÉMIE, TOXICITÉ, TOXICOSE, TOXINE, TOXIQUE
(cf EXOTIQUE).

TRIBAUX (-AL, E, -ALS). **TRI**ONYX *zoo.* TRIPOUX plat.
TRIVIAUX (-AL,E). TRUMEAU, X. TUBÉREUX...
TUBIFEX *zoo.* TUFEAU,X ou TUFFEAU, X. TUILEAU, X.
TUMORAUX (-AL,E).

ULCÉREUX... UNGUÉAUX (-AL, E). **UNI**AXE. **UNI**SEXE,
UNISEXUÉ,E ou L... URANE**UX** masc. URÉTRAUX
(-AL,E). URINAUX (-AL). **U**VAUX (-AL,E).

VAGAUX (-AL,E) *anat.* VAGINAUX (-AL, E). **V**ANNEAU,**X**

ois. VANTAUX (-AIL). VENTAUX (-AIL). VAUX (U- NI- RI-CHE- OGI- TRA- ESTI-).

VEAU,X (v. lettre V page 242). VEINEUX... *ENVIEUX*...
VÉNAUX (-AL,E). VENTEUX... VENTRAUX (-AL,E).
VERBAUX (-AL,E). VERBEUX... VÉREUX... VERNAUX
(-AL,E) (HI-). VERTE**X** *anat*. VÉSICAUX (-AL, E).
VERVE**UX** filet. **V**EUX (A- BA- MOR- NER- VER-).
VEXATEUR, -TRICE, VEXATION. VEXILLE étendard.

VICINAUX (-AL,E). VIDÉO**TEX**. VIGNEAU, X. VILLEUX...
poilu. VINEUX... VIRAUX (-AL,E), VIREUX...
VITRAUX (-AIL). VITREUX... VIEUX... (EN- PLU- ROU-).

VOCAUX (-AL,E). VOEU,X. VOLVOX *zoo*. VORTEX
remous. VULTUEUX... rouge.
YEUX (CA- JO- MO- SO- CRA- ENNU- GIBO-).
ZONAUX (-AL,E).

Y

La lettre Y est la plus difficile parce qu'elle entre dans de nombreux mots rares et qu'elle joue tantôt le rôle de voyelle (DERBY AISY), tantôt le rôle de consonne (BAYER MOYEU).

Elle se marie bien avec le H (HYMEN HENRY), avec le K (YAK DYKE),avec le X (SEXY OXYDER) (voir la liste spéciale des mots à plusieurs lettres chères).

Elle n'est suivie d'un I que dans les mots suivant : YIN GOYIM RAYIA MYIASE PINYIN FED(D)AYIN, à l'imparfait des verbes en -YER (RAYIONS), à l'imparfait du verbe TRAIRE et de ses composés (TRAYIONS) et au subjonctif des verbes VOIR, ASSEOIR et de leurs composés (VOYIONS ASSEYIEZ ASSOYIEZ).

Verbes en -AYER. Devant un E muet, le Y peut se changer en I : je PAYE ou je PAIE, je PAYERAI ou je PAIERAI. La liste des verbes en -AYER et en -OYER figure à la fin du Vocabulaire avec celle des mots en -AIE et en -OIE.

Verbes en -OYER et en -UYER. Devant un E muet, le Y se change toujours en I : je NOIE, je NOIERAI. Il en résulte que ENT est le seul rajout possible après l'infinitif : NOYERENT Notons que (R)ENVOYER a un futur et un conditionnel irréguliers.

Verbes en -EYER. Au nombre de quatre (CAPEYER FASEYER LANGUEYER GRASSEYER), ils ont une conjugaison régulière : je CAPEYERAI.

Sauf indication contraire, le pluriel scrabblesque des mots en -Y est en -YS.

Mots en 2 et 3 lettres : AY BEY BOY DEY DRY GOY LYS MYE PUY RAY YAK YEN YIN YOD.

Mots en 4 lettres : AISY AYEZ BABY BAYA BAYE CARY COSY CYAN CYME CYON DYKE DYNE EYRA GRAY JURY KYAT LADY LAYA LAYE LYNX LYRE LYSE MAYA MOYE NOYA NOYE ONYX ORYX OYAT PAYA PAYE PAYS RAYA RAYE SEXY SILY SOYA THYM

TORY TYPA TYPE TYPO YACK YANG YARD YASS YEUX YOGA YOGI YOLE YAWL YUAN.

YACHT, YACHTING, YACHTMAN ou YACHTSMAN, pl -S ou -MEN, fém -WOMAN,S et -WOMEN. YACK ou YAK bovidé. YANG force (cf XIANG). YANKEE nordiste. YAOURT ou YOGOURT. YARD 0,91 m. YASS ou YASSE *helv* jeu. YATAGAN sabre incurvé. YAWL *mar.*

YEARLING *éq* (1 an) (cf LARYNGE). YÈBLE ou HIÈBLE sureau. YÉMÉNITE. YEN,S (AR- DO- MA- MO- LIB- TRO- CITO- MITO- BISCA-). YEOMAN,S ou -MEN petit propriétaire (-RY). YEUX (CA- MO- JO- SO- CRA- ENNU- GIBO-). YEUSE chêne vert (v. -YEUX ; PA- ABO- BRO- TRA- BALA- ENVO- ESSA- MARE- PAGA- RELA-).

YIDDISH inv *lang.* YIN force (PIN- FEDA- inv FEDDA- inv). YOD, S 1/2 voyelle. YOGA,S, YOGI,S adepte. YOGOURT v. YAOURT. YOLE *mar.* YOUPIN,E. YOURTE ou IOURTE tente. YOUYOU *mar.*

YPÉRITE *mil* gaz. YPRÉAU peuplier *PAYEUR* (cf SURPAYÉ). YSOPET fables. YTTRIA *mét* (-LITE, -FÈRE), YTTRIQUE, YTTRIUM. YUAN inv *mon.* YUCCA (pr. you) liliacée.

ABBAYE. ABOYER vi, ABOYEUR... ABYSSE,
ABYSSAL... ABYSSIN,E. ACÉTYLE *chim.* ACHYLIE.
ACOLYTE, ACOLYTAT. ACRONYME (cf ANO- ANTO-
ÉPO- AUTO- HOMO- PARO- SYNO- TOPO-).
ACYLE *chim.*

ADYNAMIE. AÉGYRINE *chim.* **AÉRO**DYNE. **A**GLYPHE
rept. AIS**Y**,S *biol.* ALCOYLE *chim.* **AL**CYON *ois LYCAON
CLAYON.* ALCYNE *chim.* ALDÉHYDE. ALLYLE *chim.*
ALOYAU,X. ALYSSE ou ALYSSON *bot.* ALYTE *batr.*

AMBLYOPE (vue). AMYGDALE. AMYLE *chim,*
AMYLACÉ,E, AMYLASE *LAYÂMES,* AMYLOSE,
AMYLIQUE, AMYLOÏDE. ANALYSTE (-YSEUR).
ANHYDRE *chim.* ANONYME *MONNAYE.* ANTONYME.
APOPHYSE. APTÉRYX *ois.* APYRE (feu) *PAYER,*
APYREXIE *méd.*

ARGYROSE *chim.* ARROYO chenal. ARYEN... ARYLE
chim. ARYTHMIE. ASSEYONS ASSEYEZ **AS**SOYONS
ASSOYEZ ASSEYENT ASSEYAIS ASSEYIEZ
ASSOYAIS ASSOYIEZ ASSEYE **AS**SEYANT
ASSOYANT (R-). **AS**SYRIEN... ASYNDÈTE *styl.*

ATERMOYER vi. ATTORNEY *dr.* **A**TYPIQUE.
AUTOLYSE *chim LOYAUTÉS.* AUTONYME. *log.*
AY,S vin. AY**MARA** *lang.* AZOTYLE *chim.*

BABY,S ou -IES. BARYE *phys,* BARYON, BARYTE,
BARYTINE, BARYUM. BARYTON *BROYANT.*
BATHYAL... (mer). BAYER vi. BAYA**DÈRE**. BAYOU
BOYAU. BAYRAM ou BAIRAM *isl.* **B**ÉGAYER vt
BENZOLE, BENZYLE. BÉRYL. BÉTYLE pierre.
BEY, BEYLICAL..., BEYLICAT.

BICYCLE. BIOTYPE. BISCAYEN... ou BISCAÏEN...
BOMBYX. **BOR**NOYER vt. BOTRYTIS *cham.* **BO**YARD.
BOYAU,X (cf HO- JO- NO- LO- RO- ALO-). BOYCOTT,

BOYCOTTER vt (-AGE, -EUR...).

BRADYPE *mam.* BRANDY,S. BRAYER nm cuir.
BROYER vt, BROYAGE, BROYEUR... BRUYANT,E.
BRUYÈRE. BRYONE. BUGGY *véhi.* BUTYLE *chim,*
BUTYLÈNE. BUTYRATE, BUTYREUX..., BUTYRINE
(beurre). BYSSUS *zoo.* BYZANTIN,E.

CACAOYER,E. CADDY,S ou -IES. CAITYA *rel.*
CALOYER,E *rel.* CALYPSO. CANYON. CAPEYER vi *mar*
ou CAPÉER. CARROYER vi. CARY (cf DICARYON,
EUCARYOTE). CARYATIDE. CARYOPSE fruit
COPAYERS. CATALYSER vt. CATTLEYA *bot* (cf
CLAYETTE et ACOLYTAT). CAYEU,X (*bot*)

CERAMBYX *ins.* CHARROYER vt.
CHATOYER vi (-ANT,E). CHERRY (cf SHERRY).
CHLAMYDE *cost.* CHOYER vt. CHYLE. CHYME.
CIPAYE. CITOYEN... (CON-). CLAYÈRE, CLAYETTE (cf
ACÉTYLE), CLAYON, CLAYONNER vt. CLYSTÈRE.
CLOYÈRE.

COBAYE. COCCYX os. COCHYLIS *pap.* COLLEY chien.
COLLYBIE *cham.* COLLYRE. CONDYLE os (ÉPI-).
CONGAYE ou CONGAÏ. CONVOYER vt. COPAYER nm
arb. CORROYER vt. CORYMBE *bot.* CORYPHÉE *mus.*
CORYZA. COSY. COTOYER vt *OCTROYÉ; COYOTE.*
COTYLE *bot* (SCOLYTE). COUDOYER vt.

CRAYEUX... CRAYONNER vt (-AGE, -EUR). CRESYL
chim. CROYABLE, CROYANCE. CRYOGÈNE (froid),
CRYOLITE CRYOSTAT, CRYOTRON. CRYPTE.
CURRY.

CYAN, CYANOSER vt, CYANURER vt. CYCAS *arb,*
CYCADALE. CYCLE (BI- RE- TRI-), CYCLABLE,
CYCLANE *chim,* CYCLAMEN *bot,* CYCLISER vt,
CYCLOÏDE, CYCLONAL..., CYCLOPE (-ÉEN...).
CYCLIQUE (A- EN- HOMO-). CYGNE. CYLINDRER vt.
CYMAISE ou CIMAISE *arch.* CYMBALE, CYMBALUM.

CYME *bot.*

CYNISME, CYNIPS *ins,* CYNIPIDÉ, CYON (AL- OTO-).
CYPHOSE *PSYCHOSE.* CYPRÈS, CYPRIÈRE. CYPRIN
ich. CYPRIOTE. CYSTINE *chim,* CYSTÉINE. CYSTITE
méd, CYSTIQUE. CYTISE *arb.* CYTOLYSE *biol.*

DACTYLE poé (DI- TRI- SYN-), DACTYLO. DAIMYŌ inv.
DANDY,S, DANDYSME. DARBYSME *rel,* DARBYSTE.
DASYURE *mam* (cf DYSURIE). DAYAK *lang.*

DÉBLAYER vt, **DÉB**RAYER vt. DEBYE *élec.*
DÉCRYPTER vt. **DÉF**RAYER vt. **DÉL**AYER vt.
DÉNOYER vt *mine,* DÉNOYAGE.
DÉNOYAUTER vt (-AGE, -EUR). DÉPAYSER vt.
DÉPLOYER vt. **DÉR**AYER vt *agr,* **DÉR**AYURE. DERBY.
DERNY. **DÉV**OYER vt. DEY.

DIALYSER vt. **DIA**PHYSE (os). DICARYON cellule.
DIDYME terre (ÉPI-). DINGHY *mar.* DIPTYQUE.
DOYEN... (-NNETÉ). **D**RAYER vt, DRAYOIRE. DRY inv.
DRYADE nymphe (HAMA-).

DYADE *philo,* DYADIQUE. DYARCHIE *pol.* DYKE. DYNE
(AÉRO- GIRO-), DYNAMISER vt, DYNAMITER vt,
DYNAMO, DYNASTE chef. DYSLALIE *méd*
(cf DIALYSE). **DYS**LEXIE. DYSPNÉE, DYSTOCIE,
DYSURIE, **DYS**URIQUE. **DY**TIQUE *ins.*

ÉCOTYPE *biol.* ECTHYMA *méd.* ÉCUYER,E.
ÉGAYER vt (B-). ÉGYPTIEN... ÉLYSÉEN... ÉLYTRE
masc. **EMB**RAYER vt (-EUR). EMBRYON. EMPYÈME
méd. EMPYRÉE ciel.

ENDYMION *bot.* ENNOYAGE *géol.* ENNUYER vt (DÉS-).
ENRAYAGE de roue, ENRAYOIR, **EN**RAYURE.
ENVOYER vt, **EN**VOYEUR... ÉOLIPYLE ou ÉOLIPILE
tech. ÉPENDYME *anat.* ÉPIGYNE *bot.* **ÉPI**PHYSE (os).
ÉPIPHYTE. ÉPONYME. ÉPYORNIS *ois* (A-).

ÉRYTHÈME *méd.* ESSAYER vt (R- ou RÉ-), ESSAYAGE

ÉGAYASSE, ESSAYEUR... ESSUYER vt, ESSUYAGE (R-). ÉTAYER vt, ÉTAYAGE *ÉGAYÂTES.* ÉTHYLE (M-). ÉTHYLÈNE (M-). ÉTYMON. EUMYCÈTE *cham.* EYRA puma.

FARADAY. FASEYER vi *mar.* **FA**YARD *arb.* FAYOT, FAYOTER vi. FEDAYIN ou FEDDAYIN inv. FESTOYER vt. FLAMBOYER vi. FLYSCH *géol.* FOUDROYER vt. **FO**YARD *arb.* FRAYER vt (DÉ- EF-), FRAYÈR**E** *ich.* FUYAIS etc, FUYANT,E, **FU**YARD *masc.*

GAMAY. GAYAL,S buffle. **GÉNO**TYPE *biol.* GENTRY,S. GEYSER. GIBOYEUX... **GIRO**DYNE. GLYCOL, GLYCÉMIE, GLYCÉRIE *bot,* GLYCÉROLÉ,E, GLYCINE. GLYPHE (A- ANA- TRI- HIÉRO-).

GONOCYTE *embryo.* GOY,S ou GOI,S, pl GOYIM ou GOIM. GOYAVE *VOYAGE,* GOYAVIER. GRASSEYER vi. **G**RAY. GROG**GY**. GRUYÈRE. GRYPHÉE *moll.* GUPPY *ich.* GUYANAIS,E. GUYOT poire.

GYMKHANA, GYMNASE, GYMNASTE *SYNTAGME,* GYMNIQUE, GYMNOTE *ich.* GYNÉCÉE. GYNÉRIUM *bot.* GYPAÈTE *ois.* GYPSE, GYPSAGE, GYPSEUX... GYRIN *ins.* GYROSTAT *phys.*

HAYON. HAINUYER,E ou **H**ENNUYER,E. **HÉMO**LYSE *méd.* HENRY. HICKORY *arb.* HIPPY,S ou -IES. HOBBY,S ou -IES. HOCKEY (-EUR...). HONGROYER vt. HOYAU,X *agr.*

HYALIN,E (verre), HYALITE, HYALOÏDE. **HY**BRIDER vt. HYDATIDE larve. HYDNE *cham.* HYDRE, HYDRAIRE *zoo,* HYDRATER vt (DÉS-), HYDRAULE *mus,* HYDRIE vase, HYDRIQUE (IOD-), HYDROGEL, HYDROLAT eau, HYDROMEL, HYDROSOL *chim,* HYDRURE. HYÈNE. HYGIÈNE. HYGROMA *méd.* HYMEN *HYMNE,* HYMÉNÉE, HYMÉN**IUM**. HYOÏDE os, HYOÏDIEN...

HYPÉRON *ato.* HYPHE *cham.* HYPNE. HYPNOSE,

HYPNOÏDE. HYPOCRAS *boiss.* HYPOGÉ,E *bot* ≠
EPIGÉ,E. HYPOGYNE *bot.* HYPOÏDE (pont).
HYPOMANE *méd.* HYPOXIE *méd.* HYSOPE *arb.*
HYSTÉRIE.

ICHTYOL *phar,* ICHTYOSE *méd.* IDYLLE. ILLYRIEN...
IMPAYÉ,E (-ABLE). INLAY (dent). INOCYBE ich.
ISOHYÈTE (pluies). ISOHYPSE (altitude). KYAT *mon.*

LADY,S ou -IES. LACRYMAL... LAMPYRE *ins.* (MÉ- *bot*).
LANGUEYER un porc. LARMOYER vi. LARYNX,
LARYNGÉ,E. **LAVA**TORY,S ou -IES. LAYER vt *agr*
BA- DÉ- RE- DÉB- REMB-), LAYON. LAYETTE.
LECYTHE vase. LEVOGYRE *phys.*

LIBERTY,S *étof.* LIBYEN... **LINO**TYPE. **LIPO**LYSE.
LLOYD *fin.* LOBBY,S ou -IES *pol.* LORRY,S ou -IES *véhi.*
LOUVOYER vi. LOYAL... (-ISME, -ISTE), LOYAUTÉ.
LOYER nm (P- CA-n DÉP- EMP- SUR-nm REMP-
RÉEMP-).

LYCAON *mam.* LYCÉE, LYCÉEN... *LYCÈNE pap,*
LYCÉNIDÉ. LYCHEE *arb* LYCHNIS *bot.* LYCOPE *bot,*
LYCOPODE. LYCOSE *ins.* LYDDITE *expl.* LYDIEN...
géog. LYMPHE. LYNCHER vt, LYNCHAGE,
LYNCHEUR... LYNX. LYONNAIS,E. LYRE. LYRISME,
LYRIQUE.

LYS. LYSE *chim* (ANA- DIA- AUTO- CATA- CYTO-
HÉMO- LIPO- PYRO-), LYSINE (HÉMO-), LYSOSOME,
LYSOZYME, LYTIQUE (ANA- CATA- CYTO- HÉMO-
PARA- SCIA- VAGO- ANXIO- CARYO-).

MAGYAR,E *MARGAY* chat. MAREYAGE, MAREYEUR...
(A-). MARTYR,E. MARYLAND. MAYA *rel.* MAYEN *agr.*
MAYEUR *mag.* MERCUREY vin.
MÉTAYER,E, MÉTAYAGE. MÉTHYLE, MÉTHYLÈNE.

MISOGYNE. MITOYEN... MONNAYER vt (-AGE).
MONOCYTE *anat.* **MONO**TYPE *typo* TOPONYME.

MOYÉ,E (pierre). MOYEN. MOYEU,X.

MYALGIE, **MY**ASTHÉNIE, **MY**ATONIE *méd* (muscles).
MYCÉLIUM (*bot*), MYCÉLIEN... MYCÉNIEN...
MYCÉTOME *méd*, MYCOSE, MYCOSIS. MYDRIASE ≠
MYOSIS (œil). MYE *moll*. MYÉLINE *anat*, MYÉLITE *méd*,
MYÉLOÏDE, MYÉLOME. MYGALE. MYIASE *méd*.
MYLONITE *géol*.

MYOCARDE (-DITE) *méd*, MYOLOGIE, MYOME,
MYOPATHE, MYOSINE, MYOSIS (œil), MYOSITE.
MYOSOTIS. MYRIADE. MYROSINE. MYRRHE. MYRTE,
MYRTACÉE, MYRTILLE. MYSIDACÉ *crust*. MYSTIFIER
vt (DÉ-), MYTHIFIER vt (DÉ-), MYTHIQUE *THYMIQUE*.
MYXINE *zoo*.

NÉODYME *mét*. NÉOPHYTE. NETTOYER (-EUR...).
NOYER vt ou nm (DÉ- BOR-), NOYADE *DÉNOYA*.
NOYAU,X, NOYAUTER vt (-AGE ; DÉ-) NURSERY,S
ou -IES. NYLON. NYMPHE, NYMPHAL,E,S ou -AUX,
NYMPHÉ**A** *bot*, NYMPHÉ**E** *rel*, NYMPHOSE *ins*.

OCTROYER vt. ODYSSÉE. OLYMPE, OLYMPIEN...
ONDOYER vt. ONYX. ONYXIS *méd*. ORIYA *lang*.
OTOCYON *mam COTOYONS*. **OST**YAK *lang TOKAYS*.
OUGUIYA *mon*. OVOCYTE *cell*. OXY-... Voir la lettre X
OYAT *bot*.

PADDY riz. PAGAYER vt, PAGAYEUR... **PA**PAYE fruit,
PAPAYER nm. PAPYRUS. PARONYME *ling*
PYROMANE. PAUMOYER vt. PAYER vt (RE- SUR- CO-
nm PA-nm), PAYEUR..., PAYEMENT. PAYSAGER,E,
PAYSE, PAYSANNE (-AT). PÉLAMYDE ou PÉLAMIDE
ich. PENALTY,S ou -IES. PENNY,S ou -IES ou PENCE.
PEYOTL *bot*.

PHARYNX, PHARYNGÉ,E *PHRYGANE ins*. PHÉNYLE
chim. PHRYGIEN... PHYLLADE *géol*. PHYLLIE *ins*.
PHYLUM *biol*. PHYSALIE *zoo*, PHYSALIS *ins*. PHYSE
moll (APO- DIA- ÉPI- SYM- HYPO- MÉTA- PARA-).

PHYSIQUE. PHYTOPTE *ins.*

PINYIN *ling.* **PI**RAYA ou PIRANHA *ich.* PLEYON
PYLONE ou PLION
PLOYER vt *PYLORE* (DÉ- EM- REM- RÉEM-)

POLYÈDRE *math DÉPLOYER.* POLYGALA *bot.*
POLYGAME. POLYLOBÉ,E *bot.* POLYMÈRE
EMPLOYER REMPLOYÉ. POLYNOME. POLYOL *chim.*
POLYPE *zoo,* POLYPEUX..., POLYPIER. POLYPNÉE
méd. POLYPODE *bot.* POLYPORE *cham* (cf
PROPYLÉE). POLYSOC *agr.* POLYTRIC *bot.*
POLYURIE *méd.* (-IQUE). PONEY. POUDROYER vi.
POUILLY.

PRESBYTE. PROPYLÉE *arch.* **PRO**STYLE *arch.*
PROYER nm *ois.* PRYTANE *mag,* PRYTANÉE
PAYÈRENT REPAYENT. PSYCHÉ miroir. PSYLLIUM
bot. PTYALINE *chim.* PUY.

PYÉLITE *méd.* PYGARGUE aigle. PYGMÉE**EN**...
PYLORE (cf PYRROLE chim). PYOGÈNE *méd,*
PYORRHÉE.

PYRALE *pap.* PYRAMIDÉ,E. PYRANNE *chim.*
PYRÈTHRE *bot.* PYREX, PYREXIE fièvre (A-).
PYRIDINE *chim.* PYRITE sulfure. PYROGÈNE *méd* (A- ;
cf PYOGÈNE), PYROLYSE *chim,* PYROMANE,
PYROSIS *méd,* PYROXÈNE silicate, PYROXYLÉ,E
chim. PYRROLE *chim.*

PYTHIE, PYTHIE**N**..., PYTHIQUES pl (cf TYPHIQUE).
PYTHON *TYPHON* (-ISSE). PYURIE (pus). PYXIDE.

RALLYE. **R**ASSEYE etc. v. ASSEYE etc. **R**AY agr (G-
SP- VOUV-). RAYER vt (B-nm D- F- DÉ- EN- DÉB- EMB-
DÉF- EFF- DÉSEN-). RAYÈR**E** nm (F-).
RAYIA *RAYAI* ou RAIA *isl.*
RAYONNER vi, RAYONNÉE, RAYURE (DÉ- EN-).

RECYCLER vt. REGENCY inv style (cf CRYOGÈNE)

RELAYER vt (-EUR...) REMBLAYER vt. REMPLOYER ou
RÉEMPLOYER. RENTRAYER vt ou RENTRAIRE.
RESSAYER vt ou RÉESSAYER. RESSUI, RESSUYAGE.
RETRAYÉ,E *dr.* REVOYURE inv.

RHOVYL. RHYOLITE roche. RHYTON vase. RIMAYE
crevasse. RIYAL,S *mon.* ROCOUYER nm *arb.*
ROTARY,S *tech.* ROUGEOYER vi. ROYALTIES pl.
ROYAUME, ROYAUTÉ. RUDOYER vt.
RUGBY, RUGBYMAN,S ou -MEN. RYTHMER vt.

SABAYON mets. SALICYLÉ nm *chim.* SAMOYÈDE *lang.*
SATYRE *STAYER.* SAVOYARD,E. SAYNÈTE
SEYANTE. SAYON *cost NOYAS AYONS.* SCOLYTE *ins.*
SEYAIT, SEYAIENT, SEYANT,E (AS- RAS-).

SHERRY. SHIMMY (auto). SIBYLLE, SIBYLLIN,E.
SILY,S *mon.* SISYMBRE *bot.* SOUDOYER vt. SOYA ou
SOJA. SOYEUX... SOYONS, SOYEZ (AS- RAS- SUR-).
SPHYRÈNE *ich.* SPONDYLE *zoo.*
SPRAY aérosol (cf PAYS)

STAYER nm *sp.* STYLE (PRO- HYPO- MONO- OCTO-
PÉRI- PHOTO- TÉTRA-), STYLER vt, STYLET,
STYLISER vt, STYLISME, STYLITE *STYLISTE,* STYLO,
STYLOÏDE (-OBATE).
SULKY *véhi.* SURLOYER nm. SURPAYER vt.

SYBARITE. SYCOMORE *arb.* SYCOSIS *méd.* SYÉNITE
roche. SYLLABE (DIS-), SYLLABUS *rel.* SYLLEPSE *ling.*
SYLPHE génie, SYLPHIDE. SYLVAIN génie (bois)
(TRAN-), SYLVE (-STRE). SYMBIOSE union,
SYMBIOTE. SYMPA inv. SYMPHYSE articulation.

SYNAPSE (neurones). SYNCOPÉ,E, SYNCOPAL,E.
SYNDERME skaï. SYNDIC. SYNÉCHIE (pr. k) *méd.*
SYNÉRÈSE *chim.* SYNERGIE *physio* (A-). SYNODE,
SYNODAL... *DÉLAYONS.* SYNOPSIS *cin.*
SYNOVIE, SYNOVIAL...., SYNOVITE.
SYNTAGME *ling.* SYNTONE *psy,* SYNTONIE.

SYPHILIS. SYRIEN... (AS-), SYRIAQUE *lang*. SYRINX
(*ois*). SYRPHE mouche, SYRPHIDE.
SYSTOLE *méd* ≠ DIASTOLE. SYZYGIE *astr*.

TACHYON *ato* CHOYANT. TAYAUT ! **TÉLÉ**TYPE.
TERYLÈNE *étof*. THUYA *arb*. THYIADE bacchante.
THYM, THYMIE *méd*, THYMINE, THYMIQUE, THYMOL,
THYMUS glande. THYROÏDE. THYRSE bâton. TILBURY
véhi.

TOMMY,S ou -IES *mil*. TOPONYME lieu.
TORY,S ou -IES, TORYSME. TOURNOYER vi.
TRACHYTE roche. TRAYEUR..., **T**RAYON, **T**RAYAIS
etc., **T**RAYANT inv. **TRI**CYCLE. TRIPTYQUE. TROLLE**Y**.
TROYEN... TRYPSINE *chim*. TUTOYER vt.
TUYAU, X, TUYAUTER vt (-AGE, -ERIE), TUYÈRE.

TYMPAN**AL**, -AUX os (-NIQUE, -ISME), TYMPAN**ON**
mus. TYPE (BIO- ÉCO- GÉNO- LINO- MONO- TÉLÉ-
ARCHÉ- CARYO- PHÉNO- PHOTO- PROTO- RONÉO-
STÉNO-), TYPESSE, TYPER vt.

TYPHACÉE *bot*. TYPHIQUE, TYPHOÏDE, TYPHON.
TYPHOSE *méd*. TYPHUS. TYPO, TYPOTE (-LOGIE,
-LOGIQUE, -MÈTRE), TYPO**N**. TYRAN (-NNEAU,
-NNISER, -NNICIDE). TYROLIEN... TYROSINE acide.

VAIŚYA inv caste. VALENÇAY *from*.VERDOYER vi.
VICHY (-SSOIS,E). VILAYET province. VINYLE. VOLLEY
(-EUR...). VOUVOYER vt. VOUVRAY.

VOYAGER vi. VOYAIS etc., VOYONS, VOYEZ,
VOYIONS VOYIEZ, VOYANT (DE- EN- RE- CON- LOU-
PRÉ- REN- VOU- FOUR- POUR- ENTRE-),
VOYANT,E,S, VOYANCE, VOYEUR (-ISME) (EN- CON-
POUR-). VOYELLE. VOYER nm (DÉ- EN- CON- LOU-
REN- VOU- FOUR-). VOYOU masc.
-XY et XY- : voir la lettre X ou les mots à plusieurs lettres
chères page 279.

Z

Mots en 3 lettres :
FEZ GAZ LEZ NEZ RAZ RIZ RUZ ZÉE ZEN ZIG ZOE
ZOO ZUT !
Mots en 4 lettres :
AVEZ AXEZ AYEZ AZUR BÉEZ CHEZ CZAR FIEZ GAZA
GAZE GUNZ HUEZ IREZ JAZZ LIEZ MUEZ NAZI NIEZ
ONZE OSEZ OTEZ OUZO PÈZE PUEZ RANZ RÉEZ
RIEZ RUEZ SUEZ TUEZ TZAR USEZ ZAIN ZANI ZÉBU
ZÈLE ZEND ZÉRO ZÉTA ZINC ZIZI ZONA ZONE ZOOM.

ZABRE *ins ZÉBRA.* ZAIN adj m *éq ZANI NAZI.* **Z**AÏRE
mon, ZAÏROIS, E. ZAKOUSKI inv plat. ZAMBIEN...
ZAMIA *bot.* ZANCLE *ich LANCEZ.* ZANI,S ou ZANNI, S
bouffon. ZANZI (dés). ZARZUELA *esp théâ.* ZAWIYA ou
ZAOUIA *rel isl.* ZAZOU,S.

ZÉBRER vt, ZÉBRURE *BEURREZ.* ZÉBU bovidé. ZÉE
ich. ZÉINE protéine. ZÉLÉ,E, ZÉLOTE juif. ZEMSTVO
assemblée russe. ZEN,S *NEZ.* ZÉNANA *étof.* ZEND,E
lang. ZÉNITH, ZÉNITH**AL**... (cf INHALEZ). ZÉOLITE *min
ÉTOILEZ ÉTIOLEZ.* ZÉPHYR. ZEPPELIN. ZÉRO,S.
ZESTE. **Z**ÊTA inv. ZEUGMA *styl.* ZEUZÈRE *pap.*
ZÉZAYER vi.

ZIBELINE martre. ZIEUTER vt *TUERIEZ.* ZIG ou **Z**IGUE.
ZIGGOURAT tour. **ZIG**OUILLER vt. ZIGZAGUER vi.
ZINC, ZINC**ATE** *TANCIEZ* (-CIFÈRE), ZINCAGE ou
ZINGAGE *GAGNIEZ.* ZINGARO,S ou -I tsigane.
ZINGUER vt, ZINGUEUR. ZINNIA *bot.* ZINZIN. ZIRCON
chim, ZIRCONE *CORNIEZ* (-NITE, -NIUM). ZIZI.
ZIZYPHE *arb.* ZLOTY *mon polonaise.*

ZODIAQUE, ZODIACAL... ZOE (*crust*). ZOÉCIE *zoo* loge.
ZOMBIE mort vivant. ZONA *méd.* ZONAGE *géog* (cf
GAZONNE) ZONAL... ZONARD loubard, ZONÉ,E *hist*

nat, ZONURE *rept.*

ZOO, ZOOGLÉE microbes, ZOOÏDE (cf anthropoïde),
ZOOLÂTRE (cf idolâtre) (-TRIE), ZOOLOGIE (-ISTE).
ZOOM (-ORPHE). ZOONOSE *méd* (cf OZONES),
ZOOPHILE (bestialité) (-PHILIE, -PHOBIE), ZOOPHYTE
méduses. ZOOPSIE hallucination, **Z**OOSPORE.
ZOO**TECHNIE**. ZORILLE *mam.* ZOSTÈRE *bot*
TOSSEREZ (cf OSEREZ ÔTEREZ) ZOUAVE *AVOUEZ,*
ZOZOTER vi.

ZUT ! ZYGÈNE *pap.* ZYGNÉMA algue. ZYGOMA os
(-TIQUE). ZYGOTE *biol* (HOMO- MONO- HÉTÉRO-).
ZYMASE enzyme *AZYMES*. ZYTHUM ou ZYTHON bière.

ALCAZAR *esp.* ALEZAN,E *éq.* ALGUAZIL *esp.* ALIZARI
bot (-NE). ALIZÉ *LAIZE*. **AMA**ZONE. ANTINAZI,E.

AZALÉE *arb.* AZÉRI *lang.* AZÉROLE fruit. AZILIEN...
préhist LAINIEZ. ASSEZ. AZIMUT, AZIMUTAL...
AZOÏQUE écol. AZOTÉ,E, AZOTATE, AZOTÉMIE *anat,*
AZOTEUX *masc.* AZOTIQUE, AZOTITE, AZOTURE,
AZOTURIE *anat.* AZOTYLE.

AZTÈQUE. AZULEJO faïence *JALOUSEZ.* AZUR,
AZURER vt, AZURAGE, AZURANT,S, AZURÉEN...,
SAUNEREZ, AZURITE *SATURIEZ* (L-). AZYGOS veine.
AZYME.

BALÈZE. BALZAN,E *éq.* BARBOUZE. BARZOÏ lévrier.
BAZAR, BAZARDER. BAZOOKA. BENZÈNE, BENZINE,
BENZOATE, BENZOL (-ISME), BENZOYLE, BENZYLE.
BÉZEF adv. BIZARRE *BARRIEZ.* BIZET *mam.* BIZOU.
BIZUT ou BIZUTH, BIZUTER vt *BITUREZ BRUITEZ,*
BIZUTAGE.

BLAZE. BLAZER nm. BLIZZARD. **B**ONZE, BONZESSE,
BONZERIE *ENROBIEZ.* BRETZEL. BRIZE bot. BRONZE
vt *BORNEZ; ZÉBRONS* (cf SNOBEREZ), BRONZIER nm.

CANZONE, S ou -NI *mus.* CAZETTE argile. CHALAZE
(*bot*). CHINTZ. CHORIZO. COENZYME.
COLZA (-TIER). COROZO *arb.* CORYZA. CRUZEIRO
COURRIEZ. CZAR.

DAZIBAO. **DÉ**GAZER vt *DÉRAGEZ,* **DÉ**GAZAGE.
DIAZÉPAM *chim.* DIZAIN, DIZAINE. DONZELLE.
DOUZE inv, DOUZAIN,E, DOUZIÈME.

ECZÉMA (-TEUX...). ELZÉVIR (-IEN...) *typo.* ENZOOTIE
vét. ENZYME m ou f (CO- ANTI-). ERSATZ. ÉTYMON
ling. **EV**ZONE *mil.* FALZAR. FANZINE b.d. FAZENDA.
FÉZ. FREEZER *REFEREZ.* FRITZ.

GAIZE roche. GAZ, GAZER vt, GAZAGE, GAZÉIFIER vt.

GAZELLE (AL-) *ALLÉGEZ*. GAZETTE (cf CAZETTE),
GAZETIER nm *RÉGATIEZ AGITEREZ GÂTERIEZ*.
GAZEUX..., GAZIER,E *GARIEZ; ÉGARIEZ AGRÉIEZ*.
GAZODUC, **GAZO**GÈNE, GAZOLE, GAZOLINE (DÉ-).
GAZON, GAZONNER vt (DÉ- EN- ; -AGE, -ANT,E,
-EMENT). **GAZ**OUILLER vi.

GERZEAU nielle. GONZESSE. GRAZOSO inv *mus*.
GRIZZLI ou GRIZZLY. GUEUZE (bière). GUNZ *géol*.
HERTZ, HERTZIEN... HORIZON. JAZZ, JAZZMAN,S ou
-MEN. JEREZ *boiss*. JUREZ !

LAIZE lé. LAUZE dalle. LAPIAZ *géol*. LAZARET.
LAZURITE pierre. LAZZI,S. LÉZARD *LARDEZ*,
LÉZARDER vt. LUZERNE. LUZULE bot *ULULEZ*.

MAKHZEN (Maroc). MAZAGRAN. MAZDÉEN... (Iran)
AMENDEZ. MAZETTE. MAZOT *helv*. MAZOUT,
MAZOUTER vt. MAZURKA. MELÈZE. MERGUEZ.
MERZLOTA = TJÄLE. MONAZITE *chim*. MOZABITE ou
MZABITE (Mzab). **MOZ**ARABE *esp*. MOZETTE *cost rel*
ÉMOTTEZ OMETTEZ. MUEZZIN *rel isl*.

NAZARÉEN... NAZCA inca. NAZI,E *ZANI ZAIN* (ANTI-),
NAZISME (cf DÉNAZIFIER vt). NEZ. ONZE inv, ONZAIN
poé, ONZIÈME. **O**UZBEK. OUZO.
OZONE, OZONIDE, OZONISER vt (-EUR, -ATION).

PANZER. PARTOUZE. PÈZE. PÉZIZE *cham*. PIAZZA.
PIÈZE unité *ÉPIEZ*. PIZZA, PIZZERIA. PLANÈZE *géol*.
PODZOL sol. PUPAZZO,S ou -ZZI marionnette. PUZZLE.

RANZ *mus*. RA**Z**. RAZZIER vt. RÉMIZ *ois MIREZ RIMEZ*.
RENDZINE sol. RI**Z**, RIZERIE *RIZIÈRE*. RHIZOME tige,
RHIZOÏDE. RUOLZ *mét*. RU**Z**. SAMIZDAT écrit. SBRINZ
from. SCHERZO,S *mus*. SEIZE inv, SEIZIÈME.
SIZAIN (cf ZINNIAS) ou SIXAIN *poé*.
SIZERAIN *ois*. SUZERAIN,E. SZLACHTA polonais.

TAUZIN chêne. TERFÈZE truffe *FÊTEREZ*. TERZETTO

mus. THIAZOLE *chim.* TOPAZE *APOSTEZ.* TRAPÈZE *RETAPEZ TAPEREZ.* TREIZE inv *ÉTIREZ.* TZAR, TZARINE *RATINEZ TRAÎNEZ NAÎTREZ,* TZAREVITCH (cf TSAR etc. et CZAR). TZIGANE *GANTIEZ.* UZBEK (O-). VIZIR, VIZIRAT.

Mots à plusieurs lettres chères

JK
JACK JERK JERKER vi JOCKEY JOKER JUDOKA JUN-
KER KANDJAR ou KANDJLAR KINKAJOU MOUJIK
PIROJKI inv SANDJAK TADJIK TOKAJ.

JQ
JACQUARD JACQUES JACQUET JACQUIER ou
JAQUIER JAQUE JAQUETTE JUDAÏQUE JUSQUE

JW néant

JX
BIJOUX ENJEUX JALOUX JEUX JOUAUX JOUJOUX
JOURNAUX JOUXTER JOVIAUX JOYAUX **JO**YEUX
JUGAUX JUTEUX MAJORA**UX** OBJECTA**UX**

JY
BAJOYER JERSEY JOCKEY JOINTOYER JOYAU
JOYEUX JURY PYJAMA.

JZ
JAZZ JAZZMAN,S ou -MEN JEREZ AZULEJO (plus tous
les verbes comportant un J).

KJ

voir JK

KQ

KIOSQUE KUFIQUE KUMQUAT KYMRIQUE KYSTIQUE
QUAKER, -ESSE QUARK

KW

DRAWBACK KAWA KAWI **KILO**WATT KIWI KWAS
TOMAHAWK WHISKY

KX

KHAGNEUX KLAXON KLAXONNER vi.

KY

ANKYLOSER COCKNEY DAYAK DYKE ENKYSTER
GYMKHANA HICKORY HOCKEY (-EUR...) JOCKEY.
KABYLE KAYAK KENYAN,E KLYSTRON KOUMYS
KRYPTON

KYAT KYMRIQUE KYRIE inv KYRIE**LLE** KYSTE
KYSTIQUE **OST**YAK ROOKERY SULKY TOKAY
WHISKY YAK YACK YANKEE.

KZ

BAZOOKA COKÉFIEZ ENKYSTEZ JERKEZ KAMIKAZE
KAZAKH KIRGHIZ KOLKHOZ(E) KONZERN **MAKH**ZEN
MAZURKA NICKELEZ OUZBEK SKIEZ SOVKHOZE
STOCKEZ DÉSTOCKEZ UZBEK ZAKOUSKI inv.

QJ et QK

voir *JQ* et *KQ*

QW

SQUAW

QX

AQUEUX ATAXIQUE AUXQUELS AXÉNIQUE ÉQUI-
NOXE EXARQUE EXOTIQUE EXQUIS LEXIQUE
MUQUEUX OXALIQUE **PI**QUEUX QUEUX QUINTAUX
QUINTEUX SQUAMEUX **TAXI**ARQUE TOXIQUE VIS-
QUEUX.

QY

ACYCLIQUE AMYLIQUE ATYPIQUE CYCLIQUE CYNI-
QUE CYSTIQUE DIPTYQUE DYADIQUE DYSURIQUE
DYTIQUE GYMNIQUE HYDRIQUE KYMRIQUE KYSTI-
QUE.
LYRIQUE LYTIQUE MYSTIQUE MYTHIQUE OLYMPI-
QUE PHYSIQUE SYNDIQUER SYRIAQUE THYMIQUE
MYTHIQUE TYPIQUE TYPHIQUE YTTRIQUE ZYMOTI-
QUE

QZ

AZOÏQUE AZOTIQUE AZTÈQUE DIAZOÏQUE QUARTZ
QUARTZEUX QUARTZITE QUATORZE QUETZAL
QUINZE ZODIAQUE ZÉTÉTIQUE ZYMOTIQUE (plus
tous les verbes comportant un Q.)

WJ néant.

WK voir *KW*

WQ
SQUAW

WX
MAXWELL

WY
TRAMWAY WALLABY,S ou -IES WHISKY,S ou -IES
WIL(L)AYA YAWL ZAWIYA.

WZ
CRAWLEZ REWRITEZ SWINGUEZ ZAWIYA

XJ, XK, XQ, XW
voir JX, KX, QX, WX.

XY
ABYSSAUX **A**LOYAUX APTÉRYX **A**PYREXIE
ASPHYXIER BATHYAUX **BI**OXYDE BOMBYX BOYAUX
BUTYREUX **CA**YEUX CÉRAMBYX COCCYX **CRA**YEUX
DÉLOYAUX **DÉS**OXYDER **DI**OXYDE **DYS**LEXIE
ENNUYEUX ÉPOXYDE **GIBO**YEUX GYPSEUX
HOYAUX HYPOXIE JOYAUX **JO**YEUX

LARYNX LOYAUX LYNX **MO**YEUX MYXINE NYM-
PHAUX ONYX ONYXIS ORYX **OXY**CARBONÉ,E **OXY**-
CHLORURE **OXY**COUPAGE **OXY**COUPEUR OXYDA-

BLE OXYDANT,E OXYDAS**E** OXYDATION OXYDER OXYGÉNER OXYGÉNATION OXYLITHE **OXY**SUL-FURE OXYTON OXYTONNE OXYURE OXYUROSE

PAROXYTON **PER**OXYDER PHARYNX POLYPEUX **PROT**OXYDE PYREX PYREX**IE** PYROXÈNE PYROXY-LÉ,E PYXIDE ROYAUX. SEXY **SO**YEUX STYRAX **SUR**OXYGÉNÉ,E SYNCOPAUX SYNDICAUX SYNO-DAUX **SYN**TAXE SYNTAXIQUE SYRINX

TRIONYX TUYAUX XYLÈME XYLÈNE XYLIDINE XYLO-COPE **XYLO**GRAPHE **XYLO**GRAPHIE XYLOL XYSTE **Y**PRÉAUX YEUX.

XZ

AZOTEUX GAZEUX... GERZEAUX ZONAUX (plus tous les verbes comportant un X)

YJ, YK, YQ, YW, YX
voir JY, KY, QY, WY, XY

YZ

AZOTYLE AZYGOS AZYME BENZOYLE BENZYLE BYZANTIN **CO**ENZYME CORYZA ENZYME GRIZZLY LYSOZYME SYZYGIE ZAWIYA ZÉPHYR ZLOTY ZYGÈNE ZYGNÉMA ZYGOMA (-TIQUE) **ZYGO**PÉTALE ZYGOTE ZYMASE ZYTHUM ZYTHON AYEZ (plus tous les verbes comportant un Y)

Mots à trois lettres chères

JERKEZ JOCKEY JOYAUX JOYEUX JOUXTEZ KYMRI-QUE KYSTIQUE WHISKY ENKYSTEZ EXTRAYEZ OXY-DEZ ZAWIYA

-AIE

Lieux plantes d'arbres en -AIE

AMANDAIE	FRÊNAIE	PALMERAIE
AULNAIE	FUTAIE	PINERAIE
AUNAIE	HÊTRAIE	POMMERAIE
BOULAIE	HOUSSAIE	ROSERAIE
CÉDRAIE	JONCHAIE	ROUVRAIE
CERISAIE	JONCHERAIE	SAULAIE
CHÊNAIE	OLIVAIE	SAUSSAIE
COUDRAIE	ORMAIE	TREMBLAIE
FOUGERAIE	OSERAIE	

Autres noms en -AIE

IVRAIE	ORFRAIE	SAIE
MAIE	SAGAIE	THAIE

Formes en -AIE des verbes en -AYER

BALAIE	EFFRAIE	PAIE
BÉGAIE	ÉGAIE	RELAIE
DÉBLAIE	EMBRAIE	REMBLAIE
DÉBRAIE	ENRAIE	RENTRAIE
DÉFRAIE	ETAIE	REPAIE
DÉLAIE	FRAIE	RESSAIE
DÉRAIE	LAIE	SURPAIE
DRAIE	PAGAIE	ZÉZAIE

Formes en AIE des verbes en AIRE

ABSTRAIE DISTRAIE EXTRAIE SOUSTRAIE TRAIE.

-OIE

Formes en -OIE des verbes en -OYER

NOIE	CHATOIE	VOUVOIE
ABOIE	CONVOIE	ATERMOIE
BROIE	CORROIE	CHARROIE
CHOIE	COUDOIE	FLAMBOIE
PLOIE	DÉPLOIE	FOUDROIE
CÔTOIE	EMPLOIE	FOURVOIE
DÉNOIE	FESTOIE	GUERROIE
DÉVOIE	LARMOIE	HONGROIE
ENVOIE	LOUVOIE	JOINTOIE
ONDOIE	NETTOIE	POUDROIE
RUDOIE	OCTROIE	REMPLOIE
TUTOIE	PAUMOIE	ROUGEOIE
APITOIE	RENVOIE	TOURNOIE
BORNOIE	SOUDOIE	
CARROIE	VERDOIE	

Formes en -OIE des verbes en -OIR

ASSOIE	POURVOIE	REVOIE
DÉCHOIE	PRÉVOIE	SURSOIE
ÉCHOIE	RASSOIE	

Autres mots en OIE

OIE	SOIE	BAUDROIE
FOIE	GROIE inv	COURROIE
JOIE	PROIE	LAMPROIE
MOIE	ORMOIE	

-OIR

Noms en -OIR

ABATTOIR	ÉPISSOIR(E)	PERÇOIR
ACCOTOIR	ÉTENDOIR	PISSOIR
AFFILOIR	ÉVIDOIR	PLANOIR
ALÉSOIR	FENDOIR	PLANTOIR
AMORÇOIR	FERMOIR	PLIOIR
ARRÊTOIR	FONDOIR	POCHOIR
ATTISOIR	FOULOIR	PONDOIR
AVALOIR(E)	FOUTOIR	POUSSOIR
AVOIR,S	FROTTOIR	RACLOIR
BÊCHOIR	GAUFROIR	REPOSOIR
BLUTOIR	GERMOIR	RIDOIR
BOBINOIR	GRATTOIR	RIFLOIR
BOSSOIR	GREFFOIR	RIVOIR
BOUGEOIR	GRILLOIR	RODOIR
BOULOIR	GRUGEOIR	SALOIR
BOURROIR	HÂLOIR	SARCLOIR
BRÛLOIR	HEURTOIR	SEMOIR
BUTOIR	HOIR	SUÇOIR
BUTTOIR	JABLOIR(E)	TAILLOIR
CHASSOIR	JUCHOIR	TAMANOIR
CLAQUOIR	LAMINOIR	TAQUOIR
COUPOIR	LINÇOIR	TORDOIR
COUVOIR	LISSOIR	TRAÇOIR
DEMÊLOIR	MARQUOIR	URINOIR
DÉVALOIR	MATOIR	VERSOIR
DEVIDOIR	MONTOIR inv	VIDOIR
DRAGEOIR	MOUSSOIR	VIVOIR
DRESSOIR	MUSOIR	VOUSSOIR
ÉBARBOIR	NICHOIR	
ÉMONDOIR	OUVROIR	
ENRAYOIR	PENDOIR	

Verbes en OIR

APPAROIR	ÉCHOIR	REVALOIR
CHALOIR	RASSEOIR	SEOIR
CHOIR	RAVOIR inv	SURSEOIR
DÉCHOIR	REDEVOIR	

Mots se terminant par -O

ADAGIO	BOLDO	COLOMBO
AFRO inv	BOLERO	COMBO
AGIO	BRASERO	COMMANDO
AGITATO	BRAVO	CONCERTO
ALBEDO	BRIO	CONJUNGO
ALBUGO	BROCCIO	CONTINUO
ALLEGRO	BUSHIDO	COROZO
ALLO inv	CALAO	CORSO
ALTO	CALO	CREDO inv
AMERLO	CALYPSO	CRUZEIRO
AMOROSO inv	CARACO	CUADRO
ANTIHALO	CASINO	CURACAO
APÉRO	CAUDILLO	DACTYLO
ARIOSO	CEBUANO	DAZIBAO
ARROYO	CENTAVO	DAIMYO inv
ASIAGO	CHICANO	DELCO
ASIENTO	CHORIZO	DIABOLO
AVISO	CHROMO	DIAPO
AZULEJO	CHRONO	DINGO
BAGUIO	CIAO!	DISCO
BANCO inv	CICERO	DITO inv
BANJO	CLODO	DODO
BARRANCO	COCO	DOURO
BINGO	COCORICO	DUETTO
BISTRO	COGITO	DUO
BOBO	COLLABO	DYNAMO

ECHO
EGO inv
ELDORADO
EMBARGO
ENDURO
ESCUDO
FADO
FANDANGO
FELLATIO
FIASCO
FIGARO
FLAMENCO
FOLIO
FRANCO inv
FRIGO
FUERO
FURIOSO
GABBRO
GALAGO
GALLO
GALVANO
GASPACHO
GAUCHO
GECKO
GHETTO
GIGOLO
GINKGO
GO,S
GOGO
GOMBO
GRACIOSO inv
GRAZIOSO inv
GUANACO
GUANO
HALO
HARO inv
HECTO
HELIO
HIDALGO

HO!
HOCCO
IGLOO
ILLICO inv
IMAGO
IMPETIGO
INDIGO
JOJO
JUDO
JUMBO
KENDO
KAKEMONO
KIMONO
KONDO
KOTO
LADINO
LAMENTO
LAMPARO
LAO
LARGO
LASSO
LEGATO inv
LENTIGO
LENTO inv
LIBECCIO
LIBERO
LIBRETTO,S ou -I
LIDO
LINO
LITHO
LIVEDO
LOMBAGO
LUMBAGO
MACHO
MAESTOSO inv
MAESTRO
MAF(F)IOSO,S ou -I
MAGNETO
MAKIMONO

MAMBO
MARENGO
MECANO
MELO
MEMENTO
METALLO
MÉTÉO
MIKADO
MODERATO inv
MODULO
MOLLO inv
MOLTO inv
MONO
MORIO
NEGONDO
NEGUNDO
NELOMBO
NELUMBO
NEUTRINO
NIOLO
NO
NUMERO
ORATORIO
OSTINATO
ORDO inv
OUZO
OXO inv
PACHTO
PAMPERO
PAREO
PATIO
PEDALO
PESO
PHONO
PICCOLO
PLACEBO
POLIO
POLO
POMELO

PONCHO
POPULO
PORNO
POTTO
PRAO
PRESTO inv
PRIMO inv
PRO
PROLO
PROPRIO
PRURIGO
PUPAZZO,S ou -I
PUTTO,S ou -I
QUARTO inv
QUINTO inv
QUIPO
RADIO
RANCIO
RATIO
RECTO
RÉGLO
RÉTRO
RHO inv
RIGOLO
RIPIENO
RISOTTO
ROCOCO
RODÉO
RONDO
RONÉO
RUBATO inv

SALADERO
SAXO
SCÉNARIO
SCHERZO
SCHUPO
SECUNDO inv
SEPTIMO inv
SERTAO
SEXTO inv
SFUMATO
SHAKO
SHINTO
SILO
SIROCCO
SOLIDAGO
SOLO,S ou -I
SOMBRERO
SONO
SOPRANO,S ou -I
SORGHO
STACCATO
STÉNO
STÉRÉO
STUDIO
STYLO
SUBITO inv
SUMO
TAMPICO
TANGO
TAO
TARO

TEMPO
TENORINO
TENUTO inv
TERTIO inv
TERZETTO,S ou -I
TIENTO
TOMBOLO
TORERO
TORPEDO
TOPO
TOTO
TRANSFO
TRAVELO
TREMOLO
TRULLO,S ou -I
TURCO
TYPO
ULTIMO inv
VERSO
VERTIGO
VETO inv
VIBRATO
VIDÉO
VIRAGO
VITILIGO
VOCERO,S ou -I
ZEMSTVO
ZERO,S
ZINGARO,S ou -I
ZOO

Mots se terminant en -UM

ACTINIUM	FERMIUM	MINIUM
ADIANTUM	FORUM	MUSEUM
AERIUM	FRANCIUM	MYCELIUM
AQUARIUM	GALBANUM	NATRUM
AGERATUM	GALLIUM	NIOBIUM
ALBUM	GÉRANIUM	NOBELIUM
AMMONIUM	GNETUM	OIDIUM
ARUM	GOUM	OLEUM
ATRIUM	GYNERIUM	OMMIUM
BARYUM	HAFNIUM	OPIUM
BEGUM	HAHNIUM	OPOSSUM
BOUM	HELIUM	OPPIDUM
CADMIUM	HOLMIUM	OPTIMUM
CAECUM	HUM !	OSMIUM
CAESIUM	HYMENIUM	OXONIUM
CALADIUM	ILLUVIUM	PALLIDUM
CALCIUM	IMPERIUM	PALLIUM
CAMBIUM	INDIUM	PANICUM
CELTIUM	IRIDIUM	PANTOUM
CERIUM	JEJUNUM	PATAGIUM
CESIUM	KALIUM	PARFUM
CIBORIUM	LABARUM	PEDUM
COAGULUM	LABDANUM	PENSUM
CURIUM	LABIUM	PEPLUM
CYMBALUM	LADANUM	PHORMIUM
DECORUM	LAUDANUM	PHYLUM
DOUM	LINOLEUM	PILUM
DUODENUM	LITHIUM	PLENUM
ELECTRUM	LOKOUM	PODIUM
EMPORIUM,S ou -A	LOUKOUM	POLONIUM
ERBIUM	LUTECIUM	POMERIUM
ERRATUM,S ou -A	MAGNUM	POPULEUM
EUROPIUM	MAXIMUM,S ou -A	PSYLLIUM
FACTOTUM	MECONIUM	PUNCTUM inv
FACTUM	MEDIUM	QUANTUM,S ou -A
FATUM	MINIMUM,S ou -A	QUORUM

RADIUM
RECTUM
RHENIUM
RHODIUM
RHUM
RUBIDIUM
SACRUM
SAMARIUM
SCANDIUM
SCROTUM
SEBUM
SEDUM
SELENIUM
SEPTUM

SERAPEUM
SERUM
SILICIUM
SIUM
SODIUM
SOLARIUM
SPECULUM
STERNUM
SUMMUM
SUPREMUM
SURBOUM
TARGUM
TAXODIUM

TERBIUM
THALLIUM
THORIUM
THULIUM
TRITIUM
URANIUM
VANADIUM
VELARIUM
VELUM
VIVARIUM
YTTERBIUM
YTTRIUM
ZYTHUM

Autres mots en -M

DAM inv	ZOOM	MÉGOHM
DOM	ASRAM inv	NAPALM
HEM !	BLOOM	PASSIM inv
OHM	CLAIM	POGROM
NOM	GOYIM inv	QUIDAM
(RE- CRÉ- !	GROOM	RAMDAM
PRÉ- PRO-	HAREM	SACHEM
SUR-)	ISLAM	SLALOM
REM	KILIM	TANDEM
BOOM	MODEM	TOUTIM
BOUM,S	OGHAM	WIGWAM
CLAM	STEMM	INTÉRIM
DAIM	TOTEM	MACADAM
ÉDAM	ASHRAM inv	REQUIEM,S
FAIM,S	BAIRAM ou	SCHLAMM
FILM	BAYRAM	WOLFRAM
GOIM inv	CHELEM	ALASTRIM
GRAM	CONDOM	ANGSTROM
IDEM inv	DIHRAM	DIAZEPAM
IMAM	DUHRAM	JEROBOAM
ITEM	ESSAIM	MALSTROM
TRAM	HAMMAM	MATEFAIM
STEM	IBIDEM inv	REHOBOAM
THYM	LINGAM	SCHIEDAM
WURM	LITHAM	TÉLÉFILM

Mots se terminant en -ING

BASTAING
BASTING
BOWLING
BRIEFING
BROWNING
BRUSHING
BUILDING
CAMPING
CASING
CLEARING
COING
COKING
CRACKING
CURLING
DANCING
DOPING
DUMPING
FADING
FIXING
FOOTING
FORCING
FOULING
HOLDING

HONING
JOGGING
JUMPING
KARTING
LAPPING
LEASING
LEGGINGS pl
LEMMING
LIFTING
LISTING
LIVING
LOOPING
MEETING
NURSING
OING
PARKING
PARPAING
PEELING
PLANNING
POING
POUDING
PRESSING
PUDDING

RATING
RIESLING
RING
ROWING
SEING
SHAVING
SHILLING
SHIRTING
SHOPING
ou SHOPPING
SMOKING
STAKNING
STANDING
STARKING
STERLING inv
SWING
TRAINING
TRAMPING
TREKKING
TROTTING
VIKING
YACHTING
YEARLING

Mots comportant un G et un H

AFGHAN,E
AFGHANI
AG(H)A
AGNATHE
BOGHEI
BRUSHING
DINGHY
FELLAG(H)A,S
GÉHENNE
GEISHA
GHANÉEN...
GHETTO
GHILDE
GLYPHE (A-)
GOTHIQUE
GRAPHE
GRAPHIE
GRAPHÈME
GRAPHITÉ,E
GRYPHÉE
HAGARD,E
HAGGIS
HALAGE
HALOGÈNE
HARANGUER
HARENG
HAVAGE
HARFANG

HÉBERGER
HÉGÉLIEN...
HÉGIRE
HERBAGER,E
ou vt
HERSAGE
HEXOGÈNE
HIDALGO
HOLDING
HOMMAGE
HONGRER
HONGREUR
HONGROYER
HONING
HOURDAGE
HUGUENOT,E
HUILAGE
HUMAGE
HYDROGEL
HYGIÈNE
HYGROMA
HYPOGÉ,E
INSIGHT
KHÂGNE
KHÂGNEUX...
KIRGHIZ
LEGHORN
LITHARGE

MEGOHM
NARGHILE
NURAGHE,S
ou NURAGHI
OGHAM
PHALANGE
PHARYNGÉ,E
PHOSGÈNE
PHRYGANE
PHRYGIEN...
SHANTUNG
SHAVING
SHILLING
SHIRTING
SHOGOUN (-AL...)
ou SHOGUN (-AL...)
SHOPING
ou SHOPPING
SLOUGHI
SORGHO
SOUCHONG
SPHAIGNE
SPHINGE
SUNLIGHT
THÉURGIE
THUG
WHIG
WISIGOTH

Mots où le H est séparé du C

ACALÈPHE	*CHEPTEL*	*TRACHÉE*
ACÉPHALE	COHABITER	HECTIQUE
ACANTHE	COHÉRENT	HECTO
ÉTANCHA	COHÉREUR	HÉLICE
ENTACHA	COHÉRITER	*LICHÉE*
ACÉPHALE	*ÉCHOTIER*	HÉLICON
CAHIER	COHÉSIF	*CHOLINE*
CHAIRE	COHÉSION	HERBACÉ,E
CHIERA	COHORTE	*BÊCHERA*
CAHOTER vt	COHUE	*ÉBRÉCHA*
CAHOTEUX...	COPAHU	HERCULE
CAHUTE	COPRAH	*LÉCHEUR*
CAMPHRÉ,E	CORYPHÉE	HIBISCUS
CASBAH	CRITHME	HIRCIN,E
BACHAS	CYPHOSE	HIC inv
CASH inv.	*PSYCHOSE*	HICKORY
CHAS	ECTHYMA	*ENRICHI*
CASHER inv	HACIENDA	HOCCO
CATARRHE	*DÉCHAÎNA*	HOCKEY
CHATRERA	HADDOCK	HOLOCÈNE
CATHARE	HALECRET	HOMICIDE
RACHETA	HALICTE	HOSPICE
CATHETER	*LÉCHAIT*	HUMECTER
TACHETER	HAMAC	HYPOCRAS
CATHODE	*MACHA*	LÉCYTHE
CÉPHALÉE	HAMECON	PHOCÉEN
CÉPHÉIDE	HANDICAP	SCAPHITE
CÉRITHE	HARCELER	*CHIPÂTES*
CIRRHE	*LÉCHERA*	*PASTICHE*
CHÉRIR	HARICOT	PISTACHE
CIRRHOSE	*CHARIOT*	SCYTHE
ROCHIERS	HAVRESAC	THRIDACE
CITHARE	HECTARE	*DÉCHIRÂT*
CHÂTIER	*CHÂTRÉE*	SPHACÈLE
CHARITÉ	*ACHETER*	TYPHACÉE
CLEPHTE	*RACHETÉ*	VÉHICULER
		WHIPCORD

ADJECTIFS VERBAUX

ACCÉDANT,E	DÉFIANT,E	GLAÇANT,E
ADOPTANT,E	DEMÊLANT,E	GRIMPANT,E
AGISSANT,E	DÉPOSANT,E	GRINÇANT,E
ALIÉNANT,E	DÉTONANT,E	GRONDANT,E
ALLANT,E	DÉVIANT,E	HURLANT,E
ALTÉRANT,E	DÉVORANT,E	INVITANT,E
APPELANT,E	DILATANT,E	IONISANT,E
ARRIVANT,E	DOPANT,E	JUBILANT,E
ASPIRANT,E	DORMANT,E	LAMPANT,E
ASSONANT,E	ÉCHÉANT,E	LIANT,E
BALLANT,E	ÉCUMANT,E	MANDANT,E
BARBANT,E	EMBÊTANT,E	MANQUANT,E
BATTANT,E	ENDURANT,E	MARCHANT,E
BÊLANT,E	ENTÊTANT,E	MARQUANT,E
BEUGLANT,E	ENTRANT,E	MARRANT,E
BRANLANT,E	ERRANT,E	MÉDISANT,E
BRISANT,E	EXCÉDANT,E	MEUBLANT,E
BROCHANT,E	EXISTANT,E	MIGRANT,E
CAHOTANT,E	EXPOSANT,E	MONTANT,E
CANULANT,E	FAIGNANT,E	MOTIVANT,E
CAUSANT,E	ou FEIGNANT,E	MOULANT,E
CÉDANT,E	FICHANT,E	MOUSSANT,E
CESSANT,E	FILANT,E	MOUVANT,E
CHANTANT,E	FILTRANT,E	MUTANT,E
CHASSANT,E	FLAMBANT,E	MUTILANT,E
CHIANT,E	FOULANT,E	ONDOYANT,E
CLAQUANT,E	FRAPPANT,E	ONDULANT,E
COTISANT,E	FRISANT,E	OPÉRANT,E
COUCHANT,E	FUMANT,E	OUVRANT,E
COULANT,E	FUSANT,E	OXYDANT,E
COÛTANT,E	FUYANT,E	PARTANT,E
CREVANT,E	GALOPANT,E	PAYANT,E
CRISPANT,E	GARANT,E	PENDANT,E
CROQUANT,E	GÉRANT,E	PÉTANT,E
CROULANT,E	GISANT,E	PIAFFANT,E
DÉBITANT,E	GIVRANT,E	PIVOTANT,E

PLAIDANT,E	RESTANT,E	SUINTANT,E
PLANANT,E	ROULANT,E	TANNANT,E
POILANT,E	SATURANT,E	TAPANT,E
POLLUANT,E	SÉANT,E	TENANT,E
PORTANT,E	SEYANT,E	TITUBANT,E
PRENANT,E	SIDÉRANT,E	TOMBANT,E
RADIANT,E	SINISANT,E	TONNANT,E
RAGEANT,E	SOIGNANT,E	TORDANT,E
RAMPANT,E	SONNANT,E	TRAÇANT,E
RASANT,E	SORTANT,E	TRAITANT,E
RÉCITANT,E	SOUDANT,E	TUANT,E
RÉGNANT,E	SOÛLANT,E	USANT,E
RELAXANT,E	SUANT,E	VOLANT,E
RENTRANT,E	SUCRANT,E	VOTANT,E
RÉSIDANT,E		

Noms « verbaux » en -ANT

ABATTANT,S	DRESSANT,S	PENCHANT,S
AZURANT,S	ÉTANT,S	PLEURANT,S
CRÉMANT,S	FENDANT,S	PRIANT,S
COMPTANT,S	FORMANT,S	REVENANT,S
CREMANT,S	GUINDANT,S	SALANT,S
DÉCAPANT,S	LEVANT,S	SEMBLANT,S
DÉPLIANT,S	MAJORANT,S	TAILLANT,S
DILUANT,S	MINORANT,S	TIRANT,S

Noms « verbaux » en -ANTE

BERÇANTE	GUEULANTE	VARIANTE
GOURANTE	TOQUANTE	

Noms en -ANT invariables

OFFRANT	VENANT

Infinitifs en -ER pouvant être complétés :

— par un S

BOXER,S	MANAGER,S	RAMENER,S
BÛCHER,S	MIXER,S	RANGER,S
CORNER,S	NOYER,S	REMBUCHER,S
DÉBUCHER,S	PAILLER,S	REPORTER,S
DESIGNER,S	PALMER,S	REWRITER,S
DRIVER,S	PLACER,S	ROCHER,S
DOUBLER,S	POINTER,S	RUCHER,S
ESTER,S	PORTER,S	SALER,S
FLIPPER,S	POSTER,S	SPRINTER,S
GRIMPER,S	RADIER,S	SQUATTER,S
LEVER,S		

— par un E

CARDER,E	MOUILLER,E	TORCHER,E
CHATIER,E	OFFICIER,E	TRIER,E
FRAYER,E	PARER,E	TRIMER,E
JONCHER,E	RAYER,E	TROUVER,E

— par un S ou un E

ECAILLER,S ou E PÊCHER,S   PECHÈRE!
HERBAGER,S ou E

Prénoms (et noms mythologiques)

ADONIS	GORGONE	PANDORE
APOLLON	HENRY	PASCAL
ARLEQUIN	HERCULE	PATRICE
ATLANTE	HERMÈS	PAULETTE
AUBIN	HILAIRE	PÉGASE
AUGUSTIN,-INE	ISABELLE	PIERROT
AURÉLIE	JACK	PLUTON
BAPTISTE	JACQUES	PSYCHÉ
BENJAMIN,E	JEAN	PYTHIE
BENOÎT,E	JÉSUS	RAY
BOB	JOJO	RENÉ
CALYPSO	JOSEPH	RICHARD,E
CANDIDA	JULES	ROBIN
CÉLADON	JULIEN,-ENNE	SABINE
CÉLESTIN	KIKI	SATURNE
CÉSAR	LAURE	SATURNIN
CLARISSE	LÉONARD	SÉRAPHIN
CRISPIN	LISE	SERGE
DANAÏDE	LORETTE	SIBYLLE
DAPHNÉ	LOUIS	SILÈNE
DÉNI(S)	MACHAON	SPENCER
DIANE	MARC	SYLVAIN
DORIS	MARK	TANTALE
ÉMILIEN,ENNE	MATHURIN	THIBAUDE
FIGARO	MÉLUSINE	TOMMY
FLORENCE	MERCURE	TOPAZE
FRITZ	MINERVE	TOTO
GAVROCHE	NECTAIRE	URANIE
GÉRONTE	OCTAVIE	URSULINE
GILLE(S)	OEDIPE	VICTORIA
GISELLE	OLYMPE	VIRGINIE
GLORIA	OSCAR	VULCAIN

Personnalités diverses

BIZET	FOURNIER	JACK THE RIPPER
CHABROL	NAPOLÉON	VOLTAIRE
CHANCEL	ROUSSEAU	

Mots anglais (ou homographes de mots anglais)

ABOUT	BILL	CAB
ACE	BIT	CADDY
ACHE	BITTER	CAIRN
ADOBE	BLAZE	CAKE
AFFECT	BLAZER	CANCEL
ALDERMAN,S	BLISTER	CANTER
ou -MEN	BLOOM	CARDIGAN
ALE	BLUES	CARTER
APERTURE	BOB	CARTOON
ATTORNEY	BOOM	CASH inv
AUTOCOAT	BOOMER	CATCH
BABY,S ou -IES	BOOSTER	CATGUT
BACON	BOOTS	CHADBURN
BADGE	BOP	CHARTER
BARGE	BOSS	CHESTER
BARMAN,S	BOYCOTT	CHINTZ
ou -MEN	BRANDY	CHIPS
BARMAID	BREAK	CHOKE
BARN	BREAKFAST	CHOPPER
BARONET	BRICK	CHRISTMAS
BASIN	BROOK	CLAIM
BASKET	BUGGY	CLAMP
BATH	BUGLE	CLIMAX
BEAGLE	BULGE	CLICK
BEATNIK	BUSH	CLINKER
BICYCLE	BUSINESS	CLIP

CLIPPER	CURRY	EXPANSE(E)
CLUSTER	CUTTER	EXIT inv
COACH	CYCLECAR	FANZINE
COALTAR	DAMAGE	FEEDER
COCKER	DAMNABLE	FELLATIO
COCKNEY	DAMPER	FENIAN,E
COCKPIT	DANDY	FILLER
COCOON inv	DEALER	FINISH
COFFIN	DEBATER	FLASH,S ou ES
COLLEY	DECCA	FLAT
COMICS	DELETION	FLINT
COMMA	DERBY	FLIPPER nm et vi
COMMAND inv	DERRICK	FLOOD
COMMUTE(R vt)	DESIGN,-ER	FLUSH
COMPOST	DEVON	FLUENT
COMPOUND inv	DIGEST	FLUTTER
COMPUTER	DIGIT	FOLK
CONDOM	DISCOUNT	FOLKLORE
CONVENT	DIXIE (-LAND)	FOLKSONG
CONVICT	DOLDRUMS	FOOT
COOL	DONG	FOOTBALL
COOLIE	DRAG	FOX
COPS	DRAGLINE	FREAK
CORONER	DRAWBACK	FREEZER
CORPORAL,-AUX	DRINK	FULL
CORRAL,S	DRIVER nm ou vt	GABLE
COTTAGE	DROP	GADGET
COVENANT	DRY inv	GAGMAN,S
CRACK	DUDGEON	ou -MEN
CRACKER	DUPLEX	GALLON
CRASH	DUNDEE	GASOIL
CRAVE	DURHAM	GETTER
CRAWL	DYKE	GIN
CRIB	EMPORIUM,S ou -A	GIRL
CRICKET	ENCODE	GOAL
CROONER	ENDYMION	GOSPEL
CROSS	ENGRAVE	GREEN
CRAWL	ESQUIRE	GRIZZLY
CRUISER	EVENT	GROUP

GROUSE,S
HADDOCK
HARDWARE
HEREFORD
HICKORY
HIPPY,S ou -IES
HOBBY,S ou -IES
HOCKEY
HOME
HOMESPUN
HUNTER
HURDLER
IGNITION
IMMATURE
IMMUN,E
IMPORT
IN inv
INLAY
INPUT
INSANE
INSERT
INSIGHT
ITEM
JACK
JAMBOREE
JAZZ
JAZZMAN,S
ou -MEN
JEAN
JEEP
JERK
JERRICAN(E)
JERSEY
JOB
JODHPURS
JUMBO
JUMPING
JURY
KEEPSAKE

KEROSENE
KETCH
KETCHUP
KICK
KID
KILT
KIT
KNICKERS
LADY,S ou -IES
LAND,S ou ER
LAVATORY,S
ou -IES
LET inv
LIBERTY,S
LIFT
LINER
LINIMENT
LINKAGE
LINKS
LIVING
LLOYD
LEADER
LOADER
LOBBY,S ou -IES
LOFT
LORD
LORRY,S ou -IES
LUMP
LUNCH,S ou ES
MANAGER nm et vt
MANGLE
MANGROVE
MANIFOLD
MANSION
MARYLAND
MASTIFF
MATURE
MAUL
MIDSHIP

MILE
MILORD
MINICAR
MINIBUS
MISS, ES
MONITOR
MUFFIN
NAVEL
NECK
NIT
NOISE inv
NURSE
NURSERY,S
ou -IES
OFF inv
OFFSET,S
OFFSHORE inv.
OPEN,S
OPPOSITE inv
OUT inv
OUTPUT
OUTLAW
OUTSIDER
OVERDOSE
PACK
PADDOCK
PADDY
PALACE
PANIC
PARKA
PATCH,S
PATTERN
PAVEMENT
PEDIGREE
PEDIMENT
PENALTY,S ou -IES
PENNY,S ou -IES
PENCE inv
PERCHMAN,S

PICKLES	REMAKE	SELF
PIDGIN	REPLETE	SERIAL,S
PILCHARD	REPRINT	SET
PIPELINE	RIFLE	SETTER
PITCHPIN	RIPPER	SEXY inv
PLACER,S	RISER	SHAKER
POISE	ROADSTER	SHARPIE
POLAROÏD	ROCK	SHED
PONEY	ROCKER	SHERRY
POOL	ROOF	SHETLAND
PORRIDGE	ROOKERY	SHIFT
PORTLAND	ROOTER	SHIMMY
POSTAGE	ROTARY	SHOOT
POSTER,S	ROUND	SHOOTER(se)
PREGNANT	ROYALTIES pl	SHORT
PRETERIT	RUF(F)IAN	SHOW
PRIMAGE	RUGBYMAN,S	SHUNT
PROSPECT	ou -MEN	SIGNET
PUB	RUNABOUT	SILT
PULL	RUSH,S ou ES	SINGLE
PULLMAN	SALOON	SKATE
PUNCH	SAXHORN	SKEET
PUNK	SCANNER	SKETCH,S ou ES
PUZZLE	SCARE	SKIFF
QUAKER	SCAT	SKIP
QUARK	SCHOONER	SKIPPER
RACER	SCOOP	SKUNKS
RACK	SCION	SLANG
RACKET	SCOOTER	SLOOP
RACOON	SCORE	SLOW
RAGTIME	SCOTCH	SMART
RANCH,S ou ES	SCRABBLE	SMASH
RANGER,S	SCRAPER	SMASHER vi
RASH	SCRATCH	SMOCKS
RATIO	SCRIPT	SMOG
RAY	SCRUBBER	SNACK
REFLEX	SCULL	SOFTWARE
REGENCY inv	SCYTHE	SORE
RELAX	SELECT	SPARDECK

SPAT	SUNLIGHT	TWEEN
SPEAKER,INE	SUPERMAN,S	TWEETER
SPEECH,S ou ES	ou -MEN	TWIST
SPENCER	SURGEON	UPPERCUT
SPIDER	SWEATER	VAMP
SPIN	SWING	VERSUS ou VS
SPLEEN	TABLOID	VOLLEY
SPONSOR	TANKER	VORTEX
SPOT	TAXABLE	VOUCHER
SPRAY	TELL	WALKMAN,S
SPRINT	TENDER	WALLABY,S ou -IES
SPRINTER nm ou vi	TERYLENE	WARRANT
SPRUE	TEXAN	WATERS
SQUASH	THUG	WELTER
SQUAT	THRILLER	WESTERN
SQUATTER nm	TILBURY	WHARF
ou vt	TILT	WHIG
SQUAW	TOAST	WHIPCORD
SQUIRE	TOMAHAWK	WHISKY,S ou -IES
STAFF	TOMMY,S ou -IES	WHIST
STARTER	TOP	WILLIAMS
STAYER	TORY,S ou -IES	WINCH
STEAK	TRAMP,-ING	WINDSURF
STEAMER	TRAUMA	WISHBONE
STEM	TREND	WOMBAT
STENCIL	TRIAL,S	WON
STEWARD	TRICK	YACHT
STICK	TRIMMER	YACHT(S) MAN,S
STIGMA	TRIP	ou -MEN
STILTON	TROLL	YACHT(S) WO-
STOCK	TROLLEY	MAN,S ou -MEN
STOCKER, vt	TRUCK	YAWL
STOKER	TRUST	YANKEE
STOKES	TRUSTEE	YEARLING
STOP	TUB	YEOMAN,S
STOUT	TUNER	ou -MEN
STRIPPER	TURF	YIDDISH inv
SULKY	TWEED	ZOOM

N.B. — Certains de ces mots n'ont d'anglais que la consonance : PERCHMAN, RUGBYMAN, WALKMAN, YACHTMAN.

Règlement international 1982

Le **Scrabble duplicate**, dont le nombre de joueurs n'est limité que par des raisons matérielles (local, arbitrage, etc.), est un système de jeu qui fait du Scrabble une véritable discipline de compétition, en éliminant le facteur chance : à tout moment d'une partie, chaque joueur dispose des mêmes lettres que ses concurrents et se trouve confronté avec le même problème.

En effet, en duplicate, chaque joueur utilise la totalité des lettres en fonction d'une répartition commandée par le hasard et par la formation des mots qui rapportent le plus de points. Aussi, si dans le Scrabble classique un seul matériel de jeu suffit pour quatre joueurs, il en faut un par joueur en duplicate.

Quant au reste, le jeu consiste, comme dans le Scrabble classique, à former des mots entrecroisés sur une grille à l'exemple des mots croisés en employant des lettres de valeur différente, ainsi que deux jokers (lettres blanches) qui peuvent être utilisés à la place de n'importe quelle lettre, chaque joueur s'efforçant d'obtenir, à chaque coup, le nombre de plus élevé de points en plaçant de la manière la plus profitable ses lettres sur les cases de la grille, et de préférence les sept, formant ainsi ce que l'on appelle, du nom du jeu, un **Scrabble**, qui récompense son auteur d'une bonification de cinquante points.

Le gagnant est celui qui obtient le plus de points à l'issue de la partie, étant entendu que les points marqués à chaque coup s'additionnent. Les autres joueurs se classent, ensuite, en ordre décroissant de points. Le résultat final de tout participant peut également s'exprimer en pourcentage : celui-ci se calcule en divisant le total des points qu'il a obtenus par le «top», c'est-à-dire la somme des solutions maximales retenues à chaque coup.

Notons enfin que le Duplicate peut se jouer en solitaire, soit que le joueur tire ses lettres au hasard, soit qu'il refasse, coup après coup, une partie antérieurement jouée en compétition.

1. RÈGLES DU JEU

1.1. MISE EN PLACE DU JEU ET DES JOUEURS

1.1.1. Chaque joueur doit avoir un matériel de jeu complet : grille, lettres et chevalet (ce dernier n'étant toutefois pas indispensable), ainsi qu'une feuille de marque. Il place sa grille devant lui ainsi que ses lettres, avec leur face imprimée visible. En outre, s'il lui est interdit d'utiliser une documentation quelconque, il peut disposer de pastilles ou autres aide-mémoire, vierges de toute inscription. Enfin, une provision de billets sur lesquels il aura à indiquer, coup après coup, ce qu'il a trouvé, lui est remise avant le début de la partie.

1.1.2. Le placement des participants dans le local de jeu, qui détermine la numérotation des tables, est laissé au hasard ou s'effectue de manière conventionnelle. Cependant, s'il s'agit d'une compétition nationale ou internationale nécessitant deux séances ou plus, ce placement est déterminé, dès la deuxième séance, par le classement provisoire, étant entendu que le joueur en tête à ce moment occupe la table n°1, le deuxième la table n°2 et ainsi de suite, et que les premières tables forment le premier rang (et ainsi de suite).

1.2. DIRECTION DE LA PARTIE

1.2.1. Toute partie disputée dans le cadre d'une compétition est dirigée par un juge-arbitre.

Celui-ci est responsable du bon fonctionnement de la partie et, notamment, du tirage au sort des lettres, de la régularité de la procédure de jeu, du classement des participants et de la proclamation des résultats, mais il peut déléguer, pour la vérification des billets et le comptage, une partie de ses pouvoirs à des assistants. En outre, il peut se faire aider par un juge-arbitre adjoint, en compétition nationale ou internationale. Il décide, en premier ressort, de la suite à donner aux contestations soulevées par les joueurs. Par contre, il décide seul des mesures disciplinaires à infliger aux joueurs. Enfin, il signe la feuille d'arbitrage où il doit indiquer les résultats de la partie, les incidents éventuels et les mesures décidées ainsi que les recours formés sur place.

1.2.2. Toute décision prise par le juge-arbitre en cas de contestation et toute erreur commise ou soi-disant commise par lui ou ses assistants, peuvent faire l'objet d'un recours de la part du ou des joueurs qui s'estiment lésés, auprès des organes d'appel nationaux ou internationaux.

1.3. PROCÉDURE DU JEU

1.3.1. Au premier coup, le juge prend, une à une, dans un sac opaque (1) et au hasard, sept lettres qu'il épelle clairement par référence à des «mots types» (voir 4 - tableau d'épellation), par exemple : Algérie A.

Chaque joueur place sur son chevalet ou devant lui des lettres identiques à celles annoncées par le juge-arbitre.

Pour éviter des erreurs de la part des joueurs, le juge-arbitre répète son annonce et s'il tire un joker, il signale qu'il convient d'entourer d'un cercle la lettre que ce joker remplace ; en outre, les lettres tirées sont apposées sur un tableau sur lequel sont placés, coup après coup, les mots retenus par le juge-arbitre comme les meilleurs.

1.3.2. À chaque coup, les lettres à utiliser par les joueurs doivent comporter au minimum :
a) pendant les quinze premiers coups : 2 voyelles et 2 consonnes ;
b) à partir du seizième coup : 1 voyelle et 1 consonne.

Si tel n'est pas le cas, toutes les lettres sont rejetées et remises dans le sac et de nouvelles lettres sont puisées par le juge-arbitre.

Pour l'appréciation du minimum, les jokers et la lettre Y peuvent être considérés, au gré du juge-arbitre, comme voyelles ou comme consonnes.

1.3.3. Après l'annonce et l'affichage des lettres utilisables, chaque joueur dispose d'un temps de réflexion pour former, avec tout ou partie de ces lettres ainsi qu'avec les lettres du ou des mots déjà placés, un mot de deux lettres ou plus d'une valeur en points la plus élevée possible (voir 1.4. - décompte des points).

Au premier coup, ce mot est formé avec les premières lettres tirées et il doit obligatoirement recouvrir la case étoilée centrale. Lors des coups suivants, il est formé, soit par ajout d'une ou plusieurs lettres à un mot déjà placé en prolongeant ce mot dans un sens, dans l'autre, ou dans les deux, soit par placement à angle droit ou en parallèle d'une ou plusieurs lettres avec formation simultanée d'un ou d'autres mots nouveaux qui doivent pouvoir se lire horizontalement et/ou verticalement, les mots en diagonale n'étant pas retenus.

1.3.4. Le temps de réflexion accordé à chaque coup aux joueurs est de trois minutes. Ce temps est mesuré au moyen d'un chronomètre ou d'une minuterie, que le juge-arbitre déclenche après avoir répété la nature des lettres en jeu (2).

Après avoir signalé aux joueurs le début des trente dernières secondes afin qu'il remplissent leur billet, le juge-arbitre annonce la fin du temps réglementaire.

1.3.5. À l'expiration du temps de réflexion, chaque joueur n'a plus le droit d'écrire et il doit lever son billet, sur lequel il a indiqué :

a) le mot formé (voir 1.3.3.) à écrire en entier et à assortir des références requises, soit :

— au premier coup, un trait sous la lettre placée sur l'étoile centrale ;

— aux coups suivants (sauf éventuellement au second), l'indication d'un minimum de trois lettres de raccord appartenant à un ou des mots adjacents déjà placés sur la grille dont l'une au moins s'accroche au mot formé, lettres juxtaposées sur la grille et donc successives s'il s'agit de lettre d'un même mot ; s'il y a plus de lettre de raccord indiquées par le joueur, il suffit que trois d'entre elles forment un raccord correct ;

— lors de l'inscription d'une lettre dont un joker tient lieu, soit dans le mot formé, soit dans les lettres de raccord, un cercle autour de cette lettre.

Le mot formé peut, toutefois, ne pas être écrit en entier s'il s'agit d'un mot formé en prolongeant, dans un sens ou dans l'autre, un mot de quatre lettres et plus (3). Dans ce cas, trois lettres successives du mot prolongé suffisent, dont l'une se raccroche au prolongement ; s'il y a plus de lettre de raccord indiquées, il suffit que ces trois lettres le soient correctement. D'autre part, si le mot prolongé ne comporte que deux lettres, une troisième lettre d'un mot adjacent se raccrochant au mot prolongé est exigée dès le troisième coup ; s'il y a plus de lettres de raccord indiquées qu'il n'en faut, il suffit que l'une d'entre elles le soit correctement ;

b) le nombre de points obtenus ;

c) son numéro de table (il a intérêt à numéroter ses billets avant le début de la partie) ;

d) le cumul, c'est-à-dire le total de points qu'il estime avoir à l'issue d'un coup quelconque (généralement le 5e, 10e, 15e et 20e) ainsi qu'à la fin de la partie, si le juge-arbitre le demande.

Ce billet est collecté et remis au juge-arbitre ou à ses assistants (4).

1.3.6. Le juge-arbitre et ses assistants, en commençant par les scores les plus élevés, vérifient si le mot inscrit n'est pas nul, si le calcul des points est correct et si aucun manquement n'a été commis à l'égard des diverses conventions de jeu.

Le juge-arbitre annonce, ensuite, le mot représentant le meilleur total de points trouvé par un des joueurs ; en cas d'égalité de points entre des mots différents, il choisit le mot le plus apte, selon lui, à ouvrir le jeu, sauf si un de ces mots n'utilise pas le joker ; dans ce cas-là, c'est à ce mot qu'il donne la préférence.

1.3.7. Lors de la vérification des billets, un zéro est infligé au joueur n'ayant pas remis de biller (5), ayant remis un billet vierge ou sur le billet duquel le mot formé :
a) n'a pas été écrit dans le temps imparti ;
b) comporte une ou des lettres différentes de celles annoncées ;
c) n'est pas écriten entier, alors qu'il devrai l'être (voir 1.3.5.a) ;
d) n'est pas prolongé et/ou raccordé correctement (6) [voir 1.3.5. a] ;
e) ne répond pas aux presciptions de placement (1.3.3.) et d'admissibilité (chapitres 2 et 3), ceci visant tant le mot formé avec les lettres tirées que celui ou ceux modifiés ou formés par l'adjonction d'une ou de plusieurs lettres à des mots déjà placés sur la grille.

1.3.8. La vérification des billets peut également donner lieu à des avertissements dans les cas suivants :
a) lettre placée sur la case étoilée centrale non soulignée. En outre, sauf dans le cas où le total des points correspond à une solution possible, le joueur sanctionné ne reçoit que le nombre de points correspondant au placement le moins avantageux ;
b) absence d'un cercle autour d'un joker utilisé, soit dans le mot formé, soit comme lettre de référence ;
c) encerclement d'une autre lettre que celle dont le joker tient lieu ;
d) absence ou erreur de calcul des points obtenus lors du coup en cause ;
e) inversion «horizontal-vertical» dans le placement du mot.
Si plusieurs de ces manquements se produisent lors d'un coup, ils sont totalisés et donnent lieu à autant d'avertissements.
Les trois premiers avertissements infligés à un joueur ne donnent pas lieu à sanction ; mais, dès ce total atteint, cinq point sont retiés à ce joueur pour tout nouvel avertissement.
De plus, si le manquement ne permet pas de localiser exactement l'emplacement du mot formé et s'il existe diverses possibilités de placement, le joueur n'obtient que le nombre de points de la solution minimale.
Enfin si le billet comporte deux solutions ou plus, seule sera retenue la solution minimale.

1.3.9. Le juge-arbitre, ou un de ses assistants, signale après chaque coup joué les nullités et les avertissements infligés.
Il peut se produire cependant qu'un joueur ne soit pas avisé, ou le soit avec retard, de la nullité du mot qu'il a formé. S'il en est ainsi et s'il répète la même faute lors de coups ultérieurs, la nullité sanctionne la première faute, mais pour les suivantes il n'y a pas de nouvelle nullité : le joueur se voit octroyer soit la moyenne arithmétique des scores obtenus par les autres joueurs si ces derniers sont quinze ou moins soit, dans le cas contraire, la moyenne des scores obtenus par les joueurs qui relèvent du même arbitre que le joueur en cause.

1.3.10. Après chaque coup, le meilleur mot retenu est annoncé par le juge-arbitre, apposé sur le tableau, et placé par chaque joueur sur la grille. Si ce mot comporte un joker, la lettre dont celui-ci tient lieu est maintenue jusqu'à la fin de la partie.

Puis, en tenant compte de la condition minimale de répartition prévue au 1.3.2., le juge-arbitre procède au tirage d'un nombre de lettres équivalant à celui placé au coup précédent, chaque joueur devant toujours disposer de sept lettres (sauf en fin de partie), lettres identiques durant toute la partie pour tous les concurrents.

1.3.11. La partie se poursuit jusqu'au moment où toutes les lettres ont été tirées et placées sur le tableau, qu'il n'est plus possible d'en placer ou que le reliquat de lettres, visible pour les joueurs, est constitué exclusivement par des consonnes en nombre égal ou supérieur à cinq.

1.3.12. Si, à l'issue d'un coup, il apparaît qu'aucun score positif n'a été réalisé par les joueurs, le juge-arbitre remet les lettres du coup dans le sac et procède à un nouveau tirage.

1.3.13 Si le juge-arbitre accepte et place sur le tableau un mot qui, soit au cours de la partie, soit après celle-ci, se révèle être erroné, le mot reste sur le tableau et les constructions faites à partir de ce mot sont toujours acceptées comme s'il était correct, mais il va de soi que les points attribués aux auteurs de ce mot leur sont retirés.

1.3.14. En cas de litige grave dont toute solution apparaîtrait comme contestable ou inéquitable aux yeux du juge-arbitre, celui-ci peut exceptionnellement décider d'annuler le ou les coups en cause ; dans ce cas, les points afférents à ce ou ces coups sont annulés, les lettres s'y rapportant sont remises dans le sac et sept nouvelles lettres tirées au hasard.

1.3.15. Si le juge-arbitre constate au cours d'une partie que des joueurs consultent des ouvrages de référence et/ou des notes quelconques, il doit exclure ces joueurs de la partie. Il agit de même en cas de copiage systématique de la part d'un joueur ou de collusion caractérisée entre joueurs. L'exclusion est notée sur la feuille d'arbitrage avec un bref commentaire du juge-arbitre. De plus, le juge-arbitre peut infliger à un joueur dont le comportement nuit au bon déroulement de la partie ou contrarie l'arbitrage, un ou plusieurs avertissements cumulés, un zéro, voire l'exclure de la partie.

1.3.16. Toute contestation surgissant dans une partie entre un joueur et le juge-arbitre est tranchée par ce dernier en cours ou en fin de partie. Toutefois, le joueur peut faire appel de cette décision auprès des organes nationaux ou internationaux compétents, et ce, en respectant les délais impartis. Le jugement de ces organes sera alors définitif.

1.3.17. S'il est constaté, avant ou lors de la proclamation des résultats, qu'une erreur a été commise en cours de partie au détriment ou au profit d'un joueur, le juge-arbitre doit rectifier le total des points de ce joueur et, le cas échéant, celui de la partie sur la feuille d'arbitrage.

1.3.18 La partie prend fin lorsque toutes les lettres utilisables ont été placées. Le juge-arbitre procède aux calculs finals et proclame les résultats. Il signe la feuille d'arbitrage et la transmet aux organes compétents.

1.4. DÉCOMPTE DES POINTS

1.4.1. La valeur de chaque lettre est indiquée au bas de celle-ci, sauf en ce qui concerne les deux jokers qui sont sans valeur.

1.4.2. Le placement d'une lettre sur une case bleu clair double la valeur de cette lettre ; il la triple sur une case bleu foncé. Une fois que la case en cause est recouverte par une lettre, elle perd son effet multiplicateur.

1.4.3. Le placement d'un mot sur une case rose double la valeur de ce mot; il la triple sur une case rouge. Une fois que la case en cause est recouverte par une lettre du mot formé, elle perd son effet multiplicateur. Si, lors d'un coup, un mot est placé sur deux cases roses (ou rouges) non encore recouvertes, la valeur de ce mot est multipliée par quatre (ou par neuf); de même si, lors d'un coup, un mot est placé sur trois cases rouges, non encore recouvertes, la valeur de ce mot est multipliée par vingt-sept.

1.4.4. Les règles édictées aux 1.4.2. et 1.4.3 se combinent le cas échéant.

1.4.5. Comme la case étoilée centrale est rose, la valeur du premier coup est automatiquement doublée.

1.4.6. Lorsque deux ou plusieurs mots sont formés lors d'un même coup, les valeurs de chacun de ces mots se cumulent, la valeur de la ou des lettres communes étant reprise dans le total de chaque mot (avec ses points de prime s'il ya lieu).

1.4.7. Tout joueur plaçant les sept lettres en un seul coup (Scrabble) bénéficie d'une bonification de cinquante points.

1.4.8. Tout joueur obtenant en solo, à un coup quelconque, le meilleur total de points, bénéficie d'une bonification de dix points.

Toutefois, cette bonification n'est pas accordée lorsque le joueur en cause a été le seul à trouver un Scrabble, ou si le nombre des joueurs est inférieur à seize.

2. MOTS AUTORISÉS

2.1. RÈGLES GÉNÉRALES

2.1.1. Sont admis :
a) les mots simples et les mots composés s'écrivant comme des mots simples (comme ENTRESOL, ENTRAIDER, LEQUEL...), même s'ils sont suivis d'une parenthèse (comme CATIMINI, GIORNO, LATERE, et les verbes pronominaux...) pour autant que ces mots soient repris, en tête d'article et en lettres majuscules, dans la première partie du Petit Larousse illustré (P.L.I.) portant en première page les millésimes 1981 et suivants, étant entendu que toute édition portant un nouveau millésime n'a d'effets qu'à partir du premier janvier;
b) les mots étrangers, qui, malgré la présence d'un signe diacritique ressemblant à une apostrophe, peuvent être considérés du point de vue du Scrabble comme des mots simples (comme CHÂFI'ISME, CHARĬ'A, CHĬ'ISME, CHĬ'ITE, DJA-MÃ'A, MU'TAZILITE, TCH'AN);
c) les mots AFIN, ENCONTRE, INDÉPENDAMMENT, INSTAR, QUANT et TANDIS, bien qu'ils soient repris dans des locutions;
d) les mots repris à l'additif (chapitre 5 du règlement).
e) CHT'MI, REVOICI REVOILA.

2.1.2. Sont exclus :
a) les mots composés ne s'écrivant pas comme des mots simples, c'est-à-dire ceux dont les éléments constitutifs ne sont pas reliés ou le sont par un tiret, une apostrophe ou une virgule (comme *don juan*; *à-côté*; *entr'aimer*; *patati, patata*);
b) les mots dont les lettres sont séparées par un blanc ou par un point (comme *A B C, D.D.T., L. S. D., O.K., S.O.S., W.-C.*);
c) les préfixes (comme *ex-, déci-*) et les suffixes;

d) les symboles, même s'ils sont écrits entièrement en majuscules;
e) les abréviations et sigles en grandes capitales : *GMT, ICBM, IRBM, MIRV, MOS, MRBM, ORSEC, SLBM,* ainsi que l'abréviation *ETC.* ;

2.2. GENRE ET NOMBRE DES MOTS
(voir également 3.1 et 3.2.)

2.2.1. Tous les féminins mentionnés par le P.L.I. sont valables (même ceux indiqués dans les commentiares d'un mot comme CHOUTE, MALINE, RECORDWOMAN (7), SAGOUINE, YACHT(S)WOMAN), ainsi que le féminin FRÔLEUSE.

2.2.2. Tous les pluriels, autres qu'en -S, indiqués par le P.L.I. (même dans le commentaire d'un mot, comme CHOUX) sont valables. En outre, les mots étrangers dont seul le pluriel de leur langue est mentionné au P.L.I., que ce soit avec l'entrée ou dans le commentaire, acceptent également le pluriel français en -S (ainsi GOYS est admis outre GOÏM et GOYIM, LEVS outre LEVA, LEUS outre LEI, PENNYS outre PENNIES et PENCE, ZANIS et ZANNIS outre ZANNI, BOLIVARS outre BOLIVARES)

Les mots en -S, -X, -Z, qu'ils soient français ou étrangers, ne prennent pas d'S au pluriel; cependant, MISS fait MISSES, BOX, BOXES et KIBBOUTZ, KIBBOUTZIM.

Il va de soi que si un mot étranger est donné comme invariable (par exemple SEXY) ou pluriel (par exemple SPAGHETTI) il ne peut prendre le pluriel français en -S.

2.2.3. Est également admis le singulier des noms collectifs désignant les membres d'un groupe humain, comme BAGAUDE, ÉBIONITE, ISMAÉLIEN et ISMAÏLIEN, LOLLARD, MARRANE, PATARIN, PENTECÔTISTE, TABORITE et UTRAQUISTE,

2.3. FORMES VERBALES

2.3.1. Les verbes admis par le P.L.I. se conjuguent selon l'ouvrage de Bescherelle : *l'Art de conjuguer* (éditions 1981 et ultérieures; voir la dernière page du livre).

2.3.2. Celui-ci détermine les formes de conjugaison admises par référence à des *verbes types* étant entendu que sont seules admises les formes nommément désignées, y compris celles qui sont incluses implicitement par la mention *etc.* ou «...», mais à l'exclusion des formes en caractères italiques reprises dans les conjugaisons des verbes types.

2.3.3. Il y a toutefois lieu de tenir compte des remarques d'usage indiquées à quelque endroit que ce soit dans le Bescherelle. Sont seules admises les formes verbales autorisées par ces remarques, étant entendu que si l'usage en est restreint par des adverbes tels que : guère, peu, pratiquement (qu'à), rarement, etc., il n'y a pas lieu de tenir compte des possibilités de conjugaison ouvertes par ces adverbes, l'interprétant devant se faire dans le sens le plus restrictif (c'est ainsi que ESTER n'est admis qu'à l'infinitif, que BRAIRE ne se conjuge qu'aux troisièmes personnes de certains temps, que FRIRE ne se conjugue pas au futur et au conditionnel, etc.), sous réserve cependant des dérogations reprises au 3.4.

2.3.4. Si le verbe n'est pas repris dans le Bescherelle, il est valable aux formes de conjugaison indiquées par le P.L.I. et, à défaut, par le Bescherelle pour des verbes

310 / *Règlement international*

de même conjugaison (ainsi ATTREMPER se conjugue comme TREMPER, REMODELER comme MODELER, REPOURVOIR comme POURVOIR).

2.3.5. Le type du verbe : transitif, transitif indirect, intransitif, pronominal ou impersonnel est déterminé par le P.L.I., sauf exceptions mentionnées au 3.3.2. et 3.3.3. En revanche, le Bescherelle détermine si un verbe est défectif, ou avec quel auxiliaire, *être* ou *avoir*, il forme ses temps composés (8).

2.4. MODIFICATION DES EMPLOIS GRAMMATICAUX

2.4.1. Si une édition du P.L.I. postérieure à 1981 précise ou modifie l'emploi grammatical (invariabilité, féminin, pluriel, singulier, type du verbe...) d'un mot, l'emploi grammatical ancien n'est plus admis.

2.4.2. En revanche, si une édition du Bescherelle postérieure à 1981 modifie la conjugaison d'un verbe (verbe type de référence, forme de conjugaison, défectivité, auxiliaire), les emplois anciens restent admis, à côté des nouveaux, tant que le règlement n'en décide pas autrement.

3. PRÉCISIONS GRAMMATICALES

3.1. PLURIEL DES MOTS

3.1.1. Les mots en -AL forment leur pluriel en -AUX, sauf (pluriel en -ALS) : — les noms ACÉTAL, AMMONAL, AVAL, BAL, BANCAL, CAL, CANTAL, CAPTAL, CARACAL, CARNAVAL, CÉRÉMONIAL, CHACAL, CHLORAL, CHRYSOCAL, COPAL, CORRAL, EMMENT(H)AL, FESTIVAL, FOIRAL, FURFURAL, GAL, GALGAL, GAVIAL, GAYAL, GOAL, KRAAL, MATORRAL, MISTRAL, NARVAL, NOPAL, PAL, PHÉNOBARBITAL, PIPÉRONAL, QUETZAL, RAVAL, RÉCITAL, RÉGAL, RITAL, RIYAL, RORQUAL, SÂL, SAROUAL, SERIAL, SERVAL, SIAL, SISAL, SPIRITUAL, TAGAL, TERGAL, TICAL, TINCAL, TRIAL ainsi que CHORAL, MURAL et VIRGINAL, ces trois derniers acceptant toutefois comme adjectifs le pluriel en -AUX ;
— les adjectifs AÉRONAVAL, BANCAL, CAUSAL, FATAL, FOUTRAL, FRACTAL, NATAL, NAVAL, NÉONATAL et TONAL.

Acceptent les deux pluriels (-ALS et -AUX) :
— les noms ÉTAL, IDÉAL, MINERVAL, SANTAL et VAL :
— les adjectifs AUSTRAL, BANAL, BORÉAL, FINAL, GLACIAL, IDÉAL, JOVIAL, MARIAL, NYMPHAL, PASCAL, PÉRINATAL, POSTNATAL, PRÉNATAL, TRIBAL.

3.1.2. Les mots en -AIL forment leur pluriel en -AILS sauf (pluriel en -AUX) : BAIL, CORAIL, FERMAIL, GEMMAIL, SOUPIRAIL, SURTRAVAIL, VANTAIL, VENTAIL, VITRAIL.

Acceptent les deux pluriels (-AILS et -AUX) : ÉMAIL et TRAVAIL.
N'ont pas de pluriel : BERCAIL et BÉTAIL.

3.1.3. Les mots en -AU forment leur pluriel en -AUX, sauf LANDAU et UNAU.
Accepte les deux pluriels : SARRAU.

3.1.4. Les mots en -EU forment leur pluriel en -EUX, sauf (pluriel en -EUS) : BLEU, ÉMEU, PNEU et LEU.

Acceptent les deux pluriels : CAMAÏEU, ENFEU, FEU et LIEU.

3.1.5. Le pluriel de ŒIL est ŒILS ou YEUX; celui de BOLIVAR est BOLIVARS ou BOLIVARES; celui de GENT est GENS.

3.2. MOTS INVARIABLES

Sont invariables :

3.2.1. Les mots réputés tels par le P.L.I. ou l'usage grammatical (comme les adverbes, les interjections, etc.).

3.2.2. Les adjectifs numéraux cardinaux, même employés substantivement, à l'exception de UN, VINGT et CENT.

3.2.3. Les quatre points cardinaux.

3.2.4. Les lettres d'un alphabet quelconque (le phonème YOD n'étant pas à considérer comme une lettre), les notes de musique et les mois d'un calendrier quelconque (comme RAMADAN), étant entendu que certains de ces mots ont des acceptions ou des homographes variables (comme DELTA, GERMINAL...).

3.2.5. Les mots suivis d'une parenthèse : cf. 2.1.1. (comme JAVEL, PRIORI...).

3.2.6. Les mots sans définition en dehors d'une expression toute faite où ils sont employés au singulier (comme ACABIT, ACHOPPEMENT, ALPHA, API, ARCHAL, ARONDE, BAMBOULA, BANCO, BARIGOULE, BERLUE, BIENFAISANCE, BOMBANCE, BOUGEOTTE, BOURRICHON, BROUT, CAJOU, CAPILOTADE, CAUSETTE, CENTRATION, CHABROL, CHABROT, CHARLEMAGNE, CHATTEMITE, COCAGNE, COMMAND, COMPLANT, CONVENANT, CORBIN, CUISSAGE, DAM, DANDINETTE, DÉBOTTER, DÈCHE, DÉRÉALISATION, DULIE, ÉCHIFFRE, EMPORT, ENTENDEUR, ESCAMPETTE, ESCIENT, EUTEXIE, ÉVITEMENT, FRONTALITÉ, FUR, GÉSINE, GOGUETTE, GORDIEN, GROIE, GUILLEDOU, GUISE, HARO, HAST, HEUR, JETER, JOUVENCE, JUGER, LATRIE, LIESSE, LOISIBLE, LURETTE, MARTEL, MIRBANE, MONTOIR, NANAN, NIQUE, NOISE, OFFRANT, PÂMOISON, PAROLI, PARTANCE, PATACHON, PERLIMPINPIN, PIFOMÈTRE, PLAISANCE, POUR, PRÉTANTAINE, PRÉTENTAINE, PUNCTUM, RACCROC, RECRÉANCE, RESCOUSSE, RETARDEMENT, REVIENT, REVOIR, REVOYURE, RIBOULDINGUE, SORTIR, SOUVENANCE, SUBSTANTIFIQUE, SURNOMBRE, TAC, TALION, TANTINET, TAPIN, TARD, TONNELAGE, TOURNEMAIN, TRAFALGAR, TREMPETTE, TRIPETTE, TRUCHEMENT, VENANT, VERGOGNE, VINDICTE, VOULOIR, WINTERGREEN...).

D'autres mots singuliers, faisant eux aussi partie d'une expression toute faite, peuvent implicitement (9) être précédés d'un article pluriel et se mettre eux-mêmes au pluriel : APPROCHANT, E, AZYME, BIRBE, BORDIER, E, BROWNIEN, CESSANT, E, CORSO, COUCHANT, E, COUCHEUR, EUSE, COÛTANT, E, DORIQUE, ÉCUMEUR, FOLIQUE, HURONIEN, ENNE, ISOCLINAL, E, JOJO, KIL, METTEUR, MUSSIF, IVE, OLOGRAPHE, PELARD, PINÉAL, E, SEMBLANT, TENANT, E...

3.2.7. Les mots CAF, DEMAIN, FOL, KITSCH, MAHĀRĀNI, MANGETOUT, MOL, NON, NOUVEL, SURMOI, UNTEL, UNETELLE, VALGA, VARA, VIEIL, YIDDISH, GENT.

3.2.8. Les mots qi ne sont pas indiqués comme nom, adjectif, pronom ou verbe (comme CONFER, DA, EXIT, RICHTER).

3.2.9. Sont en revanche variables certains mots indiqués comme *n. et adj. inv.* : ANTIFRICTION, ANTIROUILLE, CARMIN, CÉLADON, GNANGNAN, LIBERTY, OFFSET, PARME, ROCOCO, STÉRÉO.

3.3. ACCORD DU PARTICIPE PASSÉ

3.3.1. Les participes passés des verbes pronominaux peuvent varier, sauf APPARTENU, PLU, COMPLU, DÉPLU, SUCCÉDÉ, SUFFI.

3.3.2. Bien que le P.L.I. les signale seulement comme intransitifs, les verbes suivants sont considérer comme transitifs directs : COGITER, DÉCALOTTER, FESTOYER, GLOSER, GRIMACER, RABONNIR, MAZOUTER, ROSIR, VOCALISER.

3.3.3. Sont considérés comme variables, outre les participes passés des verbes singalés au Bescherelle par un losange noir ou rouge, les participes suivants : GERMÉ, JAILLI et REJAILLI, OBÉI et DÉSOBÉI, SURGI et RESURGI, EMERGÉ ; en revanche DAIGNÉ et SURSIS sont invariables.

3.4. CONJUGAISONS

— AGONIR, BISQUER, DOUER, PROMOUVOIR, PUER, malgré les restrictions faites au P.L.I. ou au Bescherelle, se conjuguent à tous les temps et toutes les personnes. Il en est de même pour VÊTIR, mais les formes refaites sur FINIR ne sont pas admises.
— BARGUIGNER, COURRE, DÉSEMPARER, DINGUER, DISCONTINUER, ENDÊVER et ENQUERRE ne sont admis qu'à l'infinitif.
— BOUMER ne se conjugue qu'à LA 3e personne du singulier (ça BOUMAIT, etc.), et *boumant* n'est pas admis.
— CHOIR se conjugue comme indiqué au tableau 52 du Bescherelle.
— LUIRE et RELUIRE ont deux passés simples : je (RE)LUIS, nous (RE)LUÎMES, etc. et je (RE)LUISIS, nous (RE)LUISÎMES, etc.
— OUÏR n'est admis qu'à l'infinitif et au participe passé.
— SAILLIR, au sens de «être en saillie» fait au futur SAILLERA, SAILLERONT et au conditionnel SAILLERAIT et SAILLERAIENT.
— VOULOIR admet les formes du subjonctif VEUILLIONS et VEUILLIEZ.
— Les verbes pronominaux réciproques comme ENTRAIDER ne s'emploient qu'au pluriel.
— Les verbes impersonnels «météorologiques» suivants, ne s'employant qu'au sens propre, n'ont pas de participe présent : BROUILLASSER, BRUINER, BRUMASSER, BRUMER, CRACHINER, NEIGER, PLEUVASSER, PLEUVINER, PLEUVOTER, RENEIGER, REPLEUVOIR, VENTER et VERGLACER. A contrario, GRÊLANT, PLEUVANT, etc., restent admis.

4. TABLEAU D'ÉPELLATION

A - ALGÉRIE	J - JORDANIE	S - SUISSE
B - BELGIQUE	K - KENYA	T - TUNISIE
C - CANADA	L - LUXEMBOURG	U - URUGUAY
D - DANEMARK	M - MAROC	V - VENEZUELA
E - ÉGYPTE	N - NORVÈGE	W - WALLONIE
F - FRANCE	O - OCÉANIE	X - XÉNOPHON
G - GRÈCE	P - PORTUGAL	Y - YOUGOSLAVIE
H - HONGRIE	Q - QUÉBEC	Z - ZAÏRE
I - ITALIE	R - ROUMANIE	

5. ADDITIF

AGASSE n.f. autre nom de la pie.

AJOUR n. m. motif d'ornement percé à jour.

BEMOLISER v.t. affecter une note d'un ou plusieurs bémols.

BERNICLE n. f. = BERNIQUE, autre nom de la patelle.

BOBONNE n. f. épouse (familier) ou femme d'intérieur (péjoratif).

BRIBE n. f. petit morceau.

CHABLER v. t. gauler.

CHAUMAGE n. m. action de chaumer.

CRYOGÈNE adj. se dit d'un mélange réfrigérant.

DAMEUR adj. et n. m. se dit d'un rouleau compresseur.

DAMEUSE n. f. machine à damer.

DAZIBAO n. m. affiche politique manuscrite en Chine.

DEBÂCHER v. t. enlever la bâche.

DRÔLET, ETTE adj. assez drôle.

ÉNOUER v. t. débarasser une étoffe de nœuds.

ENRÊNER v. t. fixer les rênes d'un cheval.

FOFOLLE adj. et n. f. un peu folle, folâtre.

FRANCITÉ n. f. caractère de ce qui est français.

GADIN n. m. chute.

GÉNÉRER v.t. produire, engendrer.

GOMÉNOL n. mı médicament pour les voies respiratoires.

GOMÉNOLÉ,E adj. qui renferme du goménol.

GOMINA n. f. pommade pour les cheveux.

GOMINÉ,E adj. pommadé à la gomina.

GRAPHITÉ,E adj. enduit de graphite.

HOTTÉE n. f. contenu d'une hotte.

HOUER v. t. labourer avec la houe.

HURDLER n. m. coureur de haies.

INOX n. m. abréviation d'inoxydable.

JACQUES n. m. pitre.

MARENNES n. f. espèces d'huître.

MINOU n. m. petit chat.

NONUPLER v. t. multiplier par neuf.
REDEVOIR v. t. devoir comme reliquat.
RÉÉTUDIER v. t. étudier de nouveau.
REVERNIR v. t. vernir de nouveau.
SEMONCER v. t. réprimander.

ANNEXE

RÈGLEMENT DE LA PARTIE LIBRE DE LA F.F. Sc. COMPLÉMENT À LA RÈGLE DU JEU.

— Conjugaisons.
Les conjugaisons de tous les verbes, même pronominaux, sont admises.
— Règles grammaticales.
Les règles grammaticales applicables en Duplicate (voir plus haut, chapitres 2 et 3) sont également valables en Partie Libre.
— Prolongements.
Si un joueur raccorde son mot à un autre en allongeant ce dernier, par exemple en lui ajoutant un S, il cumule les points des deux mots ; mais dans ce cumul, seules les cases de couleur recouvertes par son propre mot entrent en ligne de compte. *Exemple* : au premier coup de la partie, Pierre fait JOUET en H 4 (1) pour 40 points. Paul met LYS en 9 F : il marque 22 points pour LYS plus 13 pour JOUETS, soit 35 au total.

En revanche, si une case de couleur sert de pivot à deux mots différents formés par un joueur en même temps, la prime correspondante est attribuée à chacun de ces deux mots. *Exemple* : Pierre à son tour place DEY en G 7 ; il marque 15 points pour DEY, 5 pour DE et 2 pour Et, soit 22 points en tout.

L
DEY
JOUETS

Un mot peut être prolongé en même temps dans les deux sens : Pierre joue au premier coup BRUNI en H 4 pour 20 points ; Paul peut alors faire REMBRUNISSE en H 1 pour 42 points.
— Cases de couleur.
Si un joueur recouvre deux cases roses en même temps, les points correspondants sont multipliés par 4 ; s'il s'agit de deux cases rouges, par 9.
— Dictionnaire.
On ne doit le consulter qu'en cas de contestation, après avoir joué.
— Contestation.
Quand un joueur pense qu'un mot est erroné, il doit dire « je conteste » avant que son adversaire n'ait pioché de nouvelles lettres. Si la contestation est valable, le joueur contesté reprend ses lettres et passe son tour. Si elle ne l'est pas, le contestataire est pénalisé de dix points. Seuls les joueurs sont admis à contester.
— Mot erroné non contesté.
Un joueur ayant placé un mot erroné mais non contesté ne pourra ensuite le contester si ce mot est complété par son adversaire.

— Mot joué.

Tout mot posé sur la grille ne peut être repris.

— Changement de lettres.

Un joueur peut échanger une, deux ou toutes les lettres de son chevalet en perdant son tour, sauf quand il reste moins de sept lettres dans le sac.

— Lettre prise en trop.

Si un joueur prend une lettre en trop, son adversaire lui retirera au hasard une lettre de son jeu.

— Fin de partie.

La partie s'arrête lorsqu'un joueur n'a plus de lettres et qu'il n'en reste plus à piocher. Ce joueur empoche le total de la valeur des lettres conservées par ses adversaires, chacun de ceux-ci retranchant de son total la valeur de ses propres lettres non jouées. Parfois la partie s'arrête par blocage, personne n'ayant pu placer toutes ses lettres. Dans ce cas, chaque joueur se contente de retrancher de son total la valeur de ses propres lettres non jouées.

— Limitation de temps.

Le temps imparti à chaque joueur est de deux minutes par coup. Si un joueur joue en moins de deux minutes, le minuteur est immédiatement remis à zéro et déclenché pour son adversaire.

(1) Le juge-arbitre peut utiliser un sabot de baccara où sont placées — et éventuellement replacées — au hasard 102 cartes représentant les lettres du jeu.

(2) Il est vivement conseillé d'indiquer aux joueurs le départ du temps de réflexion par le mot «chrono!»

(3) Ainsi pour transormer ANA en ANALOGUE, il faut indiquer ANALOGUE en entier : mais pour transformer TROP en TROPICAUX, il suffit d'indiquer ROPICAUX.

(4) S'il s'agit d'une partie amicale jouée sans arbitre, chaque joueur annonce à tour de rôle le nombre de points obtenu. Ensuite, à tour de rôle également, mais en sens inverse, chaque joueur annonce le mot qu'il a trouvé et inscrit. A chaque coup c'est un joueur différent qui doit annoncer, en premier lieu, les points obtenus.

(5) Notamment, lorsqu'un joueur arrive en retard, tous les coups qu'il n'a pas joués lui sont comptés comme nuls.

(6) Il va de soi si, au premier coup, le mot placé n'a que deux lettres, il peut être fait référence, lors du deuxième coup, qu'aux deux lettres de ce mot.

(7) Pluriel RECORDWOMANS ou RECORDWOMEN.

(8) Dans le Bescherelle, un losange rouge signale les verbes intransitifs pouvant se conjuguer avec l'auxiliaire *être* ou avec l'auxiliaire *avoir*.

(9) Car on dit : des colonnes DORIQUES, des METTEURS en scène, etc.

(1) Références : les cases des rangées horizontales sont désignées par un numéro de 1 à 15 ; celles des colonnes par une lettre de A à O. Lorsque la référence d'un mot commence par une lettre, il est horizontal ; par un chiffre, il est vertical.

ADRESSES UTILES

● **FÉDÉRATION FRANÇAISE DE SCRABBLE**
137, rue des Pyrenées
75020 Paris. Tél. : 331/370 15 73.

● **FÉDÉRATION BELGE DE SCRABBLE**
avenue Louise, 87, B^te 17
1050 Bruxelles. Tél. : 322/538 68 72.

● **FÉDÉRATION QUÉBÉCOISE DE SCRABBLE**
1415 Est, rue Jarry, Montréal (Québec).
Tél. : 514/374 47 00 Poste 232/4.

● **FÉDÉRATION SUISSE DE SCRABBLE**
Case Postale 37
CH - 1870 Monthey. Tél. : 4125/71 38 71.

● **FÉDÉRATION TUNISIENNE DE SCRABBLE**
M. Hadrich, 72, rue de Syrie, Tunis.
Tél. : 893 065.

● **Principaux club parisiens :**
P.L.M. St-Jacques, 17 Bd St-Jacques. Tournois lundi, jeudi et samedi 15 h, mardi 21 h.
Scrabble Etoile. Centre Loisirs Etoile-Foch, angle de l'avenue Foch et de la rue de Presbourg. Tournois mardi 20 h 30, vendredi et samedi 21 h, mercredi 14 h 30 et 17 h.

● **Abonnements à la revue Scrabblerama :** Ecrire BP 123 75023 Parix Cedex 01.

● **Tableaux muraux :** Syntexill, B.P. 3228, 68064 Mulhouse Cedex (1 000 F en 1981).

● **Tous ouvrages et tout matériel** pour le scrabble, tableaux muraux Syntexill, tous jeux étrangers : Le Baguenaudier, 23, rue St Sulpice, 75007 Paris.

● **Lettres perdues :** écrire à Habourdin International, 27 ave Pierre 1er de Serbie, 75016 Paris.

● **Composition des jeux anglais :**

LETTRES	VALEUR	NOMBRE
A	1	9
B	3	2
C	3	2
D	2	4
E	1	12
F	4	2
G	2	3
H	4	2
I	1	9

LETTRES	VALEUR	NOMBRE
J	8	1
K	5	1
L	1	4
M	3	2
N	1	6
O	1	8
P	3	2
Q	10	1
R	1	6

LETTRES	VALEUR	NOMBRE
S	1	4
T	1	6
U	1	4
V	4	2
W	4	2
X	8	1
Y	4	2
Z	10	1
jokers	0	2

TOTAL : 100.

BIBLIOGRAPHIE

Comment jouer et gagner au Scrabble
de A. Meneghetti. Chaix, Grenoble, 1975.
Le Scrabble en 10 leçons
de Carillon et Goutel, Hachette, 1975.
Le Scrabble à l'école des champions
de Laurent, Bornemann (Paris), 1977.
Le Scrabble
d'Agnès Bauche, Solarama, Paris, 1977.
Larousse du Scrabble
de M. Pialat, 1981
Bible du Scrabbleur
de D. Gallez, 167, rue de Ransbeek, 1120 Bruxelles
Le Scrabble Marabout, Bruxelles.
Les Cahiers du Scrabble
de Hannuna et Hippile (1981). Hannuna, 17 rue St Séverin, 75005 Paris
Les Clés du Scrabble
de P.A. Sigal et Raineri, édit. du Rocher, 1981
Découvrez et maîtrisez le Scrabble
de D. Clerc, édit. Favre, 1982.

Achevé d'imprimer
sur les presses de
SCORPION,
Verviers
pour le compte des
Nouvelles Editions Marabout
D. janvier 1983/0099/19
ISBN 2-501-00225-3

Table des matières

marabout service